Reiseberichte in der Reihe DuMont Dokumente

In der vorderen Umschlagklappe: Südarabien mit dem Reiseweg von Hans Helfritz

In der hinteren Umschlagklappe: Übersichtskarte von Arabien

Hans Helfritz

Entdeckungsreisen in Süd-Arabien

Auf unbekannten Wegen durch Hadramaut und Jemen (1933 und 1935)

DuMont Buchverlag Köln

Umschlagvorderseite: Mit weißem Gips prachtvoll verzierte Hochhäuser in San'a, der Hauptstadt des Jemen
Umschlaginnenklappe: Die große Moschee in Makalla, Hadramaut
Umschlagrückseite: Werkstatt der Gürtelmacher in San'a
Die Fotos stammen vom Verfasser und sind mit der Leica der Firma Ernst Leitz, Wetzlar, gemacht worden. Filmmaterial: AGFA
Übersetzung der Texte von H. St. J. B. Philby und L. Thomas: H.-Thomas Gosciniak, Köln

CIP-Kurztitelaufnahme der Deutschen Bibliothek

Helfritz, Hans
[Sammlung]
Entdeckungsreisen in Süd-Arabien:
auf unbekannten Wegen durch Hadramaut u. Jemen
(1933 u. 1935). – 1. Aufl. – Köln: DuMont, 1977
   (DuMont-Dokumente)
   ISBN 3-7701-1023-4

© 1977 DuMont Buchverlag, Köln
Alle Rechte vorbehalten
Druck: Gebr. Rasch & Co., Bramsche
Buchbinderische Verarbeitung: Boss-Druck, Kleve

Printed in Germany   ISBN 3-7701-1023-4

Inhalt

Zu diesem Buch

Hans Helfritz unternahm 1933 und 1935 zwei inzwischen legendäre Reisen. Es gelang ihm als erstem Europäer, die verbotene Stadt San'a (die Hauptstadt des heutigen Nord-Jemen) auf eigene Faust auf einer Wüstenroute von Osten her zu erreichen, einem Weg, der ihn unter größten Strapazen durch bisher unerforschte Gebiete führte.

Zwei Jahre später glückte ihm bei einer noch abenteuerlicheren Reise wiederum als erstem Europäer ein Besuch von Shabwa, der früheren Hauptstadt des Sabäischen Reiches, aus der ihn schießwütige Beduinen vertrieben.

Erst nach ihm erreichte der englische Arabienforscher H. St. J. B. Philby mit einer von König Ibn Sa'ud ausgerüsteten Karawane die Stadt. Seine Würdigung der Leistung von Helfritz, der diese Reise ganz auf sich allein gestellt wagte, bringen wir im Anhang dieses Buches.

Der junge Musikwissenschaftler Hans Helfritz trug auf seinen gefährlichen Reisen 300 Wachswalzen und einen von Hand zu betreibenden Phonographen für musik-ethnologische Aufnahmen bei sich. Die Musik war es, die ihn veranlaßte, fremde Völker und unbekannte Gebiete aufzusuchen. Die Ergebnisse seiner Forschungen in Transjordanien ebenso wie in Hadramaut und Jemen (hier war er schon im Winter 1931/32 und hatte die großen Entdeckungsreisen von 1933 und 1935 vorbereitet) wurden von den Berliner Musikwissenschaftlern Erich M. von Hornbostel und Robert Lachmann ausgewertet. Auch davon bringen wir Auszüge im Anhang.

Aufsehen machten die Fotos und Filme, die Helfritz aus Südarabien mitbrachte – zu einer Zeit, als niemand sonst Aufnahmen aus diesen Ländern vorweisen konnte. Die Bebilderung dieses Buches folgt der Route des Autors: sie setzt im Hinterland von Aden ein, führt nach Makalla und von dort durch Hadramaut mit den Städten Terim, Saiwun und Schibam nach Shabwa (das die Karawane auf der Reise von 1933 seitwärts liegen ließ und das erst 1935 von Helfritz besucht wurde), weiter zur Grenzstadt Harib, von dort nach San'a, der Hauptstadt des Jemen, und schließlich über Menacha und durch die Tahama zum Hafenort Hodeida am Roten Meer. Von der letzten Jemen-Reise des Autors im Jahr 1973 stammen die Farbaufnahmen.

Über seine Südarabien-Abenteuer verfaßte Hans Helfritz zwei Bücher: Die Reise von 1933 schildert ›Land ohne Schatten‹, Leipzig 1934 (unter dem Titel ›Glückliches Arabien‹ nochmals erschienen, Zürich 1956), diejenige von 1935 beschreibt ›Geheimnis um Schóbua‹, Berlin 1955. Beide Bände sind hier vereinigt. Eine der letzten großen persönlichen Leistungen aus der Entdeckungsgeschichte des Vorderen Orients wird damit wieder zugänglich.

I Abenteuerliche Reise zwischen dem Teufel und dem Roten Meer (1933)

»Die Weisheit gehört dem Jemen. Hier ist der
Ursprung allen Seins, aller großen Dinge.«
Arabisches Sprichwort

Arabia Felix – Glückliches Arabien!

Das Land, von dem in diesem Buch die Rede ist, gehört zu einem der noch heute unbekanntesten Teile der Welt. Die Tatsache ist um so erstaunlicher, als Arabien – um das es sich hier handelt – an der Schwelle Europas liegt und eine der meistbefahrenen Weltverkehrsstraßen an seinen Küsten vorüberführt. Zudem weiß man, daß auf südarabischem Boden alte Kulturen geblüht haben, deren Spuren nachzugehen, deren versunkene Schätze zu heben ebenso verlocken könnte wie etwa auf dem Boden Ägyptens oder Babyloniens. Daß das nicht oder nur in geringem Maße geschehen, daß Arabien bis vor kurzem ein fast unbekanntes Land geblieben ist, hat zwei Gründe.

Zunächst: Nach der großen, aber unentschieden gebliebenen Auseinandersetzung zwischen der Christenheit und der arabisch-islamischen Welt in den Kreuzzügen entschwand Arabien aus dem Gesichtskreis Europas. Das Geburtsland des Islam geriet in Vergessenheit. Vergessen wurden auch die bedeutsamen Einflüsse, die arabische Wissenschaft und Kunst zu Beginn des Mittelalters und dann erneut während jener kämpferischen Berührungen auf die geistige Entwicklung des Abendlandes ausgeübt hatten.

Arabien selbst aber, das mehrere Jahrhunderte lang die Welt erschüttert hatte, hörte auf, eine eigene Geschichte zu haben. Es trat von der Bühne des Geschehens ab und wurde zu einem entlegenen und vernachlässigten Teil des Osmanischen Reiches. Kaum noch wußte man etwas von den Heiligen Städten Mekka und Medina. Nur selten noch drang irgendwelche Kunde aus diesem Lande nach Europa. Höchstens las man gelegentlich in den Zeitungen, daß der letzte große osmanische Sultan Abdul Hamid einen unbequem gewordenen Würdenträger nach Arabien verbannt habe, oder daß wieder einer der türkischen Offiziere, die etwa in Deutschland ihre militärische Ausbildung genossen hatten, wegen reformfreundlicher Gesinnung nach dem »Jemen« verschickt worden sei.

Arabien schien abgestorben. Es lag im toten Winkel der Ereignisse. Die Zeit ging daran vorbei. Kein politisches Geschehen, wie etwa in Ägypten, oder der Bau der Bagdad-Bahn in Mesopotamien, lenkte die Aufmerksamkeit auf die einst für das Abendland so schicksalbestimmende Halbinsel.

Der zweite Grund liegt darin, daß der Erforschung des Landes kaum zu bewältigende Hindernisse entgegenstehen. Diese sind zunächst natürlicher Art. Hinter den Randgebirgen Arabiens bergen sich weite Wüsten oder karge Steppengebiete. Die Durchquerung solcher wasserarmen oder gar wasserlosen Strecken, die oft eine Ausdehnung wie etwa von Konstanz bis Königsberg haben, ist äußerst schwierig und kann nur gelingen unter Mithilfe oder wenigstens freundlicher Duldung der Bewohner. Aber darin gerade besteht das größte Hemmnis. Die Feindschaft der Natur vermag der Mensch zu besiegen, wie das unter anderem die Erforschung der Polargebiete lehrt; die Feindschaft seiner Mitmenschen setzt ihm oft unüberwindliche Schranken. Diese Gegnerschaft speist sich im Falle Arabien aus zwei Quellen. Einmal liegt sie im sozialen Ethos der Herren jener Wüsten und Steppen, der Beduinen. Der Beduine erkennt nur seinen Stamm als eine moralisch verpflichtende Gemeinschaft an; wer nicht zu dieser engeren Blutsgemeinschaft gehört, ist zunächst Feind; und dem gegenüber gilt allein das Recht des Stärkeren. Daher sind Überfall und Raub gegen Andersstämmige nicht nur erlaubt, sondern ein sittlich durchaus anerkanntes Gebot im Daseinskampf. Dem Angegriffenen steht das Recht der Verteidigung zu; erweist er sich als der Schwächere, so hat er eben auch einen entsprechend geringeren Grad der Existenzberechtigung.

Diesem Gesetz der Wüste ist natürlich auch der Fremde unterworfen. Bei ihm aber steht die Sache insofern noch ungünstiger, als ihm der Schutz und Rückhalt einer Stammesgemeinschaft fehlt. Um ganz sicherzugehen, müßte er bei Reisen in das Innere eine kleine Heeresmacht mit sich führen. Aber das würden schon die Herrscher des Landes nicht gestatten; ganz abgesehen von unzähligen anderen Gründen, die das unmöglich machen.

Die Fremdenfeindlichkeit der Araber hat aber noch einen tieferen Grund; sie wurzelt in dem, was das Wesen jener Menschen bestimmt: in der Religion. Nun ist der Islam in hohem Grade exklusiv; er ist, man könnte sagen, von einem passiven Fanatismus beseelt. Dem Ungläubigen gegenüber – und das ist jeder, der nicht zur Gemeinschaft Allahs gehört – verschließt sich der Moslem; er sieht in ihm kein vollwertiges Geschöpf Gottes; er steht ihm mit Abneigung und Mißtrauen gegenüber; er will keine Gemeinschaft mit ihm und verwehrt ihm den Einblick in sein Denken und Fühlen, ebenso wie er ihm den Zugang zu seinen Kultstätten verbietet, wenigstens da, wo sich der Islam in seiner strengen und unverfälschten Form erhalten hat wie in seinem Ursprungsland Arabien. Der Mohammedanismus, der doch mit dem Christentum viel innere Gemeinschaft hat, ist wohl die einzige Religion auf der ganzen Welt, bei der schon das Betreten der Gotteshäuser durch den Angehörigen eines anderen Bekenntnisses, wenigstens in bestimmten Gegenden, mit dem Tode bedroht ist.

Und das, was für die heiligen Stätten und Moscheen gilt, das gilt der Grundhaltung und der Gesinnung nach für das ganze Land. Der Fremde sieht sich wie von einer unsichtbaren elastischen Wand umgeben, die ihn ringsum abschließt und die seinem Zugriff doch immer wieder ausweicht. Überall stößt er auf heimliche Widerstände; jeder seiner Schritte wird argwöhnisch überwacht, seine Handlungen, sei es auch nur das

Niederschreiben einer Notiz oder das Abzeichnen einer alten Inschrift aus vorislamischer Zeit, erregen nur allzu leicht Verdacht. Ist aber erst einmal das Mißtrauen rege geworden, dann kann sich die stille Abneigung sehr rasch zu gewalttätigem Haß entflammen. Dabei ist zu bemerken, daß sich die feindliche Abgeschlossenheit des arabischen Islam in neuester Zeit nicht etwa vermindert, sondern eher noch gesteigert hat, was nicht ausschließt, daß man sich, besonders in Sa'udi-Arabien, modernster technischer Errungenschaften bedient.

Aus diesen verschiedenen Ursachen ist es nur wenigen kühnen Pionieren der Wissenschaft gelungen, tiefer in das Innere der arabischen Halbinsel vorzudringen, und Hunderttausende von Quadratkilometern dieses Landes sind noch heute unerforscht.

Mit der neuen Weltepoche, die die Schüsse von Sarajewo einleiteten, trat eine Wendung ein. Nicht nur, daß zum erstenmal wieder seit den Kreuzzügen europäische Heere auf arabischem Boden kämpften und dadurch eine unmittelbare Berührung mit jener östlichen Welt herbeigeführt wurde. Wichtiger noch war, daß Arabien plötzlich wieder eine eigene Geschichte zu haben begann. In dem großen Schmelzprozeß des ersten Weltkrieges löste es sich aus seiner Erstarrung und geriet in den Strom der Entwicklung, deren Ende noch nicht abzusehen ist. Damit lüftete sich auch das Schweigen, das über ihm lag. In den Organen, die die Öffentlichkeit von den Weltereignissen unterrichten, ist heute oftmals und in wachsendem Maße von den Ländern der arabischen Halbinsel die Rede.

Was aber war bei dem Wiedererwachen Arabiens besonders bemerkenswert? Zweierlei: Einmal zeigte sich, daß das arabische Volk in einer langen Periode der Ruhe neue Kräfte angesammelt hat. Die Wüsten und Steppen des Innern, die durch die Eroberungszüge der ersten Kalifen menschenleer geworden waren, haben sich in den dreizehn Jahrhunderten der Stille allmählich wieder aufgefüllt. Und als dann die Schranken fielen und die östliche Welt in Bewegung geriet, trat ein Volk hervor, das wieder stark genug geworden ist, um Anspruch auf ein eigenes Dasein zu erheben.

Zweitens aber offenbarte der Islam eine unerwartete Erneuerungsfähigkeit. Nach dem Zusammenbruch des türkischen Kalifats glitt sein Schwer- und Mittelpunkt wieder nach seinem Geburtsland, dem Innern Arabiens, zurück und gewann dadurch frisches Leben. Ihm erstand in der Person Ibn Sa'uds, des Beherrschers von Mittelarabien, ein neuer Vorkämpfer und Wegbereiter. Während sich in den meisten übrigen Ländern die Scheidung zwischen Staat und Kirche immer klarer vollzog, wurde in dem neu sich bildenden Arabien die Einheit von Gott und Welt aufrechterhalten, wurde die Religion wieder zur bestimmenden Macht des Gemeinschaftslebens und zur Grundlage, auf der sich der gesamte Staat aufbaut.

Noch weiß man nicht, wohin diese uns fremden und schwer zu begreifenden Kräfte führen und welche Auswirkungen sie haben werden. Eines aber ist sicher: Die Erneuerung der reinen Lehre des Propheten, die Besinnung auf die eigene Überlieferung und das eigene Wesen bedeuten eine Abwendung vom Abendland. Wie in so manchem anderen Teil der Welt vollzieht sich auch in Arabien eine Konzentration der Macht gegen

Europa. Einer der einsichtsvollsten Beobachter der Zeit, Hermann Stegemann, sagt in seinem Buch ›Weltwende‹: »Als eine gewaltige Offensive Asiens erscheint auch der aus der Glutesse Arabiens hervorbrechende Islam.«

Der Jemen ist der von der Natur am meisten begünstigte und der historisch merkwürdigste Teil der arabischen Halbinsel. Es ist das Land, aus dem die ›drei Könige aus dem Morgenland‹ kamen, um dem neugeborenen Heiland der Welt zu huldigen, und wo auch die vielgenannte Königin von Saba geherrscht haben soll.

Lange Zeit wußte man wenig von diesem fernen Ostlande, das in einem Nebel von Sagen und märchenhaften Berichten verschwand. Erst als es in den achtziger Jahren des vorigen Jahrhunderts einem Deutschen, Eduard Glaser, gelang, auf seinen Reisen im Jemen, dem Hauptteil Südarabiens, eine größere Anzahl von alten Inschriften zu sammeln und der Wissenschaft zugänglich zu machen, begann man zu erkennen, daß die seltsamen Erzählungen der Bibel auf geschichtlichen Tatsachen beruhen, daß auf jenem Boden vor Jahrtausenden mächtige Reiche geblüht haben, wo unter den Sabäern und ihren Nachfolgern eine erstaunlich hohe Kultur sich entwickelte.

Aber bei diesen Inschriften ist es auch später im wesentlichen geblieben. Das Dunkel, das über dem Geschehen der Vergangenheit in Südarabien liegt, ist noch nicht gelichtet.

Denn der Jemen ist auch heute noch eins der verschlossensten Länder. Dort herrschte bis vor kurzem der Priesterkönig Jahya, ein Abkömmling des Propheten. Voller Mißtrauen gegen das Abendland, will man auch heute noch die Einflüsse des Westens seinem Reich fernhalten und verwehrt den Fremden den Eintritt oder gestattet ihn nur mit seiner persönlichen Genehmigung, wo es wirtschaftliche oder diplomatische Notwendigkeiten unerläßlich machen. Aber auch wer nach seinem königlichen Willen zugelassen wird, darf sich nicht frei bewegen. Welche Route er einzuschlagen, wo er sich aufzuhalten hat, das wird ihm genau vorgeschrieben, und ständig bleibt er überwacht. Grundsätzlich aber läßt der König die Ausländer nur bis zu seiner Hauptstadt San'a. Was dahinterliegt, ist verbotenes Land, während doch gerade dieser Jemen zum Teil noch ganz unerforscht ist und dort die reichsten Reste der versunkenen Kulturen vermutet werden. Das Bestreben des Königs, den Jemen vor der Außenwelt zu verschließen, wird wirksam unterstützt durch die Feindschaft der Bevölkerung gegen alles Fremde, durch ihren religiösen Fanatismus und die im Lande herrschende Unsicherheit.

Die Erforschung des wenig bekannten Jemen mit seiner großen Vergangenheit und seiner noch heute unverfälschten Eigenart stand mir als ein verlockendes Ziel vor Augen. So mancher mußte vor mir an der Schwelle unverrichteter Sache wieder umkehren; andere sind den Gefahren des Unternehmens zum Opfer gefallen. Durch unverdrossene Beharrlichkeit hatte ich es schließlich fertiggebracht, die Sperre zu durchbrechen und in das verbotene Land einzudringen. Freilich konnte das nur durch ein kühnes und kaum für durchführbar gehaltenes Wagnis gelingen.

Ich hatte mich zunächst durch Reisen in Ägypten, Palästina und Mesopotamien mit der Sprache der Araber und ihren Lebensgewohnheiten vertraut gemacht. Dann lernte ich einen arabischen Sultan kennen, der über ein kleines Reich im Südosten der Halbinsel herrscht. Als Gast dieses Sultans gelangte ich im Jahre 1930 nach Makalla an der Küste des Indischen Ozeans (Farbt. V). Von dort aus machte ich einen Vorstoß nach Hadramaut, einer sich östlich an den Jemen anschließenden, unmittelbar hinter den hohen Randgebirgen der Küste gelegenen Landschaft. Bei meinem Aufenthalt in Hadramaut sammelte ich Erfahrungen und knüpfte mannigfache Beziehungen an, die mir bei meinen späteren, größeren Unternehmen zu Hilfe kamen.

Mein Ziel war von Anfang an der Jemen, das verbotene Land. Wieder zog ich aus, ging in Hodeida, der Hafenstadt des Jemen, an Land und pochte an die Pforte des verschlossenen Königreichs. Ich hatte Glück, sie wurde mir aufgetan, ich durfte nach der Hauptstadt San'a kommen und mich dort längere Zeit aufhalten. Alle meine Bemühungen jedoch, weiter in das Land einzudringen, schlugen fehl. Der König gestattete es nicht. Ich mußte auf dem gleichen Wege, den ich gekommen war, zurückkehren.

Aber ich ließ mich von meinem Vorhaben nicht abbringen. Schon ein Jahr danach war ich wieder nach Südarabien unterwegs. Da es auf erlaubtem Wege nicht ging, faßte ich den Entschluß, heimlich in den Jemen einzudringen. Das konnte aber niemals von einem der Küstenplätze aus, wie es frühere Reisende versucht hatten, gelingen. Daher faßte ich den Plan, auf einem großen Umweg vom Innern her die Grenze des Jemen zu erreichen. Dazu mußte ich ein vorher für völlig unzugänglich gehaltenes Wüstengebiet durchqueren, das sich über den ganzen Osten der Halbinsel erstreckt und auf den Karten Arabiens als eine weiße Fläche verzeichnet steht.

Ganz allein zog ich aus, auf eigene Faust, mit nur geringen Geldmitteln, die ich mir durch Vorträge und meine ersten Veröffentlichungen verschafft hatte, waffenlos, aber wohl ausgerüstet mit den friedlichen Hilfsmitteln moderner Forschung: der Kamera für Film und Photo und dem phonographischen Aufnahmeapparat. Eine reiche Ausbeute an Dokumenten über die Menschen jener Himmelsstriche und ihre Werke, über die Landschaft, die Kunst, die Architektur und über das Alltagsleben, die Tänze wie die Musik der Araber war das Ergebnis meiner Reisen.

Mit Riesenschritten schreitet heute die Technik voran. Auch der ›Arabia felix‹, dem glücklichen Arabien, wird früh oder spät die Schicksalsstunde schlagen. Dann wird sie in die Reihe der ›erschlossenen Länder‹ unserer Erde eingereiht sein. Technik und westliche Zivilisation werden auf Kosten einer alten Kultur das Land ›beglücken‹, das dann vielleicht seinen Namen ›Glückliches Arabien‹ in einem anderen Sinne führen wird. Ob es dann aber auch wirklich glücklich sein wird?

Bevor jedoch alles traumhaft Schöne und alles Wilde, grausam Fesselnde dieses Landes, das ich noch in seiner Echtheit sah und erlebte, in Vergessenheit gerät, lassen Sie mich Ihnen von meiner abenteuerlichen Reise, der erstmaligen Durchquerung Südwestarabiens, die einem Fremden gelang, einer Reise »zwischen dem Teufel und dem Roten Meer«, wie die Engländer sagen, hier berichten.

Fahrt ins Ungewisse

Es ist empfindlich kühl in diesen Februartagen, auch im südlichen Mittelmeer. Von Nordosten her, von den schneebedeckten russischen Steppen über das offene Tal der Dardanellen hin, weht eine kühle Brise. Wir haben uns in die behagliche Wärme des Rauchzimmers geborgen, indes die ›Molton‹ von der P. & O.-Line mit hoher Fahrt dem schmalen Durchgangstor zur Welt des Ostens zusteuert.

Die wenigen Reisegefährten sind Bürger des britischen Weltreiches. Lässig und ruhevoll sitzen sie in den weichen Lederpolstern. Spärlich und fast widerwillig geht ihre Rede; aber ihr Tun, das weiß man, ist geschmeidig und von wohlberechneter Kraft. Dem, der nicht ihrem Volk angehört, begegnen sie mit dem herablassenden Freimut einer fest in sich begründeten Sicherheit, wobei – vielleicht nur hier draußen spürbar – ein gut gespieltes Gemeinschaftsgefühl des Europäers mitschwingt.

Es sind zumeist Beamte, für Aden, Singapore oder die Südsee bestimmt. Ständig ist auf der alten Hochstraße zwischen den Kontinenten ein Kommen und Gehen dieser Staatsdiener eines heute noch weltumspannenden Reichs, ähnlich wie einst bei den Römern. Der Drang in die Ferne und Weite ist auch uns geblieben. Nur daß man wieder zum Fahrenden geworden ist, einstweilen noch auf eigene Faust hinausgeht, allein auf sich selbst gestellt, auf der Suche nach dem Unverhofften, dem Abenteuer. Diese hier sind nicht erwartungsvoll. Sie wissen, was sie finden werden: ein Amt oder einen Posten in dem wohlgegliederten Mechanismus ihres Reiches. Alles ist geordnet und eingespielt. Die Zeiten, da es ins Unbekannte vorzudringen, Neues zu erwerben galt, sind vorbei. Ihnen bleibt die Aufgabe des Bewahrens und Erhaltens.

Auch der australische Schafzüchter hat sich zu uns gesellt, während die etwas allzu üppig blühende Tochter unermüdlich ihre Deckwanderung fortsetzt. Natürlich redet er, knarrig und verdrossen, von der mißlichen Wirtschaftslage. Aber der Anblick seiner am Fenster vorbeimarschierenden Tochter bringt ihn auf ein anderes Gebiet. Er erzählt von dem Besuch in seinem Stammland, von dem sie eben zurückkehren. Er spricht genauso trocken und sachlich wie vordem; und doch ist eine Wandlung zu spüren. Ein verbissenes Gefühl, eine verhaltene Zähigkeit verbirgt sich hinter den dürren Worten. Auch die anderen werden lebhafter und nehmen das Thema chorisch auf. Oft schon ist mir aufgefallen, wie fest diese Menschen in ihrer Welt stehen. Nun scheint sich mir das Rätsel zu erhellen. Jene Insel, das wird deutlich erkennbar, ist ihnen der ruhende Pol, das in ihren Augen Unerschütterliche im vielfachen Wechsel des Daseins. Sie tragen sie überall in Gedanken mit sich, schaffen sich ihr Abbild, wohin immer sie kommen, sie ist ihnen nie versiegender Quell von Stärke und Zuversicht.

Währenddessen sind drei hohe Gestalten eingetreten, in bunten, faltigen Gewändern, mit hageren, bräunlichen Gesichtern, den Kopf in eine spitzzulaufende Kapuze gehüllt. Man hat sie in Algier an Bord kommen sehen. Etwas befangen sich umblickend, setzen sie sich in eine Ecke und unterhalten sich in ihrer leisen, verhaltenen Art. Während einer Pause in unserem Gespräch richtet der mit dem dunkelroten, bauschigen

Mantel an mich, der ich zunächst sitze, eine Frage in brüchigem Französisch. Ich antworte ihm arabisch.

»Ya salâm!« Die Gesichter leuchten auf. »Woher kennst du unsere Sprache?« Ich erzähle ihnen von meinen früheren Reisen und daß ich jetzt in den Jemen will.

»Den Jemen? Hast du denn Erlaubnis vom Imâm?« fragen sie erstaunt.

Ich weiche einer Antwort aus. Was brauchen sie zu wissen, daß ich auf heimlichen Wegen in das verbotene Land eindringen will. Wir unterhalten uns noch weiter über diesen Priesterkönig von Südarabien, der sein Reich fast noch strenger abschließt als der Dalai-Lama.

»Es geschieht nur, weil er für die Sicherheit der Fremden nicht einstehen kann«, erklärt mir der im roten Mantel, dabei aber einen kurzen Seitenblick auf meine Nachbarn werfend, der mir etwas ganz anderes zu besagen scheint.

Das mit der Sicherheit ist allerdings in gewisser Weise zutreffend. Noch vor nicht langer Zeit sind zwei deutsche Forscher, wie so manche ihrer Vorgänger, dem Fanatismus der Bewohner oder dem Räuberunwesen im Jemen zum Opfer gefallen.

Ich erfahre dann, daß die drei aus Marokko stammen und zu einem islamischen Kongreß nach Kairo wollen. Also ist auch die mohammedanische Welt in Bewegung geraten. Man reist herum, bedient sich der trefflichen abendländischen Einrichtungen, um – offen oder heimlich – zusammenzukommen, Beschlüsse zu fassen, das Gemeinsamkeitsgefühl zu kräftigen, sich Hoffnungen zu bestätigen, für die Zukunft zu arbeiten. Wer wüßte nicht, wie stark es unter der Oberfläche gärt und wie fraglich es ist, ob das Gegenwärtige und künstlich Geschaffene von Dauer sein wird.

Meine Gefährten von jenseits des Kanals haben den Gruß der drei Eintretenden knapp erwidert; das war aber auch alles. Es ist, als habe sich plötzlich in unserem Raum eine Glaswand aufgerichtet. Mit ›Farbigen‹, wie man drüben verallgemeinernd sagt, auf gleich und gleich zu verkehren, das fällt ihrem Herrenstandpunkt außerordentlich schwer, soweit sie als Privatpersonen handeln.

Nachher fragte mich Mr. Winsloe, der Australier, was denn das für eine komische Sprache sei, die ich da geredet hätte.

Ich gebe ihm Auskunft.

»Nein, daß es so was überhaupt gibt!« Seine etwas vorstehenden, wasserhellen Augen betrachteten mich wie ein Museumsstück. »Ich, ich spreche nur Englisch, und damit kommt man doch durch die ganze Welt.«

Damit mag er recht haben.

Immer wieder überrascht der jähe Szenenwechsel, sobald sich hinter Port Said der Kurs nach Süden dreht. Wie von einem Zauberstab berührt, ist die freundlich umschlossene, heiter grüne Welt des Mittelmeers versunken. Der Raum verliert sich in unbegrenzte Weiten; Formen und Umrisse sind verwischt, kaum daß das Auge irgendwo einen Ruhepunkt findet; das grelle Licht löscht alle Farben aus; selbst alle Geräusche scheinen verstummt, sind wie aufgeschluckt von dieser starren Unendlichkeit.

Die feuchte Bruthitze legt sich wie schwere Bleiplatten auf die Brust. Kein Lüftchen bewegt die türkisfarbene Fläche des Meeres, über die sich Tag für Tag der stählerne Schild eines ewig gleichen Himmels spannt. Wie man in nördlichen Ländern jeden Sonnenstrahl aus weichender Wolkenwand freudig begrüßt, so sehnt man sich in diesen Breiten, verzweifelt oft, nach einem einzigen Flöckchen im Blau, daß es auch nur für Augenblicke die Gewalt des glühenden Balles ein wenig mildere.

Diese Reglosigkeit der Welt ringsum hat sich dem Schiffe mitgeteilt. Die spärlichen Gespräche versickern wie Flüsse im Sand der Wüste; nur das ununterbrochene Stampfen der Maschinen ist zu hören. Lauter, eindringlicher klingt es, als hätte das Schiff Eile – wie Mr. Winsloe, mehr seinen eigenen Empfindungen Ausdruck gebend, bemerkt –, aus dieser Hölle herauszukommen. Am Rande der spiegelblanken Wasserfläche taucht ein gelblicher Küstenstrich auf, öde, verlassen scheinbar, seltsam unwirklich in dem alles Feste auflösenden Flimmern der erhitzten Luft. Der Australier weist mit blinzelnden, vom Licht geblendeten Augen darauf hin. »Und in das Land da wollen Sie«, meint er, »dort gibt es doch nichts als Steine und Sand. Und die Hitze dazu! Gott bewahre mich davor.«

»Immerhin ist dort noch manches andere zu finden«, erwidere ich, »zum Beispiel Wolkenkratzer. Und die gab's dort schon zu einer Zeit, als an der Stelle, wo heute New York steht, noch Indianer schweiften.« Und ich erzähle einiges von Arabien, seiner uralten Kultur, wie von dort eine der großen Weltreligionen ihren Ausgang nahm und wie im Süden des Landes schon vor mehr als dreitausend Jahren eine Talsperre bestand, die an Größe und technischer Vollendung den heutigen zum mindesten gleichkam. »Ja, wer einmal in diesem Lande gewesen ist, den zieht es immer wieder dorthin«, schließe ich.

Am dritten Tage bemerkt man backbords, der Küste zu, ein paar weißliche Flecken, die im flimmerigen Dunst auf und ab tanzen, als hingen sie an Spiralfedern. Es sind die Häuser von Dschidda, der Hafenstadt Mekkas. Als ich das letztemal dort landete, hing zwischen den Korallenriffen der Einfahrt das Wrack eines Dampfers, der, vollbesetzt mit Pilgern, aufgelaufen und in Brand geraten war. Die meisten Passagiere kamen in den Flammen um; wer sich vor dem Feuer ins Wasser retten wollte, fiel den Haifischen zur Beute.

Dieses Dschidda vermag so recht eine Vorstellung davon zu geben, wie die arabische Welt nach jahrhundertelangem Dahindämmern plötzlich in Bewegung geriet und die Ereignisse sich in den letzten anderthalb Jahrzehnten geradezu überstürzten. Hier eigentlich fing es an, als der schon sagenhafte Oberst Lawrence in Dschidda an Land stieg, um, wahrscheinlich selbst ein Getäuschter, mit dem gaukelnden Banner der Freiheit den schwelenden arabischen Aufstand zur hellen Flamme zu entfachen, den der türkische Vasall Emir Hussein von Mekka auf reichlich unbestimmte Abmachungen mit der britischen Regierung hin begonnen hatte. Jener Aufstand wurde zu einer der Minen, die das altersgraue Gebäude des Türkischen Reichs in die Luft sprengten.

Oberst Lawrence konnte zwar noch seinen »Propheten mit dem Schwerte«, Faisal, den Sohn Husseins und Führer der Aufständischen, im Triumph nach Damaskus führen, während die herzugeströmten Massen in einem wahren Freudentaumel rasten. Wähnte man doch den Tag der Freiheit nun angebrochen und meinte man schon Größe und Glanz alter Kalifenherrlichkeit wieder auferstanden. Ein schöner Traum! Ehe es so recht daraus erwacht war, sah sich das arabische Volk von seinen großen Bundesgenossen unter Vormundschaft gestellt. Protektorate wurden errichtet oder Einzelstaaten unter einheimischen Fürsten geschaffen. Auch der strebsame Emir Hussein erhielt sein wohlabgerundetes Königreich rings um die Städte Mekka und Medina. Im Besitz dieses Zentrums der islamischen Welt brachte er es sogar, nach dem Verschwinden der türkischen Sultane, zum Kalifen und damit zum Oberhaupt aller Gläubigen. Aber seine so hoffnungsvoll aufsteigende Laufbahn nahm ein jähes Ende.

Tief im Innern der arabischen Halbinsel nämlich hatte der Nachkomme eines alten wahhabitischen Herrschergeschlechts mit Namen Ibn Sa'ud die Wirren des Weltkriegs klug und ohne sich nach einer Seite hin offen festzulegen dazu benutzt, das nebenbuhlerische Fürstenhaus zu stürzen, den Thron seiner Väter zurückzugewinnen und sich ein an Umfang gewaltiges, modernen Heeren kaum zugängliches Binnenreich zu schaffen. Doch damit nicht genug. Er drang gegen das Meer vor, brach in das Reich Husseins ein und bemächtigte sich der Heiligen Städte. König Hussein, der sich vergeblich nach seinen großen Helfern umgesehen hatte, mußte fliehen und starb im Exil.

Ibn Sa'ud war nun im Besitz fast der ganzen Ostküste des Roten Meeres. Nach Norden freilich ist weiterem Umsichgreifen vorläufig eine Schranke gezogen, denn dort ist das neue Reich Israel gegründet worden. Der Herr über den größten Teil Arabiens hat sich so zunächst nach Süden gewandt und bedrängt nun in immer erneuten Vorstößen das einzige noch ganz unabhängige Fürstentum der Halbinsel, das Reich des Priesterkönigs von Jemen. Diesem hat sich im Süden wiederum, an der Küste des Indischen Ozeans, die britische Macht vorgelagert. Eingeklemmt zwischen zwei einigermaßen bedrohlichen Nachbarn, sucht der Imâm – wie sein Titel lautet – das altertümliche Staatsschiff seiner Theokratie zwischen den Fährnissen heil hindurchzusteuern. Man wird sehen, wie ihm das gelingt.

Weiter südlich noch begleiten den Fahrenden an der afrikanischen Küste die kahlen Hügelketten von Erythräa. Dahinter verbirgt sich eins der seltsamsten Überbleibsel der Alten Welt, jenes uralte schwarze Reich von Äthiopien, eine einsame christliche Insel inmitten der islamischen Flut. Bei Betrachtung von Vergangenheit und Gegenwart wird klar, wie wenig geographische Abgrenzungen für die lebendige Wirklichkeit zu besagen haben. Denn diese Ländermasse rings um die Brücke des Roten Meeres ist, wenn auch zwei Erdteilen angehörig, stets eine Einheit gewesen, eine Welt gemeinsamer Geschicke und gemeinsamer Geschichte. Das wird auch in den Legenden und Mythen erkennbar, die sich hin und her wie zu einem bunten Teppich verweben. So betrachteten sich die abessinischen Kaiser mit Stolz als Nachkommen der Königin von

Saba, jener berühmten Herrscherin von Südarabien, deren Reichtum wie Klugheit das erste Buch der Könige so beredt zu schildern weiß. Während ihres Aufenthalts am Hof König Salomos – die Reise galt offenbar dem Abschluß eines Freundschaftspakts – soll die schöne Besucherin von ihrem Gastgeber einen Sohn empfangen haben, eben jenen Sabäer, den Begründer der abessinischen Dynastie. Damit aber konnten die abessinischen Herrscher ihre Abstammung auch auf König Salomo zurückführen, und darauf waren sie nicht weniger stolz. So ließ Negus Menelik zur Feier seines vielgefeierten Sieges im Jahre 1896 Münzen schlagen mit der Inschrift: »Es hat überwunden der Löwe, der da ist aus dem Geschlecht Juda« (Offenbarung Johannis). Heute weiß man, daß tatsächlich die Sabäer in Vorzeiten von Südarabien auch nach Afrika vorgedrungen sind und sich in Abessinien als eine über die einheimische Bevölkerung herrschende Schicht niedergelassen haben. Das ist der historische Kern dieses Mythus.

Merkwürdig, daß von all den Herrschern um das Rote Meer allein nur die Erinnerung an diese eine Frau – die »Königin von Mittag«, wie sie im Matthäus-Evangelium heißt – bis heute lebendig geblieben ist. Ein ganzer Sagenkreis hat sich um sie gebildet, mit mannigfachen Abwandlungen und Wendungen, oft von einer herzerfrischenden Natürlichkeit. Bei fast allen arabischen Schriftstellern findet sich die auch im Koran erwähnte Episode, wie die sabäische Königin im Palast Salomos in einen Raum geführt wurde, dessen Boden ganz aus Glas bestand, und die hohe Dame, wähnend, ein Wasserbassin zu betreten, ihr Gewand schürzte. Der islamische Theologe Akh-Thalabi erzählt diese Überlieferung auf eine besondere Art. Danach soll dem König Salomo von seinen Hofleuten, die anscheinend eine nähere politische Verbindung zwischen beiden Reichen nicht wünschten, eingeflüstert worden sein, die Besucherin wäre in Wahrheit eine Dschinn, eine gefährliche Teufelin, mit häßlichen, dicht behaarten Eselsfüßen unter ihrem Kleide, die nur gekommen wäre, den weisen König zu bezaubern und ins Verderben zu stürzen. Salomo habe sie, um der Sache auf den Grund zu gehen, in jenes Gemach mit dem Glasboden geführt; und als nun die Eintretende in Besorgnis vor dem vermeintlichen Wasser ihr Gewand gehoben habe, da wären die herrlichsten Beine zum Vorschein gekommen, wohlgeformt und makellos.

Indes die Gedanken noch bei der lieblichen Königin verweilen, taucht das Land, über das sie einst herrschte, als ein weißlicher, kaum wahrnehmbarer Küstensaum über dem blauen Meeresspiegel auf. Reicharabien wird es in der Bibel genannt, das »glückliche Arabien« bei den Römern, die es vergeblich ihrem Weltreich einzuverleiben trachteten. Für die Alte Welt war es die Brücke nach Indien, der Stapelplatz aller Schätze des Fernen Orients, wo sich Gold, Edelgestein und kostbare Spezereien häuften, wo Kultur um Kultur aufblühte, Wunderwerke der Technik entstanden und von wo Jahrhundert um Jahrhundert die hochbeladenen Karawanen nach Norden zogen, um den prachtstrotzenden Höfen von Ägypten, Babylonien, Assyrien, Persien oder den vorderasiatischen Kleinfürsten neue Reichtümer zu bringen. So berühmt war einst sein Ruf, daß Alexander der Große geplant haben soll, nach der Unterwerfung Indiens hier im

Jemen, wie ein Teil Südarabiens heute heißt, seinen Aufenthalt zu nehmen. Es ist viel begehrt worden, dieses Land an der Pforte zum Osten; von Norden, Osten oder Westen drangen Eroberer ein; mit Heeren oder Flotten kamen sie, aber keinem ist es gelungen, es ganz zu gewinnen, auch den Türken nicht, die es nominell fünf Jahrhunderte besaßen. So ist der Jemen noch immer wie hinter einem geheimnisvollen Schleier verborgen, gleich jenem flimmerigen Dunst, der seine Küste verhüllt.

Auch Hodeida (vgl. Abb. 89), an dem wir unweit vorüberfahren, verbirgt sich dem suchenden Blick. Die Hafenstadt Hodeida ist sozusagen die offizielle Eingangstür zum Jemen. Man könnte unschwer dort anklopfen. Aber damit wäre nicht viel gewonnen. Denn sobald der Fremde in Hodeida den Fuß an Land setzt, ist er dauernd überwacht, kann keinen Schritt tun ohne ausdrückliche Erlaubnis, keinen Besucher empfangen ohne königliche Genehmigung. Vielleicht daß ihm nach langem Harren gestattet wird, nach San'a, der Residenz des Königs, zu kommen; aber auch das nur unter Bedeckung und auf genau vorgeschriebenem Wege. Die Höflichkeit und aufmerksame Besorgnis, womit man den Gast umgibt, baut sich wie eine undurchdringliche Mauer um ihn auf, die ihm jeden freien Blick, jede freie Bewegung verwehrt. Nur was der König will, darf der Gast sehen und hören.

Aber es war mir nichts daran gelegen, gleichsam mit verbundenen Augen durch das Land geführt zu werden. Mich lockte es, hinter den Schleier zu sehen und das verwehrte Innere des Landes zu erforschen. Dazu bedurfte es einer List. Auf der Landseite ist der Jemen durch eine sich nach Norden dehnende, schwer zugängliche Wüste vor unbefugten Eindringlingen geschützt. Daß von dieser Seite her ein Fremder sein Reich betreten könnte, das wäre dem jemenitischen Herrscher nicht im Traum eingefallen, und es hatte das auch noch niemand unternommen. Aber gerade damit rechnete ich und mit der Wahrscheinlichkeit, daß an jenen Grenzen die Bewachung weniger streng sein würde. Mein Plan war also, jene Wüste zu durchqueren und sozusagen von rückwärts heimlich in den Jemen vorzudringen. Das Wagnis war um so reizvoller, als man auf solche Weise in Gebiete gelangte, die noch nie der Fuß eines Europäers betreten hatte.

Mehr und mehr haben sich die beiden Küsten des asiatischen und afrikanischen Kontinents einander genähert. Nun rücken sie eng zusammen zu einer schmalen, felsumsäumten Durchfahrt, der Straße Bab el Mandeb, »Tor der Tränen«. Hat es diesen düsteren Namen erhalten, weil der klippenreiche Engpaß so manchem Schiff zum Verderben gereichte, oder weil hier jahrhundertelang die Übergangsstelle war für die in Afrika eingefangenen Menschenfrachten nach den Märkten Asiens und die Klagen der zur Sklaverei Bestimmten, da sie ihre Heimat entschwinden sahen, zum Himmel tönten? Noch heute huschen heimlich in dunklen Nächten kleine Segler über den schmalen Meeresarm und bringen solche Sklavenfrachten in einer der zahllosen Buchten der arabischen Küste an Land. Nicht weniger als drei Mächte haben sich hier an der Pforte zum Fernen Osten angesiedelt, Engländer, Franzosen, Italiener. Mitten aber in der Durchfahrt erhebt sich ein mächtiger, hochragender Felsblock; einsam steht er wie ein drohender Wachtposten; kahles, glühendes Gestein in der von Gluten durchzitterten Luft, ein schwärzlicher Fleck über grell blendender Wasserfläche; »wie vom Teufel hingespuckt«, wie einer der englischen Mitreisenden bemerkt. Es ist Perim, ein Gibraltar des Ostens, von Britannien durch eine kluge List den Franzosen weggeschnappt und in Besitz genommen zu eben der Zeit, als an der Nordspitze des Roten Meeres der erste Spatenstich zum Suezkanal unter französischer Leitung erfolgte.

Der Tag versinkt in einem atemberaubenden Glanz von Gold und Purpur, während sich vor uns die unendliche Weite des Indischen Ozeans öffnet. In der jäh einbrechenden Finsternis aber folgt uns noch lange das Leuchtfeuer von Perim, wie ein wachsames Auge, das forschend die dunkle Nacht durchdringt.

Am nächsten Morgen fahren wir hart unter der Steilküste Südarabiens dahin. Der lähmende Druck der brütenden Hitze des Roten Meeres hat sich etwas gelockert. Wenigstens kann man das morgendliche Anziehen beenden, ohne gleich in Schweiß gebadet zu sein. Über den Ozean weht eine kräftige Brise. Wir überholen einen winzigen Dampfer, der in der rollenden Dünung einen ausgelassenen Tanz vollführt. Es ist die mir wohlbekannte ›Afrika‹, von Hodeida kommend. Fischerboote wiegen sich auf der saphirnen Wasserfläche, aus der Ferne wie Watteflocken anzusehen.

Zwischen zwei mächtigen Felsmassiven, die zackig gekrönt weit ins Meer vorgeschoben sind, biegen wir in den Hafen von Aden ein, dessen Häuser weiß in der Morgensonne schimmern.

Große und kleine Herrscher

Von Aden gedachte ich gleich mit dem kleinen Küstendampfer nach Makalla weiterzufahren, um von dort über Hadramaut in die Wüste vorzustoßen. Doch wie ich an Land komme, erfahre ich, daß das Schiff nach Makalla am gleichen Morgen abgegangen ist. Das nächste soll in vierzehn Tagen auslaufen.

Auch will mir die britische Obrigkeit die Einreise nicht ohne weiteres gestatten. Mein hoher Gönner, der Sultan von Makalla, dessen Entgegenkommen ich den ersten Einblick in Südarabien verdanke, weilt zur Zeit in Indien auf seinen Besitzungen in Haiderabad, ist also unerreichbar. Auch der persönliche Einladungsbrief des Sayed al Kaf, des Beherrschers von Terim, kann augenblicklich nicht helfen. Überhaupt, so mahnt man ab, sei das Land unsicher, der Europäer ein nicht eben gern gesehener Fremdling, Krieg und Raub die Hauptbeschäftigung der Bewohner. Und nun gar – mit einem Seitenblick auf mich – allein zu reisen und noch dazu auf dem Landwege, das wäre bare Tollkühnheit. Schließlich aber erklärt man sich bereit, beim Vertreter des Sultans von Makalla anzufragen. Die Antwort muß abgewartet werden.

»Adan« bedeutet im Arabischen Paradies. So vermutete man, daß Adan oder Aden das Eden gewesen sei, von dem im Buch Hesekiel in der Bibel die Rede ist. Viele Reichtümer ferner, sagenhafter Wunderländer nahmen ihren Weg über Aden. Schon die Phönizier kannten Aden und betrachteten diesen Ort als den wichtigsten Handelsplatz des südlichen Arabien. Dann kamen die Römer, besetzten die Halbinsel und hielten sie bis ins 6. Jahrhundert in ihren Händen. Nach einem kurzen abessinischen Zwischenspiel reihten die Perser Aden in den mohammedanischen Kulturkreis ein.

Aden gehört heute zu den vier Stützpunkten, die den wichtigsten Seeweg des englischen Empire beschützen. Gibraltar, Malta, Zypern und Aden heißen die britischen Stützpunkte des Seeweges, der an den ›Säulen des Herkules‹ vom Ozean in die Binnenmeere führt und sie am ›Tor der Tränen‹ wieder verläßt.

Aden liegt auf einer kleinen vulkanischen Halbinsel, in einem erloschenen Krater, der sich in das Meer hinausschiebt (s. Fig. S. 197).

Aden ist heute ein verrufener Ort. Öde und trostlos ist dieses kahle Gestein erloschener Vulkane, aus dem die kleine Halbinsel besteht. Nur dürres, niederes Dorngestrüpp trägt der salzige Boden; und wo sich zuzeiten etwa in den Senken spärliches Grün hervorwagt, wird es alsbald von der Glut der Sonne ausgedörrt. Das einst Flüssige ist erstarrt zu hochragenden Zacken, jähen Riffen, ist vielfältig zerrissen und zerspalten in tiefe Schlünde und Klüfte und erhält so das Gepräge einer düsteren Großartigkeit. Im sicheren Gefühl für die Eigenart der Landschaft hat die arabische Überlieferung das Grab Kains, des Brudermörders, gerade in diese Felseinsamkeit verlegt. Eine dunkle Schlucht an steiler Wand wird als solches bezeichnet.

Wasser lieferte bis vor kurzem nur der Regen. Seine kleinsten Rinnsale werden in gewaltigen Sammelbecken aufgefangen, deren erste technisch vollendete Anlagen noch aus vorgeschichtlicher Zeit stammen. Bleiben Niederschläge aus, was oft vorkommt, dann mußte bisher das notwendige Wasser auf einer eigens dazu angelegten Bahn vom Festland herangeschafft werden. Erst nach dem Ersten Weltkrieg hat man durch Tiefbohrungen in den Tälern Quellen aufgefunden. In seiner Beschreibung Arabiens aus dem Jahre 1200 sagt Ibn el Mojawir: »Das Klima von Aden ist so schlecht, daß aller Wein innerhalb von zehn Tagen zu Essig wird.« Für einen Mohammedaner eine etwas seltsame Charakteristik!

Steht man dann auf der Höhe des krönenden Dschebel Dschammar, oder Scham-Scham, wie man ihn in Aden nennt, dann wird ersichtlich, warum dieser unwirtliche Erdenfleck von jeher ein so heiß begehrter Besitz gewesen ist. Zu Füßen breitet sich die weitausgreifende Sichel des Hafens, wohlgeschützt durch das Tor zweier Bergmassive, gelegen an der Schwelle zum Abendland und so umfangreich, daß sich die britische Flotte darin versammeln kann. Einst lagen hier die Schiffe der Sabäer, löschten die Schätze Indiens und der Malaiischen Inseln oder rüsteten sich zu neuer Ausfahrt nach den Niederlassungen an der afrikanischen Küste. Hat man doch neuerdings feststellen können, daß die Sabäer sogar im fernen Süden Afrikas Burgen und Tempel errichtet und die dortigen Bodenschätze ausgebeutet haben.

Nun weht schon seit fast einem Jahrhundert der Union Jack über dem Hafen. Und das kam so: Die Bewohner von Aden hatten unvorsichtigerweise die Aufmerksamkeit des werdenden britischen Weltreichs dadurch auf sich gezogen, daß sie ein dicht vor dem Hafen gestrandetes englisches Schiff nach altem Brauch und Recht ausplünderten und dabei die britischen Untertanen nicht eben glimpflich behandelten. Da der herrschende Sultan die Zahlung einer Entschädigung verweigerte, den Unterhändler sogar einzusperren drohte, kamen britische Kriegsschiffe angefahren, bombardierten die Stadt und nahmen sie ein. Der Sultan mußte fliehen und nahm von da ab seine Residenz auf dem Festlande in dem nahen Lahedsch. In englischen Geschichtsbüchern heißt es, die Besitznahme von Aden im Jahre 1839 sei deshalb bemerkenswert, weil sie die erste Mehrung des Reichs unter der Regierung der Königin Viktoria bedeutete.

Immerhin muß zur Ehre der stolzen Araber, die doch selbst einst ein Weltreich ihr eigen nannten, gesagt werden, daß sie sich nicht damit zufrieden gaben, sondern unter Führung jenes Sultans und dann seiner Nachfolger Jahrzehnte hindurch ebenso tapfere wie aussichtslose Versuche machten, Aden zurückzugewinnen. Schließlich sah sich England genötigt, auf dem Festland eine Sicherungszone zu schaffen und einen breiten Küstenstreifen Südarabiens unter sein Protektorat zu stellen. Die Sultane von Lahedsch wurden für den Verlust ihrer Unabhängigkeit durch eine Jahresrente entschädigt.

Bei den britischen Beamten und Militärs gilt Aden als eine Art Vorstufe zur Hölle. Mir hingegen erschien es immer als ein Paradies. Wenn ich nach monatelangen Kamelritten und unsäglichen Anstrengungen nach Aden zurückkehrte, wurde es mir zum Inbegriff der Zivilisation, zum Spender aller jener winzigen Annehmlichkeiten des täglichen Lebens, die der daran Gewöhnte kaum mehr beachtet, die aber unschätzbaren Wert gewinnen, sobald man sie entbehren muß. Auch ein Stück Heimat fand ich dort immer durch die gastliche Aufnahme im Hause des Herrn M., eines deutschen Kaufmanns. Er hatte schon so ziemlich den ganzen Globus durchwandert, zuletzt hoch oben in Alaska seinen Fellhandel betrieben, war dann auf gut Glück weitergezogen und hatte nach mancherlei Zwischenstationen in Aden einen neuen einträglichen Wirkungskreis gefunden. Einmal begleitete ich ihn auch zu seiner Haupttätigkeit, allerdings nur einmal. In einem langen, niedrigen Schuppen waren Tausende von Ziegenfellen aufgestapelt, die von Einheimischen im Hinterlande aufgekauft worden waren. Es galt nun, die roh bearbeiteten Felle nach Güte und Brauchbarkeit zu sortieren, wozu eine gewiegte Sachkenntnis gehörte, wie sie nur Herr M. selbst besaß. Die Arbeit dauerte stundenlang. Ich habe es keine fünf Minuten in dem Gestank ausgehalten. Übrigens verdanke ich es auch den eifrigen Bemühungen des Herrn M., daß mein gesamtes, mir in Hadramaut verlorengegangenes Filmmaterial wieder aufgefunden und zurückgebracht und mir mehrere Monate nach meiner Heimkehr nach Deutschland zugeschickt wurde.

Sein Haus, mit allen Erfordernissen für die Tropen ausgestattet, wurde von der nötigen Dienerschaft bevölkert – darunter war ein Koch, ein Meister seiner Kunst und ein so feiner Herr, daß er sich für den eigenen Bedarf wieder einen Diener hielt –, ferner von mehreren Hunden, noch mehr Katzen und zwei Affen. Die Katzen waren geradezu Musterbeispiele eines richtig verstandenen Familienlebens. Alle Augenblicke traf man in irgendeiner Ecke auf eine eben neu eingerichtete Kinderstube. Einmal erwachte ich des Morgens durch ein leises Piepen und stellte fest, daß während der Nacht eine Katzenmama gerade unter meinem Bett sechs Junge zur Welt gebracht hatte. Die beiden Affen hießen Max und Moritz und benahmen sich auch so. Durch ihre Streiche hatten sie sich in der ganzen Nachbarschaft höchst mißliebig gemacht. Als sie aber schließlich der nahegelegenen Bank einen Besuch abstatteten, den Kassenraum besichtigten, die abgezählten Geldscheine heillos durcheinanderwirbelten und Moritz sich auf dem Kopf des Kassierers häuslich niederließ, war ihr Maß voll, und sie mußten verschwinden.

Eines Nachmittags, nachdem die schlimmste Hitze vorüber war, machten wir uns auf zu einem Vorstoß ins Hinterland von Aden und einem Besuch beim Sultan von Lahedsch. Der Wagen meines Gastgebers, ein alter Citroën, war schon etwas abgekämpft und klapprig, auch einige Schrauben fehlten. Aber er lief trotzdem recht flott. Bald saßen wir im tückischen Sande fest, doch ein Schwarm von Beduinen sprang uns hilfreich bei, das schon halb versunkene Gefährt unter Geschrei und Singen wieder flottzumachen. So ging das noch mehrere Male.

Gleich hinter Schech Othman, dem ersten Ort auf dem Festland mit einer großartigen, hohe Erträgnisse abwerfenden Salzgewinnungsanlage einer italienischen Kompanie, steht einsam mitten im weiten Gelände – Straßen gibt es dort nicht – ein Schlagbaum mit einer Postenhütte. Hier müssen wir unseren Erlaubnisschein vorzeigen. Die Engländer lassen keinen ins Land ohne ausdrückliche Genehmigung des Gouverneurs von Aden, da sie für die Sicherheit der Europäer nicht einstehen können.

Stundenlang geht es durch die Wüste. Nur fahler, gelber Sand, kahles, niedriges Dorngestrüpp, ein steiniges, totes Flußbett, hie und da vielleicht ein paar armselige Strohhütten der Beduinen. Keines Vogels Stimme ist zu hören, kein Laut unterbricht die Einsamkeit. Höchstens daß eine Kamelkarawane mit ihrem geräuschlosen, gespenstischen Schritt vorüberzieht, voran der Esel als Leittier.

Plötzlich aber steht, wie hingezaubert, ein sonderbares Bild über dem Horizont: hochgetürmte Paläste, weiß schimmernd wie Marmor, daneben Kuppeln und überschlanke Türme. Das Überraschende daran ist, daß das ganze in der Luft schwebt, wie hingemalt erscheint mit überaus zarten Farben auf den blauen Hintergrund des Himmels. Beim Näherkommen gewahrt man die breit hingelagerte Masse einer Stadt, viereckige braune Häuser, vielfach ineinandergeschachtelt und solid im Boden wurzelnd. Nun erkennt man auch den Grund der Täuschung: die hochragenden Bauwerke sind oben weiß, unten aber erdfarben, so daß dieser Teil dem Auge unsichtbar blieb. Auch die Landschaft hat sich mit einem Schlage gewandelt. Das eben noch trockene Flußbett, an dem wir entlangfahren, führt mit einem Male Wasser. In Kanälen und zahllosen Rinnen wird es über die Felder geleitet, die von saftigem Grün strotzen. Darüber wiegen sich die Kronen schlanker Dattelpalmen, schwer von Früchten. Die Wege sind belebt von den Bewohnern der Stadt, die nun, da die Sonne sinkt, von der Tagesarbeit heimkehren. Braune, geschmeidige Jungen, nackt bis auf das Schurzfell, treiben die kleinen arabischen Kühe vor sich her. Sie rufen uns einen freudigen Gruß zu, während die Frauen, in blauen Tüchern, uns scheu und neugierig nachblicken. Ein hohes, breites Tor aus Lehmziegeln nimmt uns auf. Wir sind in Lahedsch.

Man kann nicht behaupten, daß der Sultan von Lahedsch, Seine Hoheit Sir Abdul Karim, nur eitel Freude an seinem Herrscheramt hätte, obwohl das Britische Reich seine schützende Hand über ihn hält. Im Gegenteil, er hat sogar ernste Kümmernisse.

Wie anders war es bei meinem kurzen Besuch bei ihm vor etwa einem Jahre. Es war damals der Tag eines hohen mohammedanischen Festes, zu dem ich als Gast geladen wurde. Schon vom frühen Morgen an saß Sir Abdul thronend auf seinem Sessel im Garten seines neu errichteten Palastes, der mehr prunkvoll als schön war und kaum noch etwas von der Herrlichkeit altarabischer Baukunst ahnen ließ. Auch der Garten

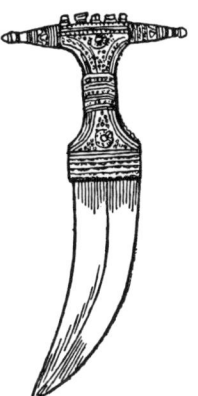

Beduinendolch mit reich verziertem Griff aus Silber

war im englischen Geschmack angelegt. Indessen trafen von nah und fern die Großen seines Reiches ein, um ihm zu huldigen, die Sultane und Schechs, all die Kleinfürsten und Stammeshäupter, die wenigstens der Form nach der Oberhoheit des Sultans von Lahedsch unterstehen. In stolzem Zuge kamen sie, zu Pferde oder hoch zu Kamel, begleitet von ihren Ministern und Soldaten. Der Aufzug war recht verschiedenartig. Man sah würdevolle Herren, in kostbaren Gewändern, prächtig mit Gold bestickt, umgeben von einem kaum minder reich gekleideten Gefolge. Dann wieder halbnackte Beduinenhäuptlinge, das hagere braune Gesicht von langen schwarzen Locken umrahmt, inmitten einer Schar höchst verwegener Gesellen. Alle aber, auch die Ärmsten, trugen Waffen von erlesener Kostbarkeit, Säbel oder scharfgekrümmte Dolche mit schönverzierten Griffen in goldenen oder silbernen Scheiden. Was aber das Auge des Europäers daran entzückte, war nicht das Material an sich, sondern die vollendete künstlerische

Arbeit jedes dieser Stücke, wie sie mit solcher Sicherheit des Geschmacks und solcher Feinheit der Ausführung nur eine lange handwerkliche Tradition hervorzubringen vermag. Schon im Altertum waren die Waffenhandwerker Südarabiens weithin berühmt.

Am Eingangsportal zum Garten saßen die Edlen ab, kamen an der Spitze ihres Gefolges rauschend und klirrend herangeschritten, ließen sich vor dem Oberherrn auf das Knie nieder und küßten ihm die Hand. Mehr als drei Stunden dauerte diese Huldigung. Es war ein erhabenes Schauspiel, aber eben nur das, nicht mehr als eine schöne Geste. In Wahrheit reicht die Macht des Sultans kaum über sein eigenes Gebiet von Lahedsch hinaus. Diese Klein- und Kleinstfürsten tun, was ihnen beliebt, als absolute Gebieter über ihre Stämme. Wie das Feudalherren so eigen ist, stehen sie in beständiger Fehde gegeneinander, und Raubzüge wie Plünderungen sind nicht die geringsten ihrer Einnahmequellen.

Nach dieser mehr mittelalterlichen Schaustellung kam eine Vorführung, die sich auch im modernsten Europa sehen lassen könnte. Der Schulmeister von Lahedsch erschien mit seinen Zöglingen und baute sich mitten im Kreis der Großen des Reichs auf. Nach dem gemeinsamen Gesang einiger Lieder traten einzelne der Schüler aus den Reihen und trugen in der klangreichen, ungemein modulationsfähigen arabischen Sprache Gedichte vor, gereimte Rhapsodien von Helden und Heldentaten. Aber wie diese zehn- oder zwölfjährigen Knirpse das machten, war schlechthin überwältigend. Nicht nur, daß ebenso natürliche wie elegante Gesten die Vorgänge unterstrichen, auch der ganze Körper ging mit und brachte mit vollendeter Kunst die jeweilige Handlung zum dramatisch höchstgesteigerten Ausdruck. Man war wie in Bann geschlagen, lauschte atemlos und war so gefesselt, als spielte sich das doch nur geschilderte Geschehen leibhaftig vor den Augen ab. Es war eine kulturelle Leistung mustergültiger Art. Ein hochstehender Chinese sprach einmal von den besonderen Vorzügen der einzelnen Völker und sagte, die Europäer zeichneten sich vor allen anderen durch ihr Gehirn aus, die Araber durch ihre Zunge, das heißt also durch das Wort.

In der Tat, Dichtung und Heldentum waren von jeher die beiden Pole des arabischen Lebens, und nur wer sich in beiden bewährte, galt als wirklicher Führer. Das trifft auch heute noch zu, soweit nicht der Anschluß an die Zeit eine Nivellierung, wenn nicht gar Entartung herbeigeführt hat. Ibn Sa'ud wußte genau, was er tat, als er sein großes mittelarabisches Reich vor gewissen europäischen Einflüssen mit aller Strenge abschloß.

Am Nachmittag kam dann auch der zweite Gipfelpunkt des arabischen Daseins, das Kriegerische, in den Reiterspielen zur Darstellung, einem unentbehrlichen Teil jedes Festes bei diesem durch und durch männlichen Volke. (Übrigens war bei den ganzen Feierlichkeiten nicht eine einzige Frau zu sehen.) Mitten auf einem weiten Platz vor dem Sommerpalast des Sultans außerhalb der Stadt brannte ein helles Feuer, um das herum die Musikanten saßen. Das Fell ihrer ›Tassa‹, der großen Metalltrommel, mußte von Zeit zu Zeit am Feuer erwärmt werden, da die Spannung immer wieder nachließ. Unter dem auf- und abschwellenden Rhythmus der soldatischen Musik brausten nun

die einzelnen Reiter in die Arena und zeigten Kunststücke von erstaunlicher Gewandt-
heit und Kühnheit. Mitten in schärfster Gangart sah man den Reiter plötzlich tief unter
den Bauch des Pferdes gebeugt, mit einem Fuß noch gerade am Sattel hängend; im
nächsten Augenblick wieder stand er frei auf dem Rücken des dahingaloppierenden
Pferdes und feuerte seine Flinte ab. Die Kamelreiter zeigten sich nicht minder geschickt.
Mir blieb völlig rätselhaft, wie sie es fertigbrachten, zur Seite des trabenden Tiers lau-
fend, plötzlich sich mit einem Satz auf die gewaltige Höhe seines Höckers zu schwin-
gen, dabei in der einen Hand noch immer das Gewehr haltend. Zuletzt führten zwei
Abteilungen ein Kampfspiel auf, mit Angriff, Flucht, Verfolgung, erneutem Vorstoß.
Das ganze endete in einem tollen Wirbel von Staub, durcheinanderjagenden Reitern,
Schießen, Jauchzen und dumpfdröhnendem Trommelgerassel. Die Zuschauer, hingeris-
sen vor Begeisterung, waren nahe daran, sich auch in das Gewühl zu stürzen.

Während damals also der Sultan noch im vollen Glanz der Macht erschien, lagerte
nun, bei meinem zweiten Besuch, eine dunkle Wolke über seinem Hause. Zwar empfing
mich der schon ergraute Herr auf seine gewohnte gütige Art im großen Saal des Palastes, in dem er mitsamt Ministern und Gefolge den Tag zu verbringen pflegt, um
sich erst am Abend in die entlegenen Frauengemächer zurückzuziehen, aber seine
schönen großen Augen blickten müde und traurig. Bald erfuhr ich auch das tragische
Vorkommnis, das wohl Anlaß zu Kummer geben konnte. Dem Sultan war mit zu-
nehmendem Alter das Herrscheramt zu beschwerlich geworden, er hatte abdanken und
seinem Sohn die Zügel der Regierung übergeben wollen, auch um diesem noch bei
seinen Lebzeiten die Nachfolge zu sichern. Denn in arabischen Ländern ist die Thronfolge im allgemeinen nicht erblich, und alter Überlieferung nach wird, wenigstens im
Prinzip, immer nur der Würdigste zum Führer erkoren. Das machte sich eine der mäch-
tigsten Adelssippen zunutze, um aus ihren Reihen einen Gegenkandidaten aufzustellen,
der auch in der Bevölkerung Anhang gewann. Es bildeten sich zwei Parteien, die Aus-
einandersetzungen wurden immer hitziger, und schließlich kam es – wie das nicht nur
in Arabien so geht – bei einer Versammlung zu einer Schießerei, bei der der Sohn des
Sultans, Prinz Faddal, schwer verwundet wurde. Ein Kopfschuß hatte den Verlust
eines Auges zur Folge. Man brachte ihn nach Aden in die Pflege englischer Ärzte. Da
er kaum wieder in den Vollbesitz seiner Gesundheit kommen wird, bleibt er schon deshalb von der Thronfolge in Lahedsch ausgeschlossen.

Aber auch von anderer Seite her hatte die Macht des Sultans einen bedenklichen
Stoß bekommen. Nach arabischer Anschauung ist die Haupttugend eines Herrschers
die Freigebigkeit. Ein Fürst, der nicht das Geld mit vollen Händen ausgibt in Form
von Prachtentfaltung, Spenden und der Gastlichkeit eines Grandseigneurs, dem fehlt
das wichtigste Attribut seiner Würde. In dieser Lage befand sich nun leider neuerdings
der Oberherr von Lahedsch. Das hatte außenpolitische Gründe. Der Imâm von Jemen,
seit dem Zusammenbruch des Osmanischen Reiches vollsouveräner König geworden,
erhob Anspruch auf die unter englischem Protektorat stehende Küstenzone mit der –
allerdings zutreffenden – Begründung, daß jener Teil von alters her zum Jemen gehört

habe und also seinem Königreich gebühre. Da mit dem mächtigen Albion selbst schlecht anzubinden war, hielt sich der jemenitische König an dessen Schutzbefohlenen und hatte vor kurzem den durch den Pufferstaat von Lahedsch gehenden Karawanenverkehr gänzlich abgeriegelt. Die gesamte Ausfuhr von Jemen wurde daraufhin von Hodeida aus auf dem Seewege nach Aden befördert. Lahedsch hatte das Recht gehabt, auf die durchgehenden Waren Zölle zu erheben, die große Summen abwarfen. Allein die Fellausfuhr aus Jemen betrug über eine Million Mark im Jahr. Durch die feindliche Maßnahme der jemenitischen Regierung hatte daher der Sultan von Lahedsch seine Haupteinnahmequelle verloren, und die britischen Hilfsgelder reichten bei weitem nicht aus, um den nach Landesbrauch an sein Herrscheramt gestellten Ansprüchen zu genügen.

Wir wohnten als Gäste des Sultans in einem seiner vielen Häuser, das zwei Deutschen zugewiesen war, den einzigen Europäern in ganz Lahedsch. Diese trefflichen Landsleute, die, wie damals viele andere, ihr Brot in der Fremde suchen mußten, waren vor drei Jahren aus Abessinien gekommen und machten sich am Hof des Sultans nützlich. Sie waren sozusagen Mädchen für alles, wenigstens in technischer Beziehung, richteten Pumpwerke ein, reparierten die Autos oder Grammophone des Sultans und hatten sogar eine gut arbeitende Lichtanlage im Palast eingebaut. Der Sultan schätzte ihre Dienste sehr, konnte sie aber wegen der eingetretenen Finanzschwierigkeiten nicht mehr ausreichend bezahlen. Bald nach unserer Anwesenheit sahen sich die beiden genötigt, ihr Bündel zu schnüren und weiterzuwandern. Wie ich später hörte, sind sie nach Indien gegangen.

Kurz vor Sonnenuntergang des nächsten Tages machten wir rasch unseren Wagen fertig und fuhren davon. Wir hatten dem Sultan nicht verraten, daß wir noch weiter ins Land wollten. Erst Erlaubnis einzuholen, würde nach arabischer Art zu endlosen Verhandlungen geführt haben. Außerdem hätte man uns unbedingt Bedeckung mitgegeben, und die wäre uns nur hinderlich geworden.

Wir fahren durch das fruchtbare Tal des Tiban-Flusses mit reichen Mango- und Bananenpflanzungen. Hart am Rande der Felder aber beginnt unvermittelt die Wüste. Sie ist nicht tot, wie es scheinen möchte, sondern etwas höchst Lebendiges und Gefährliches. Denn ihr flüchtiges Element, der Sand, vom leisesten Windhauch aufgerührt, ist mit lautlosem, unheimlichem Geriesel in stetem Vordringen und sucht alles, was sich ihm in den Weg stellt, unter sich zu begraben. So droht dem Werk von Menschenhand ständig Vernichtung, und nur unermüdlicher Fleiß vermag ein mühevolles Dasein gegen die unerbittliche Gewalt der Natur zu behaupten. Das so gern wiederholte Wort von der unausrottbaren Trägheit der Bewohner tropisch heißer Himmelsstriche erweist sich hier jedenfalls als Fabel.

Gegen Abend erreichen wir ein großes Dorf, vom Stamm der Haúschabi bewohnt. Die niedrigen Lehmhäuser machen einen ärmlichen Eindruck. Ihre braunen Wände aber sind mit sehr eigenartigen Malereien in weißer Farbe verziert (Farbt. IV; Abb. 2): Türumrahmungen, in zahlreichen spitzen Zacken auslaufend, daneben Pflanzenmotive in einer ganz ungewöhnlichen Stilisierung, wahrscheinlich auf sabäische Überlieferung zurückzuführen. Der Gedanke liegt um so näher, als die Haúschabi auch sonst mannigfache Bräuche aus grauer Vorzeit bewahrt haben. So zum Beispiel findet man bei ihren Dörfern abseits der üblichen islamischen Friedhöfe einzelnstehende hohe, kegelförmige Grabhügel, Ruhestätten von Stammeshäuptlingen oder Persönlichkeiten, die besonderes Ansehen genossen haben, weil sie Kranke zu heilen vermochten, also – nach der ursprünglichen Anschauung aller Völker – eine Art Zauberer waren und mit überirdischen Mächten in Verbindung standen. Neben den eigentlichen Gräbern sind zwei oder drei glatte Feldsteine aufgerichtet. An bestimmten Tagen des Jahres ziehen die Bewohner des Dorfes zu nächtlicher Stunde in feierlicher Prozession hinaus und salben diese Steine mit Öl, eine alte heidnische Sitte.

Bei unserer Ankunft ist unser Wagen bald von der gesamten Dorfbewohnerschaft umdrängt. Man begegnet uns freundlich und bietet uns eins der Häuser zur Unterkunft an. Doch ziehen wir vor, unter Gottes freiem Himmel zu übernachten. Zur Strafe senden uns die anscheinend beleidigten Ortsgeister ganze Armeen von Moskitos und kleinen grauen Sandfliegen. Ihre unausgesetzten Attacken verscheuchen den Schlaf. Aber sonst ist die Nacht herrlich. Die hellfunkelnden Sterne verbreiten ein weiches, bläuliches Licht. Umhüllt von einem magischen Schein steht der hohe Kegel eines der Grabhügel am Rande der stummen Wüste. Vor der Unendlichkeit schwinden die Zeiten, und ich denke daran, wie auf eine unerforschliche und fast unheimliche Weise die Frühreligionen aller Menschen einander ähnlich sind. Jenes Salben der Steine mit Öl steht auch mehrfach in der Bibel verzeichnet. Das wäre noch nicht verwunderlich, da die Araber der gleichen semitischen Völkerfamilie angehören wie die Israeliten. Aber auch bei den Hindus in Indien findet sich derselbe uralte Brauch. Die englische Verwaltung hatte stets Schwierigkeiten, die schön behauenen Meilensteine an den von ihr gebauten Straßen zu schützen. Immer wieder werden sie von den Hindus des Nachts heimlich fortgeholt und in ihren Heiligtümern aufgestellt, um bei bestimmten Kulthandlungen mit Öl bestrichen zu werden. Vielleicht bedeutet das Öl einen Ersatz für das ursprünglich verwendete Blut. Aber das ist nicht ganz sicher. Denn der Islam zum Beispiel kennt noch heute das Blutopfer bei religiösen Festen oder auch wichtigen Anlässen des täglichen Lebens, während das Salben mit Öl als heidnisch ausdrücklich verboten ist. Selbst bei Eröffnung einer neuen Eisenbahnlinie durchschneidet man einem Hammel die Kehle und bestreicht die Schienen mit dem warmen Blut des Opfertieres, um so das Menschenwerk in den Schutz Gottes zu stellen.

Überhaupt bildet der Stein bei den Frühreligionen den Mittelpunkt des Kults. Er war nicht nur Opferaltar, er repräsentierte auch die Gottheit. Mit der Zeit kam man dazu, den Stein zu bearbeiten und ihm auch äußerlich die Gestalt der Gottheit zu geben. Zuerst begnügte man sich mit roh herausgehauenem Kopf, allmählich entwickelte sich daraus eine ganze Bildsäule. Und das führte dazu, einen zweiten Stein als Brandaltar daneben aufzurichten. Das Erstaunliche daran nun ist, daß sich die gleiche

Entwicklungslinie bei sehr vielen Völkern findet, die weit entfernt voneinander wohnten und nie in Berührung miteinander kamen. Bekanntlich hat dieser Kult aus grauer Vorzeit bei den Griechen zur höchsten Vollendung ihrer Götterstatuen geführt, die neben dem Steinaltar Aufstellung fanden.

Aber weiter noch: die heidnischen Araber verehrten auch Bäume als Sitz von Gottheiten, feierten religiöse Feste darunter und hingen ihre Waffen in den Zweigen auf. Noch heute findet man bisweilen in der Nähe von Wohnstätten solche heiligen Bäume, behängt mit allerlei Weihgeschenken. Der Baum war umgeben von einem geweihten Bezirk, dem heiligen Hain, und ebenso kannten die arabischen Völker des Heidentums den feierlichen Umgang um das Heiligtum, die Prozession, die sich sowohl im Islam wie im Christentum erhalten hat. Nun aber wissen wir, daß auch die frühen Völker des Nordens, wie die Germanen, in ganz der gleichen Weise den Baum als Sitz der Gottheit verehrten, daß sie heilige Haine kannten und den feierlichen Umgang um den geweihten Bezirk.

Am nächsten Tag geht es nur mühsam weiter. Die Gebirgszone hat uns aufgenommen, die jäh aus der flachen Küstenebene aufsteigt. Der Wagen keucht ein mit losem Geröll bedecktes Tal hinauf. Straßen gibt es nicht. Immer steiler werden die Hänge, immer höher ragen die Berge. Schließlich geht dem kleinen Citroën der Atem aus. Wir müssen schieben, um noch gerade bis zu dem nahegelegenen Musêmir zu gelangen. Dann verlassen ihn die Kräfte. Vor uns erhebt sich ein gewaltiges Gebirgsmassiv, später bis zu zwei- und dreitausend Metern ansteigend, das das Gebiet des Königs von Jemen von der Außenwelt abschließt und wie ein riesiger Festungswall jedes Eindringen zu verwehren scheint. Musêmir ist eins jener kleinen, sehr kleinen Fürstentümer, die der Oberhoheit des Sultans von Lahedsch unterstehen. Bevor wir umkehren, machen wir dem Fürsten, der sogar den Titel Sultan führt, den pflichtschuldigen Besuch. Sein Palast ist schwer zu finden, da er sich kaum von den Lehmhütten seiner Untertanen unterscheidet. Dafür aber ist er vor diesen ausgezeichnet durch den Besitz einer schon etwas ältlichen Kanone und eines Paares moderner brauner Lackschuhe. Auf letztere scheint er bedeutend stolzer zu sein als auf das Kriegsinstrument.

Bald nach unserer Rückkehr nach Aden traf auch der langersehnte Dampfer von Makalla ein, brachte aber keine Antwort auf die amtliche Anfrage wegen meiner Einreise. So stand ich wieder vor dem Ungewissen. Ich hätte noch endlos in Aden warten können, wenn mir das britische Gouvernement nicht die Weiterfahrt nach Makalla gestattet hätte, mit der Weisung, mir für die Landung an Ort und Stelle Erlaubnis einzuholen. Als dann nach weiteren vierzehn Tagen der Dampfer von seiner regelmäßigen Route nach Hodeida wieder zurückkam, fuhr ich auf gut Glück nach Hadramaut.

Im Lande des Weihrauchs

Zur Zeit des Frühgebets trafen wir nach zweitägiger Fahrt in Makalla ein (Farbt. II, III, V; Abb. 3, 4). Die blendendweiße Stadt, eng zusammengedrängt auf schmalem Landsaum, erhebt sich unmittelbar aus der tiefblauen Fläche des Meeres vor dem leuchtendroten Hintergrund einer steilaufragenden Gebirgswand. Hart an der Küste steht das wuchtig aufstrebende Minarett, von dessen die Stadt beherrschender Höhe soeben der Ruf an die Gläubigen verklungen ist. Auf dem leicht gekräuselten Wasser des Hafens bewegen sich die hochbordigen arabischen Segler, die Dhaus, mit ihrem phantastischen Heck. Sie vermitteln den regen Handelsverkehr nach dem benachbarten Indien. Wie überhaupt Südarabien die Ansatzstelle der kulturellen und geistigen Brücke ist, die sich nach der mohammedanischen Welt Indiens und weiter bis zu den Malaiischen Inseln hinüberspannt. Eine zweite ebensolche Brücke führt von Südarabien nach der Ostküste Afrikas und von da tief in den Kontinent hinein. Am Islam wird offenbar, welch ein starkes Bindemittel, auch über die wandelbaren politischen Grenzen hinweg, eine gemeinsame und festumrissene Weltanschauung ist, die aber, um wirklich bindend zu sein, auf religiöser Grundlage ruhen muß, also auch Gemeinsamkeit in den letzten Fragen der Menschheit herstellt. Stets sieht der Mohammedaner in dem Fremden in erster Linie den Bekenner eines anderen Glaubens und nicht, wie wir, den Angehörigen eines anderen Volkes oder Staates.

Ali Hakim, zugleich Arzt und Hafenmeister von Makalla, ist Inder: ein kleiner, rundlicher, lebhafter Herr in langem weißem Gewand und rotem Fez. Als er mich an Bord entdeckte, war die Wiedersehensfreude groß, und ein wahrer Sturzbach herzlicher Willkommensworte überschüttete mich. Er bewohnt den alten Sultanspalast dicht bei der Moschee am Hafen. Gastlich aufgenommen, saß ich auch bald auf dem Altan seines Hauses mit herrlichem Rundblick über das blaue Meer, die weiße Stadt und den rotleuchtenden Hintergrund. Meine Ankunft hatte sich herumgesprochen, und alte Bekannte fanden sich ein, um mich zu begrüßen. Sie freuten sich wie die Kinder, als ich ihnen ihre Porträts überreichte, die ich bei meiner früheren Anwesenheit in Makalla aufgenommen hatte.

Doch meinem Weiterkommen hatte sich eine neue Schwierigkeit entgegengestellt. Der Minister, an den ich mich in Abwesenheit des Sultans wenden sollte, war gerade verreist, also unerreichbar. Wieder und wieder betrachtete Ali Hakim das Schreiben des Gouvernements von Aden, das mich in etwas unbestimmten Wendungen anwies, die Erlaubnis zur Einreise in das Land an Ort und Stelle einzuholen. Schließlich meinte er, ich müßte nach Schechr, der nächsten Hafenstadt ostwärts, weiterfahren, dort würde ich den Minister sicher antreffen.

Mir blieb nichts anderes übrig, als seinem Rat zu folgen. Als ich aber anderen Tags in Schechr ankam, erfuhr ich, daß der Minister soeben wieder nach Makalla zurückgefahren war. Eigentlich mußte ich nun hinter dem Minister her wieder nach Makalla fahren, aber das wurde mir nun doch zu bunt. Ohne weiteres ging ich mit meinem ganzen Gepäck an Land, und niemand fragte mich nach der Einreiseerlaubnis. Vielleicht weil ich auch in Schechr gut bekannt war. Bald hatte ich dort einen Führer nach Hadramaut, meinem nächsten Ziel, gefunden, einen jungen Beduinen vom Stamm der Tamimi, einen stolzen Burschen, mit braunem, sehnigem Körper, nur mit einem weißen Lendentuch bekleidet, das von dem Patronengürtel gehalten wurde.

In der Frühe des nächsten Morgens schon brachen wir auf. Ein Hadramauter Kaufmann, der aus Java kam, hatte sich mit seinem achtjährigen Sohn unserer kleinen Kamelkarawane angeschlossen (Abb. 5, 6).

Zuerst war das Randgebirge zu übersteigen, das sich von der flachen Küste bis zur Höhe von 2000 Metern erhebt. Über Schutt und Geröll, meist einem trockenen Flußbett folgend, ging es ununterbrochen aufwärts inmitten eines immer großartigeren Labyrinths von kahlen, zackigen Gipfeln, steilen Felswänden, jäh sich öffnenden Abgründen, kreuz und quer laufenden Schluchten. Nur kurze Rasten wurden uns vergönnt, und ständig trieb der Führer zur Eile an. Eine mohammedanische Festwoche stand bevor, das Ende des Fastenmonats, und bis zu ihrem Beginn mußten wir unser Ziel erreicht haben. Andernfalls wäre uns nichts anderes übriggeblieben, als mitten auf der Strecke sechs Tage haltzumachen und zu warten. Denn kein Gläubiger wäre zu bewegen gewesen, die heilige Festwoche zu entweihen und während ihrer Dauer zu reisen.

Nach einem Gewaltmarsch von vier Tagen hatten wir den Höhenrand erreicht. Vor uns breitete sich, so weit das Auge reichte, eine leichtgewellte, bräunlichgelbe Hochebene aus, durchschnitten von weitausladenden, scharf abgesetzten Mulden, in deren flachem, immer etwas Feuchtigkeit bergendem Grunde sich die menschlichen Siedlungen aneinanderreihen, aus der Ferne anzusehen wie leuchtende Perlenketten auch Weiß und Grün (Farbt. VII, VIII; Abb. 14, 15). Das war Hadramaut, jenes sonderbare, erst in neuerer Zeit wiederentdeckte Land, von dessen märchenhaften Schlössern und phantastischen Städten ich schon früher berichtet hatte.

Den Alten freilich war dieses ›Hazamareth‹, wie es in der Bibel heißt, wohlbekannt. Plinius nennt es ›das Erhabene‹, in doppeltem Sinne, sowohl seiner hohen Lage wie seines Ranges wegen. Einst muß es wohl sehr reich gewesen sein, denn aus Hadramaut zumeist kamen jene beiden Erzeugnisse, die in der ganzen Alten Welt ebenso hochgeschätzt wie hochbezahlt waren: Weihrauch und Myrrhen. Ja, Hadramaut wurde schlechthin als das Land des Weihrauchs bezeichnet. Während dieser kultischen Zwecken diente, zur Beschwörung der Götter oder auch zur Abwehr der Dämonen, lieferte der Myrrhenstrauch einen unentbehrlichen Luxusartikel. Sein wohlduftendes Öl, zu allerlei Salben und Pasten verarbeitet, wurde zum Hauptbestandteil jenes reichen Arsenals an Schönheitsmitteln, mit denen die Damen Ägyptens, aber auch Griechenlands und Roms, ihre Anziehungskraft zu erhöhen oder zu bewahren wußten. Der in christlichen Kirchen verwendete Weihrauch kommt auch heute noch zum Teil aus Hadramaut. Aber es gibt noch eine edlere Art dieses Räucherwerks, einen Strauch, der nur in Indien wächst und in Europa unbekannt ist. Dieser wird von den Arabern importiert und wie ein kostbarer Schatz gehütet. Er ist von einer hauchzarten Süße, von einem prickelnden Duft, so beflügelnd, so wohlig die Nerven umschmeichelnd, daß er mit dem Dumpfen und Schweren des bei uns verwendeten Weihrauchs auch keine entfernte Ähnlichkeit hat.

Kaum wäre dieses Hadramaut bei den Alten berühmt gewesen, hätte es sich nur damit begnügt, Reichtümer aufzuhäufen. Die Geisteskraft und der Formwille seiner Bewohner brachten jedoch auch eine Kultur hervor, deren Tradition sich in Stil und Schmuck seiner herrlichen Bauten bis zum heutigen Tag erhalten hat. Freilich sind das nur noch Reste einer weit glanzvolleren Vergangenheit. Von ihr zeugen die zahllosen Ruinen, die, aus den Jahrhunderten vor unserer Zeitrechnung stammend, auf Meilen hin sich in den Tälern erstrecken und die, oft nur mit einem Mauerrand aus dem alles überdeckenden Sande herausragend, auf den Spaten des Ausgräbers harren. Bisher haben Mißtrauen und Aberglauben der Bewohner eine systematische Erforschung verhindert.

Indes wir, schon äußerst erschöpft durch die hastige Reise, der Stadt Terim zustrebten, wurde mir eine angenehme Überraschung zuteil. Am Horizont tauchten zwei dunkle Punkte auf, die, begleitet von langhingezogenen Staubfahnen, sich rasch näherten. Sie entpuppten sich als zwei Autos, die Abu Bakr al Kaf auf die Ankündigung meines Besuches hin mir entgegengesandt hatte und die von zweien seiner Söhne gelenkt wurden. Wie ich erfuhr, waren die beiden Wagen von Singapore zu Schiff nach Schechr gebracht worden. Dort hatte man sie auseinandergenommen, die einzelnen Teile auf Kamele verpackt, auf diese Weise über das weglose Gebirge geschafft und, oben angekommen, sie wieder fein säuberlich zusammengesetzt. So langte ich denn auf recht bequeme, wenn auch nicht landesübliche Art in Terim an.

Das Gebiet von Hadramaut wird von einigen Feudalherren regiert, die den Titel Sultan führen. Aber sie haben nicht viel zu sagen. Zumeist sind sie auf den Bereich ihrer prächtigen Schlösser beschränkt und führen dort mitsamt ihren Ministern und ihrem zahlreichen Hofstaat ein behagliches Leben nicht ganz freiwilliger Muße. Die wahren Herrscher von Hadramaut aber sind die fünf Brüder al Kaf, eine Kaufmannsfamilie, dem alten Adel des Landes entstammend. Sie leiten den gesamten Handel Hadramauts, haben ausgedehnte Besitzungen in Vorder- und Hinterindien (so zum Beispiel gehören ihnen die beiden größten und besten Hotels in Singapore), und der unermeßliche Reichtum, über den sie verfügen, verleiht ihnen königliche Macht. Man könnte sie die Medici von Hadramaut nennen.

Und in der Tat, bei einem Aufenthalt in Terim, der Residenz Abu Bakr al Kafs, des ältesten der Brüder, könnte man sich an den mittelalterlichen Hof eines Medici versetzt fühlen (Farbt. IX). Mit der wahrhaft großzügigen Gastfreundschaft, wie sie diesem Grandseigneur selbstverständlich ist, wurde ich auch diesmal wieder aufgenommen. Ich bewohnte einen entzückenden Pavillon in indischem Stil mit zahllosen Räumen, hatte fünfzig Diener zu meiner Verfügung und wurde mit Gastgeschenken überhäuft.

Jeden Vormittag verbrachte ich, der Sitte gemäß, in dem nahegelegenen Palast meines Gastgebers. In einer weiten Säulenhalle, die sich nach einem Garten mit allerlei exotischen Gewächsen öffnet, lag Abu Bakr ausgestreckt auf einem mit prächtigen javanischen Tüchern bedeckten Ruhebett. Freunde und Bekannte saßen umher, Boten kamen und gingen, die neuesten Ereignisse wurden in Ermangelung von Zeitungen berichtet und besprochen, Geschäfte abgewickelt, Angelegenheiten des Landes erörtert. Alles geschah auf eine ruhige, verhaltene Art, ohne Hast, ohne laute Worte, ohne Ereiferung, auch wo Gegensätze aufeinanderstießen, und Abu Bakr traf seine Entscheidungen in jener freundlichen Gelassenheit, die der Kunst des Befehlens sicher ist.

Mir war nicht bekannt, wie viele Frauen und Nebenfrauen der nicht mehr ganz junge Abu Bakr besaß. Das richtet sich gewöhnlich nach den Vermögensverhältnissen, und danach bemessen, mußte es eine recht erhebliche Anzahl sein. Jedenfalls hatte er zahllose Kinder in den verschiedensten Altersstufen. Um ein anderes Beispiel anzuführen: in Saiwun lebte ein sehr angesehener und reicher Bürger, ein neunzigjähriger, schon erblindeter Greis, der nicht weniger als siebzig Frauen sein eigen nannte.

So hatte ich denn Gelegenheit, mannigfachen Einblick in die Farbigkeit, Pracht und Eigenart eines südarabischen Hofes zu gewinnen. Zeit dazu wurde mir mehr, als mir lieb war. Denn mit meinem Unternehmen kam ich nicht vorwärts. Wiederholt besprach ich mit Abu Bakr mein Vorhaben, doch stets riet er mir dringend davon ab und warnte mich vor den Gefahren, die meiner dabei harrten. Er selbst konnte mir nicht viel helfen, da seine Macht an den Grenzen von Hadramaut ein Ende hatte. Die Gefahren hätten mich schließlich nicht abgeschreckt, denn damit muß in solchen Fällen gerechnet werden. Ein anderer Umstand jedoch, auf den ich nicht gefaßt gewesen war, drohte den ganzen schönen Plan in Frage zu stellen. Ich brauchte unbedingt einen Führer, denn ohne einen solchen war die Durchquerung der Wüste schlechthin unmöglich. Nun aber war das Verhältnis zwischen Jemen und Hadramaut keineswegs sehr nachbarlich, im Gegenteil sogar recht gespannt. Mit dem Recht des Stärkeren kamen zwar die Jemeniten gelegentlich nach Hadramaut, aber sie duldeten ihrerseits kein Eindringen in ihr Gebiet. Kein Hadramauter Beduine würde es gewagt haben, das verbotene Land, noch dazu in Begleitung eines Ungläubigen, zu betreten; er hätte es wohl kaum lebendig wieder verlassen. Also kam für mich nur ein jemenitischer Führer in Frage. Doch ein solcher war weit und breit nicht zu finden. Anfangs setzte ich meine Hoffnung auf einen vornehmen Sayed aus dem Jemen, der vermutlich irgendwelcher Geschäfte wegen am Hofe Abu Bakrs weilte. Er war zu Schiff über Hodeida und Makalla nach Hadramaut gekommen. Ich erzählte ihm von meinem Plan; er war gleich Feuer und Flamme dafür, versicherte mir, daß er mitkommen werde, ihn eine solche Reise schon immer gelockt hätte und ich in seiner Begleitung keinerlei Schwierigkeiten haben würde. Stundenlang besprachen wir alle Einzelheiten der Ausführung. Doch als es so weit war, bekam er Angst und zog es vor, auf dem sicheren Seeweg in seine Heimat zurückzukehren. Mir blieb nichts übrig, als geduldig weiter zu hoffen, daß mir ein günstiger Zufall doch noch einen jemenitischen Beduinen über den Weg schicken würde.

1 Beduine des Stammes der Al Atôf ▷

3, 4   Die südarabische Hafenstadt Makalla

◁ 2   Eingang zu einem Gehöft seßhafter Beduinen in Wahad bei Lahedsch

5, 6 Meine Karawane auf der Reise von Makalla zum Wadi Hadramaut

7 Begrüßung in der Wüste. Wir begegnen nomadisierenden Beduinen ▷

9 Rast auf dem südarabischen Hochplateau Hadramauts

◁ 8 Ein Hammel wird geschlachtet

10 Nach Tagen anstrengender Reise gibt es Hammel und Reis, seit langem die erste warme Mahlzeit

11 Die Kamele werden zur Weiterreise bepackt

13 Beduine vom Stamm der Ma'adi, Hadramaut ▷

12 Der Führer meiner Karawane in Hadramaut und seine Frau

14, 15   Im Wadi Hadramaut existieren nur dort Ansiedlungen, wo genügend Grundwasser zur Bewässerung der Pflanzungen vorhanden ist

16   Befestigtes Dorf am Rande des Wadis ▷

17 Die für Hadramaut typische Form des Minaretts

18 Die von einer Stadtmauer eingeschlossene Stadt El Qatn in Hadramaut

20 Befestigtes Dorf im Wadi Do'an ▷

19 Vor der großen Moschee von Saiwun

Meine lange Wartezeit in Terim verlief indessen nicht ohne kleine Abwechslungen. So erlebte ich auch ein Naturwunder, wenigstens erschien es den Bewohnern so; bei uns wäre es ein sehr alltägliches Ereignis gewesen. Den Tag über hatte eine unerträgliche Schwüle über der Wüstenstadt gelastet, so daß selbst die Bewohner, die doch an Hitze einigermaßen gewöhnt sind, in ihren Häusern verkrochen blieben. Totenstill lagen die Straßen in der sengenden Sonnenglut. Am Spätnachmittag verfinsterte sich plötzlich der Himmel, schwarze Wolken kamen heraufgezogen, ein Sandsturm brauste heran, und plötzlich brach ein Gewitter los, ein echtes Tropengewitter. Blitz folgte auf Blitz, begleitet von einem wahren Höllenlärm des ununterbrochen krachenden Donners. Und dann strömte Regen herab, richtiger, ausgiebiger Regen, wie man ihn dort seit Jahrzehnten nicht erlebt hatte. Fast schon eine Sintflut war es zu nennen.

Da die Städte dortzulande hauptsächlich aus Lehm gebaut sind, kann man sich denken, wie es am nächsten Morgen in Terim aussah. Siebzehn Häuser waren vollständig eingestürzt, die Stadtmauern zum großen Teil fortgeschwemmt, zahlreiche Brunnen verschüttet. Auch im Palast Abu Bakrs sah es böse aus; an den schönen weißgetünchten Mauern rannen die braunen Bäche des Lehmwassers herab, und mehrere Decken waren eingestürzt.

Aber was bedeutete das bißchen Mißgeschick gegenüber dem so selten und nun so reichlich gespendeten Himmelssegen. Das Ereignis wurde zu einem richtigen Volksfest. Noch niemals habe ich soviel Jubel und Freude in einer arabischen Stadt erlebt. Alles war unterwegs, und alt und jung plätscherte vergnügt herum in den durch die Straßen strömenden Fluten. Es war, als könnte man sich nicht genug tun an dieser plötzlichen Überfülle eines Lebenselements, das sonst nur eine spärlich zugemessene Kostbarkeit darstellt. Wer einen Garten besaß, eilte vor die Tore, um die überall entstandenen Flüsse und Flüßchen zu Bäumen und Pflanzen zu leiten. Schon nach Stunden sproßte ringsum junges Grün in der feuchtheißen Tropenluft.

Das Entgegenkommen Abu Bakr al Kafs verschaffte mir die Möglichkeit einer kleinen Expedition in das östliche Hadramaut, das noch kein Fremder vor mir betreten hatte. Ein Beduine, ein Esel, ein Kamel und der Diener Omar, der mich schon auf einer früheren Reise begleitet hatte, wurden mir mitgegeben. Eine stärkere Bedeckung war nicht notwendig, da ich unter dem Schutz der mächtigen al Kafs stand. Wir folgten dem Wadi'Adim und berührten die Städte Enet und Qasam. Überall findet man Ruinen aus alter Zeit, die an Zahl und Größe die bewohnten Siedlungen weit übertreffen. Was aber an größeren Bauwerken noch steht, überrascht immer wieder durch den Glanz seines Stils und die Sicherheit des Geschmacks. Die Stadt Qasam zum Beispiel birgt herrliche Paläste und ein prachtvolles Stadttor mit weißen Kalkornamenten auf braunen Lehmziegeln. Fraglos hat man es hier mit den Kulturresten eines reichbegabten Volkes zu tun, das auf eine lange und stolze Überlieferung zurückblicken kann. Freilich müssen sich die Lebensbedingungen mit der Zeit verschlechtert haben. Ein großer und wahrscheinlich der beste Teil der Bevölkerung von Hadramaut ist schon

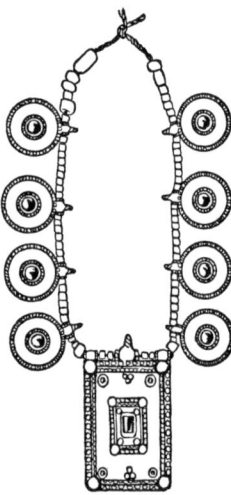

Silberne Halskette eines Beduinenmädchens. Die Kette ist aus Korallen, die silbernen Platten sind mit Rubinen besetzt

früh nach den Malaiischen Inseln ausgewandert und hat dort gute kolonisatorische Arbeit geleistet. Besonders auf Java und Sumatra bilden die Mohammedaner, meist aus Hadramaut stammend, ein sehr tatkräftiges Element der Bevölkerung. Überhaupt ist der Drang in die Ferne bei den Arabern kaum minder stark als etwa bei nordischen Rassen. Lange vor den Europäern sind sie nach Afrika und dem Fernen Osten vorgedrungen und haben dort Reiche gegründet, die Jahrhunderte bestanden haben. Besonders bemerkenswert ist, daß der arabische Einfluß in Mittelafrika noch heute ständig zunimmt.

El Furt war auch so ein Ort, in dem die Ruinen und zerfallenen Häuser bei weitem die bewohnten überwiegen. Dort übernachteten wir in dem schmalen hohen Lehmbau eines Beduinen. Zur Abendmahlzeit versammelten sich alle männlichen Mitglieder der Familie. Man hockte rings im Kreis auf Strohmatten, eine gewaltige runde Metallschüssel mit Reis und ›Lacham‹ (getrocknetes Haifischfleisch) wurde in die Mitte auf den Boden gestellt, und dann langte alles mit der rechten Hand in den hochgetürmten Berg hinein. Mit der linken Hand zu essen, gilt als höchst unschicklich. Um mich als Gast besonders zu ehren, formte der Hausherr mit seinen braunen Fingern, die er vorher säuberlich abgeleckt hatte, kleine Kugeln aus Reis und Fleischstücken und steckte sie mir in den Mund. Es kostete einige Mühe, diese Ehrengabe hinunterzuschlucken. Erst wenn die Männer gesättigt sind, dürfen sich die Frauen in den hinteren Räumen über die Reste hermachen. Es wäre eine grobe Verletzung von Anstand und Sitte, wenn beide Geschlechter gemeinsam tafeln wollten. Diese Regel gilt für das Zelt des Beduinen genauso wie für den Palast des Sultans.

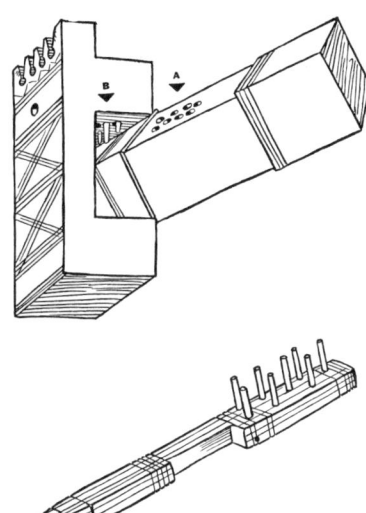

Hölzernes Schloß und Schlüssel eines südarabischen Hauses. Mit den Stäbchen des Schlüssels, die genau in die Löcher des Schlüsselkästchens (A) passen, hebt man korrespondierende Stäbchen (B), die den Kasten blockieren, empor und kann so das Schloß öffnen

Schon am Abend hatte mir der Hausherr wiederholt dunkle Andeutungen über irgendein geheimnisvolles Vorhaben gemacht. Am anderen Morgen zog er mich beiseite und eröffnete mir, daß ich viel Geld verdienen könnte, wenn ich ihm einen Gefallen täte. Auf meine erstaunte Frage kam dann folgendes heraus: In El Furt gäbe es eine alte Burg, jetzt eine Ruine. Der letzte Eigentümer der Burg hätte sich auf eine zweifelhafte und wahrscheinlich unrechtmäßige Weise ein großes Vermögen erworben. Die Bewohner des Ortes hätten den Mann ermordet, aber das Geld, auf das es abgesehen war, nicht gefunden. Der Schatz müsse irgendwo unter dem Gebäude in der Erde versteckt sein. Selbst danach zu graben, das trauten sich die Bewohner nicht, denn sie fürchteten die bösen Geister, die Dschinn, und würden bei solchen Beginnen zweifellos eine Hand einbüßen, wie das die Rache der Dschinn zu sein pflege.

Kurzum, die wackeren Beduinen sahen eine günstige Gelegenheit gekommen, um in den Besitz des lang begehrten Schatzes zu gelangen. Wo er vergraben läge, meinte mein Gastgeber, das würde ich schon herausfühlen, und zur Belohnung würde ich das großartige Geschenk von neun Real erhalten (das sind etwa neun Mark).

Trotz der so hoch bemessenen Belohnung mußte ich die auf mich gesetzten Hoffnungen enttäuschen. Mich auf eine höchst zweifelhafte Schatzgräberei einzulassen, schien mir doch unangebracht. So erwiderte ich denn, daß ich zwar ein Ungläubiger wäre, aber die Dschinn darin vermutlich keinen Unterschied machen würden und ich daher ebenso ihre Rache zu fürchten hätte. Und meine Hand wäre mir doch etwas zu kostbar, so sehr ich ihr großzügiges Angebot zu schätzen wüßte.

Im östlichen Hadramaut stießen wir bis Husn el Urr vor. Dort findet sich auf einer Felserhebung die gut erhaltene Ruine einer gewaltigen Burg, aus Quadersteinen erbaut.

Aus welcher Zeit sie stammt, ist schwer zu erkennen. Jedenfalls erinnerte sie in der Bauweise und Einteilung der Räume an die Ruinen von Mykene. Wie weit hier etwa Zusammenhänge mit der vorgriechischen Kultur bestehen, die in der Tat höchst merkwürdig wären, das festzustellen muß späterer Forschungsarbeit vorbehalten bleiben.

Auf dem Rückwege begegnete mir erneut ein Beispiel für die Tatsache, daß die religiösen Gebräuche, zum mindesten in ihren äußeren Formen, bei allen Völkern der Erde eine auffallende Ähnlichkeit haben. In Dar el Qoz, einem kleinen Ort, wo ich sehr freundlich aufgenommen wurde, pflegen die Bewohner das Gehörn der erlegten Steinböcke an den Ecken ihrer Häuser anzubringen. Man wird sofort an den alten niedersächsischen Brauch erinnert, den herausstehenden Sparren des Dachgiebels die Form von Pferdeköpfen zu geben. Hier wie dort hat die Sitte religiösen Ursprung. Der Steinbock war das heilige Tier einer Gottheit und wurde damit zu ihrem Symbol. Man findet sein Relief auch häufig an altsabäischen Altären. Wahrscheinlich war es das Zeichen des babylonischen Mondgottes, dessen Kult auch in Südarabien Eingang fand. Bekanntlich ist der Steinbock auch in unserem Tierkreis als zehntes Zeichen enthalten.

Nach Terim zurückgekehrt, erkannte ich die Aussichtslosigkeit aller ferneren Bemühungen zur Durchführung meines Planes. Man riet mir, mein Vorhaben endgültig aufzugeben, und ich war selbst schon daran, zumal die Jahreszeit bedenklich weit vorgeschritten war und der nahende Hochsommer an sich schon eine Durchquerung der Wüste unmöglich gemacht hätte. Doch wollte ich noch einen letzten Versuch machen und beschloß, nach dem weiter westlich gelegenen Schibam zu gehen. Denn ich hatte gehört, daß bisweilen Beduinen aus dem Jemen bis zu dieser Stadt gelangen. Schlug auch diese Hoffnung fehl, dann war allerdings das Unternehmen undurchführbar.

Die Rub' al Khali

Weit draußen vor den Mauern der Stadt Terim in der Wüste liegt ein kleiner, unscheinbarer Begräbnisplatz. Kaum hebt er sich von dem felsigen Boden des Wadis ab. Ein paar größere Grabsteine sind aufgerichtet, das ist alles.

Hier ruhen die Hadramauter-Krieger, die früher einmal bei einem Beduinenkrieg Terim verteidigt haben und gefallen sind. Bei diesem Krieg wurde das ganze Wadi besetzt, die Verbindung mit den anderen großen Städten Saiwun und Schibam war unterbrochen. Um den Verkehr mit Saiwun aufrechtzuerhalten, half man sich aber dadurch, daß man eine Straße über den hohen Gebirgsrücken baute und somit den Kriegsschauplatz umging. Das Wadi macht durch den hohen Gebirgszug, der sich vorschiebt, einen scharfen Bogen, ein Knie. Im Wadi vor Terim lagen die feindlichen Stämme. Über die neugebaute Gebirgsstraße nahm ich jetzt meinen Weg, mit einem Esel, einem Kamel, einem Soldaten und einem Beduinen.

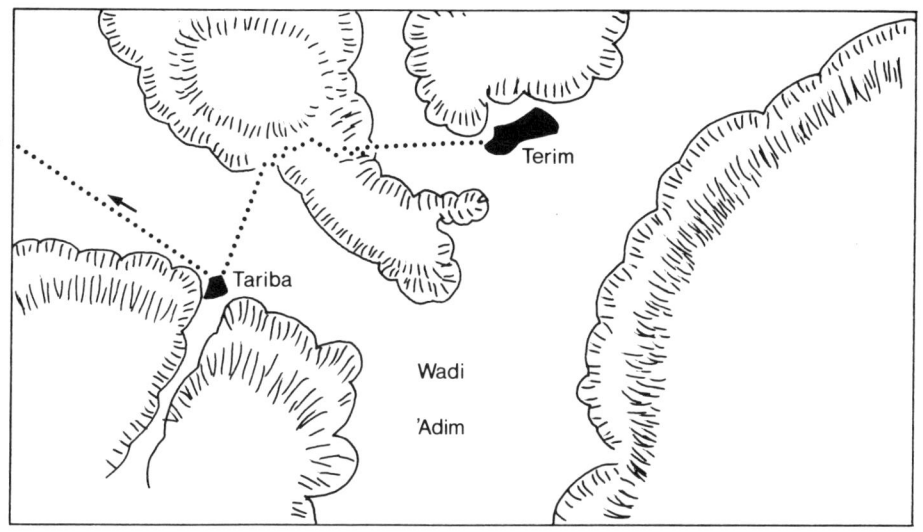

Einen halben Tag brauchten wir, um diese Gebirgszüge mit ihren phantastischen Formationen zu übersteigen. Kurz vor Sonnenuntergang hatten wir das Wadi wieder erreicht und blieben die Nacht in Tariba, einer kleinen festungsartigen Stadt bei einem Sayed, an den mir al Kaf ein Schreiben mitgegeben hatte. In seinem gastlichen Haus wurde ich fürstlich empfangen. Auf dem Altan des Hauses, hoch oben über den Dächern der Stadt, wurde mir ein Lager bereitet, die schönsten Decken und Kissen bot man mir an. Und dort lag ich neben meinen feinen, klugen und zurückhaltenden Gastgebern, teilte mit ihnen Speise und Trank. Halb im Dunkel in einiger Entfernung saßen Beduinen, tiefschwarze, prachtvolle Gestalten mit langem schwarzen Haar, und lauschten unserer Unterhaltung. Nur wenn man an einen von ihnen eine Frage stellte, antwortete er bescheiden. Ich sehe noch heute einen jungen Beduinen vor mir, wie er bescheiden und doch selbstbewußt in unsere Unterhaltung eingriff; jede seiner Bewegungen war von einem solchen Adel, wie ich ihn nie zuvor bei einem Menschen gesehen hatte. Und doch war er nur ein einfacher Mensch der Wüste. Sein Name war Sangis.

Doch plötzlich wurde der Friede unserer Unterhaltung durch mehrere Schüsse gestört.

»Malesch, es macht nichts, nur ein kleiner Krieg hier augenblicklich«, sagte man mir.

Die Stadt Tariba stand in Stammesfehde mit benachbarten Beduinen. Man stritt sich um verschiedene Wasserstellen, und nachts kam es gewöhnlich zu kleinen Geplänkeln; einige der Beduinen hatten Häuser gegenüber der Stadt, so daß man von einem

Fenster zum anderen schießen konnte. Uns selbst schützte gegen eventuelle feindliche Kugeln eine hohe Brüstung auf dem Altan. Solche Stammesfehden sind in Hadramaut an der Tagesordnung, sie werden von dem Sultan und dem Adel kaum beachtet, meist weiß man in Terim oder Saiwun nicht, was in der nächsten Umgebung vor sich geht. Mögen diese Leute mit ihren Angelegenheiten allein fertig werden! Dasselbe Gebiet hatte ich im Jahre vorher durchreist, ohne daß ich irgendwo Krieg erlebt hätte. Doch jetzt traf ich auf dem Wege nach Saiwun mehrere zerstörte Dörfer, die damals noch unversehrt gewesen waren.

Unterwegs, während eines kurzen Aufenthalts in der Stadt Saiwun (Farbt. VI), widerfuhr mir ein kleiner Zwischenfall. Ich wanderte gerade, photographische Aufnahmen machend, durch die Straßen, begleitet von einer dichten Schar Kinder, die eifrig ihre lachenden Gesichter vor den Apparat drängten, als plötzlich ein Auto in der engen Gasse angefahren kam. Während die Kinder auseinanderstoben, hielt es dicht neben mir, und ehe ich mich's versah, wurde ich gepackt und in den kleinen Wagen hineingezogen und saß eingeklemmt zwischen mehreren Arabern, während es in eiliger Fahrt davonging.

»Du bist ein Ausländer, ein Almani«, eröffnete man mir, »also bist du Ingenieur und wirst unsere Pumpe reparieren. Sie steht schon seit zwei Jahren still und gibt kein Wasser mehr.«

Alle meine Versicherungen, daß ich nicht Ingenieur wäre und von Pumpen oder dergleichen nicht das geringste verstünde, blieben nutzlos. Europäer und Techniker, das ist in diesen Köpfen ein untrennbarer Begriff, ebenso wie man dortzulande als selbstverständlich annimmt, daß jeder Europäer auch Arzt ist und eine Verweigerung ärztlicher Hilfe nur bösem Willen entspringt. Der Fremde hilft sich dann gewöhnlich mit irgendwelchen harmlosen Medikamenten, die er mit sich führt und die jedenfalls keinen Schaden anrichten können; meist sogar hat man damit Erfolg, da der Kranke fest an die Wirkung des Mittels glaubt.

Bald hatten wir einen der ausgedehnten Palmgärten vor der Stadt erreicht, der allerdings etwas verdurstet aussah. Er gehörte, wie ich erfuhr, den Sayed Hud, einer mächtigen und reichen Adelsfamilie von Saiwun, und ein junger Angehöriger der Sippe hatte höchstpersönlich in seinem kleinen Austin die Entführung bewerkstelligt. Die Pumpe, vor die man mich führte, war durch einen langen Treibriemen mit einem großen Traktor verbunden, der sie in Bewegung setzen sollte und in einem darüber errichteten Mauerwerk fest verankert war. Nach vielen Mühen gelang es endlich, den Motor in Gang zu setzen, aber sobald das Schwungrad anlief, rutschte der Riemen ab. Das ginge regelmäßig so, erklärte man mir, und sie hätten schon alles versucht, um dem Übel abzuhelfen.

Nun war auch ohne technische Kenntnisse unschwer zu erkennen, wo der Fehler saß. Der schwere Traktor hatte sich trotz der Verankerung etwas verschoben und stand mit der Pumpe nicht mehr in der gleichen Ebene, woraus sich das Abrutschen des verbindenden Riemens erklärte. Auf meine Weisung wurde durch herangeholte Arbeiter die eine Wand des Mauerwerks beseitigt, der Traktor wieder in die genaue Richtung gebracht und neu verankert. Nach etlichen Stunden war alles fertig, der Motor wurde angelassen, und siehe da, die Pumpe, die zwei Jahre stillgestanden hatte, lief und spendete Wasser, reichlich Wasser. Am Abend wurde draußen in dem zu neuem Leben erweckten Garten der Sayed Hud ein Freudenfest veranstaltet. Alt und jung kam aus der Stadt herbeigeströmt, um das Wunder zu bestaunen, das der »Almani« fertiggebracht hatte.

In Schibam (Farbt. I; Abb. 25, 26) fand ich gastliche Aufnahme im Hause meines alten Freundes Hussein Abu Bakr Lahjam. Er wie auch alle übrigen Bekannten aus früherer Zeit erwiesen mir viel Entgegenkommen, aber sobald ich von meinem Plan sprach, schüttelten sie die Köpfe und erklärten das Vorhaben für undurchführbar.

Indessen sollte mir im letzten Augenblick ein glücklicher Zufall zu Hilfe kommen. Mehrere Tage waren bereits vergangen, und ich durchstreifte wieder einmal die Stadt, ratlos, in verzweifelter Stimmung und nahe daran, alle Hoffnung aufzugeben, als ich, auf den Suk, den Marktplatz, gelangend, den Zollmeister im Gespräch mit einigen Beduinen bemerkte, die ihrem Aussehen nach nicht aus dem Lande zu stammen schienen. Der Zollmeister war mir bekannt, und auf Befragen erfuhr ich, daß es Beduinen vom Stamm der Beni Agil wären, die ihre Wohnsitze bei Harib hätten, dem ersten großen Ort jenseits der jemenitischen Grenze. Sie waren mit einer Karawane nach Schibam gekommen, um die Erzeugnisse ihres Handwerks abzusetzen, schwarz-weiße Teppiche aus Ziegenhaar, sehr fest gewebt und mit schönen, einfachen Mustern. In Hadramaut ist die Teppichindustrie unbekannt.

Voll Freude über das glückliche Zusammentreffen erklärte ich den Jemeniten mein Vorhaben und meine Absicht, einen von ihnen als Führer zu dingen. Aber zunächst wollte keiner darauf eingehen, denn die Verantwortung war zu groß. Nach dem Gesetz der Beduinen bürgt jeder seinem Stamm gegenüber mit dem eigenen Leben für den Fremden, der sich ihm anvertraut hat. Und jene Gebiete, die wir auf dem Wege nach San'a durchqueren mußten, waren bekannt für die Feindseligkeit ihrer Bewohner gegen alles, was weiße Hautfarbe hat. Auf gütliches Zureden des Zollmeisters, mit dem die Beduinen sich immer gut stellen müssen, damit er ihnen nicht zuviel Zoll anrechnet, mehr aber vielleicht auf die nach dortigen Begriffen enorm hohe Summe von 150 Mark, die ich biete, erklärt sich schließlich ein dünnes Männchen mit langem weißen Bart und pfiffigem Gesicht, namens Sale, bereit, mir als Führer zu dienen. Ich mache alles Nötige mit ihm ab – die Führung soll bis San'a gelten – und zahle die verabredete Summe. Es war das letzte Geld, das ich besaß. Erst in San'a konnte ich durch Vermittlung eines griechischen Kaufmanns in Aden neues abheben. Aber das war gut so, denn auf diese Weise konnte mir unterwegs von Räubern nichts abgenommen werden.

Es war in der Tat die letzte Möglichkeit, die ich gerade noch an einem Zipfel erwischt hatte. Denn die Beduinen wollten schon am nächsten Tag die Rückreise antreten, und weitere Karawanen aus Jemen waren nicht zu erwarten, da während des Sommers jeder Verkehr durch die Wüste ruht.

Zur vereinbarten Stunde, am nächsten Nachmittag um vier Uhr (man bricht immer erst auf, wenn die Glut des Tages im Abnehmen ist), erschien aber nicht der als Führer gedungene Sale, sondern sein Bruder Ambârak, ebenfalls ein kleiner Mann mit langem weißem Bart. Dieser Wechsel kam mir etwas sonderbar vor. Doch Ambârak erklärte, sein Bruder wäre bereits mit der Karawane voraus, mit der wir am anderen Tag an einer Wasserstelle zusammentreffen würden.

Das Kamel, das mich bis nach San'a bringen sollte, wurde mit meinem Gepäck beladen: zwei Kisten mit photographischem Material, ein zusammenlegbares Feldbett, ein Teppich, eine Decke und ein Beutel, enthaltend etwas Kaffee, Tee, Keks und einige Büchsen eingemachter Früchte. Von diesen Vorräten im wesentlichen habe ich mich während der drei Wochen Wüstendurchquerung ernährt. Obendrauf setzte ich mich selbst, nicht gerade sehr bequem und inmitten der herumbaumelnden Habseligkeiten mir etwa wie Sancho Pansa vorkommend. Das Kamel stellte sich auf die Füße, und wir schaukelten los.

Fast hätte ich im letzten Augenblick die Reise noch aufgeben müssen. Am Abend zuvor hatte mich plötzlich die Dysenterie gepackt, jene von allen Europäern so gefürchtete Tropenkrankheit, verursacht wahrscheinlich durch das schlechte, salzhaltige Wasser von Schibam. Durch das rasch ansteigende Fieber war ich am Morgen schon so geschwächt, daß ich mich kaum auf den Beinen halten konnte. Doch um keinen Preis wollte ich die seltene Gelegenheit, die mir die Karawane nach Jemen bot, versäumen und durfte mir auch nichts von der Krankheit anmerken lassen, da man mich sonst nicht mitgenommen hätte. In einem solchen Zustand Stunden um Stunden mit gekreuzten Beinen und in aufrechter Haltung auf dem Rücken eines ewig schwankenden und stoßenden Kamels zu sitzen, das kostet einige Anstrengung. Ich mußte meine letzte Kraft aufbieten, um nicht zusammenzuklappen. Dabei pflegen die Beduinen gerade zu Anfang der Reise, solange die Tiere noch frisch sind, möglichst lange Strecken zurückzulegen und nur ganz kurze Rasten einzuschieben. Das ist für den Europäer, dem diese Art des Reisens ungewohnt ist, besonders hart. Erst später, wenn sich mehr und mehr die allgemeine Erschöpfung bemerkbar macht, werden die Marschgeschwindigkeiten vermindert und die Ruhepausen verlängert. Vier Tage hatte ich mit der Krankheit zu kämpfen, überwand sie aber schließlich dank eines trefflichen Mittels, des Jatrens, von dem ich allerdings meinen letzten Vorrat aufbrauchen mußte.

In einem breiten Tal mit freundlichen Siedlungen ging es dahin. Noch lange standen am Horizont die scharf abgesetzten Umrisse der Wolkenkratzerstadt Schibam, mehr und mehr zu einer geschlossenen braunen Masse verschmelzend, gekrönt von dem Weiß der hochragenden Paläste, das in der sinkenden Sonne golden aufleuchtete (Farbt. I). Dann versank die Stadt in dem bläulichvioletten Dunst des tropischen Abendhimmels.

Bei Einbruch der Dunkelheit erreichten wir El Qatn, den letzten großen Ort nach der Wüste zu (Abb. 18). Nahebei liegt die Burg El Hauta, Sommersitz des Sultans von Schibam, eines jener Feudalherren, die sich in die Herrschaft von Hadramaut teilen und die ihre Ahnenreihe bis in die Zeiten vor Mohammed zurückverfolgen. Doch ihre Macht schwindet dahin, so sehr sie auch an deren äußeren Attributen festhalten mögen. Auch in Südarabien beginnt sich die nationale Einigungsbewegung der Araber bemerkbar zu machen, und ihr werden alle diese Kleinfürsten – ganz so wie einst im Abendland – über kurz oder lang weichen müssen, sofern nicht das Interesse einer fremden Macht sie künstlich am Leben erhält.

Sultan Ali war mir in Freundschaft zugetan, seitdem ich ihn im vergangenen Jahre von einer schweren Dysenterie geheilt hatte. Ich wollte daher nicht unterlassen, ihn zu begrüßen. Ambarak war als verantwortlicher Führer mit dieser Verzögerung der Reise nicht einverstanden, da er fürchtete, die vorausgegangene Karawane nicht mehr einzuholen; er gab erst nach, als ich ihm feierlich versprochen hatte, mich nicht länger als eine Stunde in El Hauta aufzuhalten.

Diese Stunde in der Sultansburg wurde zu einem Abschied von der mir gewohnten Welt. Zum letztenmal weilte ich in schön eingerichteten Räumen, lehnte in seidenen Kissen, genoß von prächtigem Geschirr Tee und allerlei Gebäck, bedient von dem riesigen, reichgekleideten Leibdiener des Sultans, der, seit ich seinem Herrn so wirksam geholfen hatte, mir eine Art mütterlicher Fürsorge zuwandte.

Der freundliche Sultan bot vergebens alle seine Beredsamkeit auf, um mich doch noch von meinem Vorhaben abzubringen. Bisweilen fühlte ich seinen Blick mitleidig auf mich gerichtet, so, als sei er überzeugt, mich nie mehr lebendig wiederzusehen. Doch wollte er mir Beistand leisten, soweit es ihm möglich war, und gab mir ein Schreiben an das Stammesoberhaupt von Harib mit. Dieser Brief hat niemals sein Ziel erreicht. Als ich nach Harib kam, war die Stadt kurz zuvor von jemenitischen Truppen eingenommen und der alte Schech nach San'a ins Gefängnis gebracht worden. Ich hütete mich, von dem Brief etwas verlauten zu lassen, und hielt ihn sorgfältig versteckt. Denn er hätte sicher als Beweis gegolten, daß ich im Dienst einer fremden Macht zu hochverräterischen Umtrieben in das Land gekommen war, wessen man mich ohnehin verdächtigte.

Der Diener des Sultans gab mir noch das Geleit bis zum Stadttor von El Qatn, wo Ambârak auf mich wartete. Wir ritten die ganze Nacht durch. Erst kurz vor Sonnenaufgang wurde haltgemacht. Wo ich gerade abgestiegen war, legte ich mich, in meine Decke gehüllt und von Fieber geschüttelt, in den Sand. Aber kaum war ich in tiefen Schlaf gesunken, als ich schon wieder wachgerüttelt wurde und eilig setzten wir die Reise fort.

Gegen Mittag erreichten wir das Dorf Scheredjan, nichts als ein paar verstreut liegende Beduinenhütten höchst armseligen Aussehens. Hier sollten wir mit der Karawane zusammentreffen, aber sie war bereits weitergezogen. Der Brunnen von Scheredjan war der letzte, den wir in den nächsten sieben Tagen antreffen würden. Daher wurden alle mitgeführten Behälter mit dem unentbehrlichen Naß gefüllt und nicht weniger als zwei von den drei Kamelen, über die wir verfügten, mit dem Vorrat beladen. Das Wasser des Brunnens war, frisch getrunken, sehr gut, bekam aber in den unsorgfältig hergerichteten Ziegenbälgen, die als Behälter dienten, einen Geschmack nach faulendem Fleisch, der natürlich mit der Länge der Aufbewahrung immer eindringlicher wurde. An den Genuß dieser lauen, stinkigen Brühe mußte man sich erst gewöhnen, aber das besorgte der brennende Durst sehr rasch.

Gegen Abend wurde die Reise fortgesetzt. Wir folgten dem breiten Wadi Duchr, das sich allmählich in der Wüste verliert. Der nördliche Uferrand war bereits verschwunden, der südliche nur noch in der Ferne als dunkler Streifen sichtbar. Wieder ritten wir eine Nacht hindurch ohne Aufenthalt. Ambârak trieb zu immer größerer Eile, aus Furcht, die Gefährten nicht mehr zu erreichen.

Endlich gegen Morgengrauen trafen wir auf einzelne Kamele, die mit langen, harten Lippen die dürren Zweige mageren Dorngesträuchs benagten. Es wurden ihrer immer mehr, und Ambârak seufzte erleichtert auf: wir hatten das Lager der Karawane erreicht. Doch meinen Sale suchte ich vergebens. Wie sich herausstellte, war er in Schibam zurückgeblieben, und damit hatte es natürlich eine besondere Bewandtnis. Mit Absicht hatte er seinen Bruder Ambârak vorgeschoben, denn dieser hatte keinen Vertrag mit mir abgeschlossen und brauchte daher auch nach beduinischem Recht seinem Stamm gegenüber nicht für mich zu bürgen. Und wenn man ihn im Jemen zur Rede gestellt und gefragt hätte: »Wie kommst du dazu, einen Fremden mit ins Land zu nehmen?«, so hätte er mit gutem Gewissen antworten können: »Wieso einen Fremden? Davon ist mir nichts bekannt. Mein Bruder hat mir einen gewissen Abdallah (diesen arabischen Namen hatte ich mir zugelegt) mitgegeben.« Abgesehen davon aber erwies sich Ambârak als ein trefflicher Führer, der in bester Weise für mich sorgte und die von seinem Bruder übernommenen Verpflichtungen getreu innehielt.

Beni Abdul Kader.	Beni Suëde ⎤(Hadjele) Beni Chamse ⎦
Beni Agil (Harib)	Beni Sëif (Dschuba)
Beni Boriq (El Hauta)	Beni Nufël

Die Kamel-Markierungen südarabischer Beduinenstämme sind Brandmarken – arabisch *wasm*, Plural *wusûm* – und bezeichnen Stammes- bzw. Familieneigentum. Diese Zeichen werden den Kamelen auf den Lenden eingebrannt, damit man ein entlaufenes Kamel, wenn es gefunden wird, immer identifizieren und dem betreffenden Stamm wieder zustellen kann. Diese Eigentumsmarken oder Hoheitsmarken werden von den einzelnen Beduinenstämmen und deren Unterstämmen benutzt. Oft wird das Eigentum eines Unterstammes noch dadurch hervorgehoben, daß man dem Hauptstammeszeichen einen Strich oder ein Zeichen hinzufügt. Besonders bei den Stämmen Nordarabiens findet man das häufig. Eigentumsmarken sieht man aber nicht nur als Brandmarken an den Kamelen, sondern auch an Brunnen, Höhlen und Häusern.

Wir waren nun im Bereich der Rub' al Khali, jener gewaltig ausgedehnten Hochöde, die sich über den ganzen Osten der arabischen Halbinsel vom Jemen im Süden bis hin zum Persischen Golf im Norden erstreckt und auf den Karten Arabiens als ein riesiger weißer Fleck erscheint, unbekannt und unerforscht. Es ist Wüstenregion, das »leere Viertel« (wie der Name besagt), keinem Fürsten untertan, noch von keiner Macht in Besitz genommen, Niemandsland, ein schier grenzenloses Meer von Sand und Stein, aber dennoch nicht unbewohnt. Bachr es Sâfi, das Meer des Sandes, nennt man gerade diesen Teil der Rub' al Khali, den wir jetzt erreichten. Ein ungeheuer großes, wirkliches, tiefes, von Sand überdecktes Meer soll dieses Bachr es Sâfi sein. So sagen die Beduinen. Schon Wrede berichtet vom Versinken des Senkbleis und der Meßschnur im Sande des Bachr es Sâfi. Und Beduinen behaupten, daß verschollene Karawanen diesem tückischen lockeren Sand zum Opfer gefallen seien. Die Erde hätte sie verschlungen. Überall da, wo auch nur die geringste Möglichkeit der Daseinsfristung besteht, wo – wie namentlich im Verlauf von Höhenfaltungen – die Natur ein noch so knappes Maß Feuchtigkeit spendet, gerade genug, um dem Vieh etwas kärgliche Weide zu gewähren oder dem dürren Boden ein wenig Brotkorn abzugewinnen, haben sich Menschen angesiedelt, kleine verlorene Außenposten am Rande der eroberten Erde. Vielleicht, daß sie im Laufe der Jahrhunderte wieder verschwinden oder vielleicht auch Nachzügler erhalten und weiter vorstoßen, je nachdem das Klima im kosmischen Wandel sich bessern oder verschlechtern mag.

Manchmal sind es die letzten Reste einst volkreicher und mächtiger Stämme, oft aber Abgewanderte aus einer durch überstarke Vermehrung zu eng gewordenen Heimat. Wie auf kleinen Inseln leben sie, fern dem Strom der Welt, keiner höheren Ordnung eingegliedert, nur auf sich selbst gestellt. Und da nur fester Zusammenhalt die Behauptung des Daseins ermöglicht, haben sie ein ebenso stark ausgeprägtes Gemeinschaftsgefühl wie sie, andererseits, feindselige Abgeschlossenheit nach außen zeigen. Besonders aber besitzen diese Naturkinder, wenn man so sagen darf, eine ihnen anscheinend im Blut sitzende Abneigung gegen jeden, der nicht von ihrer Art ist, der einer fremden Rasse angehört. Den betrachten sie gewissermaßen als Freiwild, dem gegenüber gelten weder die Gesetze der Wüste noch die Gebote der Religion. Ich erfuhr das auch, der ich als erster Weißer die Wüste Rub' al Khali in ihrem südlichen Teil durchquerte.

Noch eine andere Art von Bewohnern birgt die Rub' al Khali. Das sind Geächtete, die wegen eines schweren Vergehens aus der Gemeinschaft ihres Stammes ausgestoßen wurden. Wie es einst bei den nordischen Völkern war, so ist es heute noch für den Beduinen die schwerste Strafe, die ihn treffen kann. Ein Geächteter ist gleichsam ausgelöscht aus dem Leben, und zum Zeichen dafür wird auf dem Bestattungsplatz seines Stammes für ihn ein Steinhaufen errichtet, so, als ob er gestorben und begraben wäre. Zu den schwersten Verbrechen, die unbedingt die Ächtung zur Folge haben, gehört die Schändung einer Frau. Denn in einer Gemeinschaft, die ausschließlich durch die Bande des Blutes begründet ist, genießt die Frau als Pflanzstätte und Erhalterin des Stammes eine Ehre, die unantastbar ist.

Diese recht- und heimatlos Gewordenen können nur in der herrenlose Wüste Zuflucht finden, wie der Rub' al Khali. Dort schließen sich die Genossen gleichen Schicksals zusammen und widmen sich der einzigen Existenzmöglichkeit, die ihnen geblieben ist: Bettelei und Raub, wie ja beides auch in zivilisierten Ländern oft Hand in Hand geht. Man weiß nicht, wo und wie sie hausen, sie tauchen plötzlich auf und verschwinden ebenso wieder in die unzugängliche Wüste, sie vermögen mit ihren Rennkamelen, die ihnen ein unerläßlicher Besitz sind, weite Strecken zurückzulegen und haben eine unfehlbare Witterung für jede Karawane, die den Bereich der Wüste betritt.

In breiter Front, zu einzelnen Gruppen aufgelöst, zog die Karawane dahin. Jede Gruppe war eine Kette von sieben bis acht Kamelen, das würdig erhobene Haupt mit dem Halfterende immer an dem unwahrscheinlich kleinen, mit einer mageren Quaste verzierten Schweif des vorangehenden Kamels angebunden. Es ist etwas Eigentümliches mit diesen Tieren; nie gewinnt man, wie etwa zu Pferden, ein persönliches Verhältnis zu ihnen. Stumm und geduldig verrichten sie ihre Arbeit, aber sie sind ständig wie von einer Wolke des Mißmuts umhüllt. Man könnte fast sagen, sie hassen es, Kamele zu sein, verachten aber zugleich alle anderen Lebewesen, den Menschen mit eingeschlossen. Ihre einzige Gefühlsäußerung ist Groll und Klage. Wenn sie beladen werden oder sich aufrichten sollen, gurgeln sie wütend, fletschen die langen gelben Zähne oder versuchen zu beißen, auch den, der sie mit aller Sorgfalt hütet und pflegt. Manchmal allerdings, wenn die Anstrengung zu groß wird, klingt ihr Wimmern herzzerreißend. Bei all ihrer grotesken Häßlichkeit, der Hasenscharte in der Oberlippe, dem unförmigen Höcker, den dicken, knorpeligen Warzen an überlangen Beinen, dem üblen Geruch, den sie ausströmen, sind doch ihre von langen, schmachtenden Wimpern umsäumten traurigen Augen schön. Meist ist ihr Blick abwesend, nach innen gerichtet, gleichgültig gegen die Umgebung. Aber es kann vorkommen, daß sie ihren Kopf ganz herumdrehen und dem Reiter auf ihrem Rücken mit beiden Augen ins Gesicht starren. Ihr Blick hat dann den Ausdruck tiefster Melancholie, gemischt mit Anklage und Verachtung. Ich kenne kaum etwas, das einen derart aus der Fassung bringen kann.

Eine Weile hatten uns noch die letzten Ausläufer der Gebirgsfaltungen begleitet. Wie abebbende Wellen wurden sie immer flacher, immer träger in ihrer Bewegung und verrieselten zuletzt kraftlos in der starren Fläche der Ebene, die sich nun grenzenlos um uns ausbreitete. Der Boden bestand aus hartem, trockenem Lehm, unterbrochen von weiten Strecken losen Sandes. Wo fester Boden war, traten deutlich mehrere parallel laufende Rinnen zutage. Es waren die Spuren, die die Füße unzähliger Kamele Jahrhunderte hindurch getreten hatten. Denn hier lief die uralte Karawanenstraße, die schon in grauer Vorzeit von der südarabischen Küste über den Jemen nordwärts führte. Aber auch da, wo oft auf Meilen hin der lose, veränderliche Sand alle Zeichen und Spuren verwischt hatte, wußten die Beduinen bei Tag und bei Nacht mit untrüglicher Sicherheit die rechte Richtung einzuhalten, ohne je einmal unsicher über den einzuschlagenden Weg zu werden. Dieser Sinn wird bei ihnen durch den

Selbsterhaltungstrieb zur höchsten Leistungsfähigkeit ausgebildet. Denn ein Verirren in der wasserlosen Wüste würde sicheren Tod bedeuten.

Tag für Tag waren wir vierzehn bis sechzehn Stunden im Sattel. Wenn wir bei erstem Morgengrauen aufbrachen, ertönte wohl der eintönige Gesang der Beduinen, jener mit geringen Abwandlungen endlos hingesponnene Rhythmus, durch den man wie in einem leisen Wiegen dahingetragen wurde. Sobald sich aber die Sonne über den Horizont erhob und die Glut wie mit blitzenden Schwertern über uns herfiel, verstummte alles. Wie ein Zug lautloser Schatten zogen wir dahin, nur ein gelegentlicher heiserer Zuruf an die Kamele unterbrach die Stille. In der ewigen Gleichförmigkeit, die durch keine Änderung der Bodenform, keinen Baum oder Strauch unterbrochen wurde, verlor man den Begriff der Zeit, ja auch den des Raumes. Man wußte nicht mehr, wo auf der Erde man eigentlich war, kannte nicht mehr Stunde, Tag oder Monat. Alles verschwamm in einem grenzenlosen Meer des Unbestimmten. Das grelle Licht, von den Sandkristallen blendend zurückgeworfen, stach wie mit spitzen Pfeilen in die entzündeten Augen, deren stauberfüllte Lider bei jeder Bewegung förmlich knirschten. Die Glieder waren von Schmerzen durchwogt, die mählich stärker wurden, bis man schließlich in einen allgemeinen Zustand körperlicher Betäubung geriet. Dabei aber waren die Sinne überwach. Man glaubte plötzlich in einiger Entfernung vor sich mit aller Deutlichkeit ein Haus zu sehen. Wenn man dann nochmals hinblickte, war der Gegenstand verschwunden, und an seiner Stelle stiegen und fielen, rieselten und rannen die lichtgrauen Wellen der Luft. Oder man schrak zusammen, wenn ein Staubwirbel, etwas über Menschengröße, schlank aufragend, oben sich verbreiternd und wie in zwei hochgestreckten Armen auslaufend im spiraligen Drehtanz langsam vorbeischwebte, in einem Husch verschwunden war, um wieder an anderer Stelle kreisend aufzutauchen. Die Beduinen blickten scheu; sie glauben, daß in diesen Staubwirbeln die Dschinn zur körperlichen Erscheinung werden. Für sie ist die Wüste bevölkert von allerlei Geistern, den Seelen Abgeschiedener, Dämonen der Erde, Wesen des Zwischenreichs. Und manchmal meint man selbst, daß sie damit nicht so ganz unrecht haben mögen. Niemals wird ein Araber pfeifen, denn er fürchtet, dadurch die Geister anzulocken.

Wenn dann am Abend die Sonne glühend versank und in jähem Wechsel die Nacht heraufzog, war es immer wie das Erwachen aus einem Fiebertraum. Die Lähmung des Körpers löste sich, die Erregung der Sinne klang in großen, weichen Schwingungen aus. War das nächtliche Lager bezogen, Mensch und Tier zur Ruhe gekommen, völlige Stille eingetreten und alles Nahe wie Ferne gleichmäßig eingehüllt in das matte, bläulich schimmernde Licht der ganz nahen und unwahrscheinlich großen Sterne, dann vernahm man ein ganz feines, leise auf- und abschwellendes Singen. Es war der Sand der Dünen, der rieselte und rann und von jedem Lufthauch fließend bewegt wurde. Ein seltsames Aufgeschlossensein kam über die Seele. Man spürte das geheimnisvolle Leben, von dem die vermeintlich tote Wüste erfüllt war. Mit den äußeren Sinnen war es nicht erfaßbar, und doch durchdrang es alles Denken und Fühlen. Man begriff, warum die Araber und andere Völker solches von Menschen nicht bewohnte Land mit Wesen jenseits des Irdischen bevölkern. Stand man doch selbst im Bann der aus der Erde aufsteigenden und nicht minder der vom Himmel niederströmenden Gewalten. Denn noch ein anderes wurde offenbar: Man war so losgelöst von allen Bindungen des menschlichen Daseins, fühlte sich einem Überirdischen so nahe, daß es einem plötzlich klar wurde, warum gerade im Land der Wüsten sich unsere Gottesvorstellung zur reinsten und erhabensten Form ausgebildet hat und nahe beieinander zwei große Weltreligionen entstanden sind.

Eines Abends, als es schon dunkel geworden, aber der Mond noch nicht aufgegangen war, indes die Karawane nach langem Tagesmarsch noch immer mit lautlosem Schritt durch das tiefe Schweigen der Wüste wanderte, wandte ich mich an meinen Begleiter, um ihn etwas zu fragen, doch schon nach dem ersten Wort flüsterte er mir zu: »Lussan, Lussan! Räuber sind in der Nähe, nicht sprechen.«

Ich blickte mich um, konnte aber in der Dunkelheit nichts Verdächtiges entdecken. Als wir dann eben Rast gemacht und Feuer angezündet hatten, schreckte uns der Ruf des Karawanenführers auf, und alles eilte mit schußbereitem Gewehr in Deckung hinter die im Kreis gelagerten Kamele. Nun sah man auch aus dem Dunkel undeutliche Schatten auftauchen, und man erkannte eine Anzahl Reiter, immer je zwei auf einem scharf herantrabenden Kamel. Es waren die angekündigten Räuber, doch als sie sahen, daß wir auf ihren Empfang vorbereitet und zudem in der Überzahl waren, sprangen sie ab, näherten sich mit Zeichen des Friedens und baten um gastliche Aufnahme. Sie erhielten etwas Wasser und Brot, saßen eine Weile am Lagerfeuer, unterhielten sich, als wären sie unsere besten Freunde, und verschwanden dann wieder in der Dunkelheit der Nacht ebenso spurlos, wie sie gekommen waren.

Aber von nun an blieben diese Räuber auf unserer Fährte. Sobald es Dämmerung wurde, tauchten irgendwo am Horizont ihre dunklen Gestalten auf, zeigten sich bald da, bald dort, umschwärmten uns wie hungrige Wölfe und spähten nach einer Gelegenheit, willkommene Beute zu machen. Einmal beehrten uns diese unwillkommenen Gäste auch während der Mittagsrast, dehnten ihren Besuch länger aus als gewöhnlich und blieben, bis wir aufbrachen. Im Halbkreis hockten sie alle um mich herum und befragten mich, den Weißen, über alle möglichen und unmöglichen Dinge. Währenddessen waren die Beduinen der Karawane damit beschäftigt, die Kamele für den Weitermarsch fertigzumachen, und hatten dabei ihre Waffen beiseitegelegt, sogar in die Nähe der Räuber, die ihre Gewehre ständig im Arm behielten. Es wäre unseren Gästen ein leichtes gewesen, sich der Waffen zu bemächtigen und über uns herzufallen. Aber die Feinde waren eben als Gäste aufgenommen worden, und das Gastrecht ist unter allen Umständen heilig. Darauf kann man sich unbedingt verlassen. Selbst diese Geächteten, die außerhalb jeder menschlichen Ordnung stehen, achten das Gesetz der Wüste.

Nach sechs Tagen Wanderung durch die unbewohnte Einöde näherte sich der Karawanenweg wieder den Randgebirgen der Rub' al Khali. Der Boden begann sich mit kärglicher Vegetation zu bedecken, ein Zeichen, daß er auch ein wenig Feuchtigkeit spendete. Und wo nur immer dieses erste Lebenserfordernis, Wasser, vorhanden ist, da kann man sicher sein, daß sich auch der Mensch angesiedelt hat, wie armselig und hart auch die sonstigen Bedingungen des Daseins sein mögen. Bald tauchte auch eine Beduinensiedlung auf, Shabwa mit Namen. Es war Mittag, und die Sonne brannte fast senkrecht herab. Der an einen milderen Himmel Gewöhnte sah sich schon im Geiste in dem dämmerigen Schatten einer jener in der Ferne winkenden Hütten, um so wenigstens für eine kurze Raststunde der ewigen Glut und Grelle zu entgehen. Doch sollte er in dieser Hoffnung enttäuscht werden.

Im Lande des alten Saba

Während meine Blicke noch begehrlich auf die fernen Dorfhütten gerichtet waren, bog die Karawane plötzlich ab und zog in weitausholendem Bogen an Shabwa vorbei. Ich erfuhr, daß die Bewohner dieser Gegend ganz besonders fremdenfeindlich wären und man nicht wagen könnte, den Ort in Begleitung eines ›Nasrani‹, eines Christen, zu betreten. Nicht viel anders war es bei dem bald hinter Shabwa auftauchenden Ort Irma. In respektvoller Entfernung vor dem Ort wurde Mittagspause gemacht; ich mußte mich in einem Gebüsch verstecken, und zwei von der Karawane gingen nach dem Dorf, um Wasser zu holen. Sobald sie zurück waren und jeder ein paar Schluck des frischen Getränks bekommen hatte, wurde eiligst wieder aufgebrochen.

Wir folgten nun einem Wadi, einer flachen Mulde, die sich kaum von der Umgebung abhob und nur durch das ziemlich dichte Dorngestrüpp der Sohle als ein trockenes Flußbett zu erkennen war. Die siebzig Kamele zogen in einer langen, immer von Kopf zu Schwanz verknüpften Reihe hintereinander; mein Kamel folgte als letztes. Unterwegs kamen uns Landesbewohner entgegen, Männer, Frauen und Kinder mit Kamelen. Die Männer begrüßten ihre gleichfarbigen Genossen von der Karawane; mich schien man nicht zu bemerken.

Ich meinte schon, mit der Fremdenfeindlichkeit der Gegend wäre es wohl nicht so schlimm, saß aber zusammengesunken mit vornübergeneigtem Kopf so, als ob ich schliefe, ganz still auf meinem hohen Thron, um möglichst wenig aufzufallen. Nun aber kam wieder ein Beduine des Weges. Am Ende der Kolonne angelangt, bemerkte er mich, stutzte einen Augenblick, trat dann heran, band, ohne ein Wort zu sagen, mein Kamel los, führte es seitlich ins Gestrüpp und fing an zu laufen, immer schneller und schneller, das Kamel hinter sich herziehend – und ich saß oben drauf. Die Begleiter der Karawane hatten von dem ganzen Vorgang überhaupt nichts bemerkt. Als wir schon ziemlich weit entfernt waren, hielt der freundliche Erdenbürger endlich im Laufen inne und gab mir zu verstehen, es ginge auf keinen Fall, daß ein Fremder so einfach durch sein Gebiet reise; Kamel und Gepäck gehörten ihm, im übrigen würde er mit mir, dem Fremden, nach Landesbrauch verfahren. Dabei zückte er seinen krummen Dolch und machte eine nicht mißzuverstehende Gebärde.

Hier ist einzuschalten, daß ich während meiner ganzen Expedition keinerlei Waffe bei mir trug, und zwar aus guten Gründen. Sobald die Beduinen bei einem Fremden eine Waffe vermuten, sind sie von vornherein mißtrauisch und suchen auf jede Weise in deren Besitz zu gelangen. Entweder betteln sie so lange und hartnäckig, bis man ihnen die Waffe schließlich gibt, oder sie wird einem heimlich gestohlen. Auch ist man als einzelner Fremder doch machtlos gegen die vielen Beduinen, sobald sie sich feindlich stellen. Macht man in einem Augenblick der Gefahr von der Waffe Gebrauch und schießt man einen Landesbewohner nieder, so verfällt man dem Gesetz der Blutrache, und der entgeht man nicht. Außerdem waren stets meine Begleiter bewaffnet, und das genügte für den Notfall. Jedenfalls hat es sich auf meinen Reisen, wenn ich allein im fremden Lande war, immer bewährt, daß ich keine Waffen bei mir trug.

Sobald ich also gewahr wurde, daß ich gekidnappt worden war, sprang ich mit einem Satz vom Kamel und rief so laut ich konnte nach meinen Gefährten. Diese merkten nun auch, was geschehen war, und kamen eiligst herbei. Mein Entführer flüchtete mitsamt dem beladenen Kamel. Nach langem Suchen fanden wir ihn hinter einem Dorngestrüpp, eifrig beschäftigt, mein Gepäck zu durchsuchen. Ambarak ging mit gezücktem Dolch auf den Mann los. Dieser verteidigte sich, wobei er mit der linken Hand fest meine Leica wie einen sehr kostbaren Besitz umklammert hielt, trotzdem er sicher nicht wußte, was das eigentlich war. Vielleicht hielt er den photographischen Apparat für eine geheimnisvolle Waffe. Nach dem einleitenden Geplänkel, das weiter keinen Schaden anrichtete, war man beiderseits zu Verhandlungen bereit. Die Pourparlers dauerten mit eifrigem Hinundhergerede mehrere Stunden. Schließlich erklärte sich der Mann bereit, das Gepäck wieder herauszugeben, da er nach genauem Durchsuchen doch kein Geld darin gefunden hatte. Nun blieb noch die Frage der Leica, die der Beduine durchaus behalten wollte. Auch das wurde geregelt. Der Mann erhielt einen Real (eine Mark) als Entschädigung und gab den Apparat zurück.

Nachdem wir einen ganzen Vormittag durch diesen Zwischenfall verloren hatten, wurde der Marsch in beschleunigtem Tempo fortgesetzt, um möglichst rasch aus diesem ungastlichen Gebiet von Shabwa und Irma fortzukommen. Aber wir erhielten doch noch Gesellschaft, ebenfalls nicht sehr angenehmer Art. Vier Beduinen aus Shabwa hatten uns eingeholt, um sich der Karawane bis Behan anzuschließen. Einer von ihnen wurde ganz besonders lästig. Er hockte auf einem uralten Kamel, baumelte mit den langen dünnen Beinen, schien sich köstlich über mich zu amüsieren, zeigte mit dem Finger auf mich und wiederholte immer wieder: »Was für ein komischer Mensch ist das; weiße Haut hat er, weiße Haut!«

Ich dachte bei mir, wenn sich der Bursche, so wie er war, in den Straßen einer europäischen Stadt zeigte, würde man ihn wohl auch etwas komisch finden. Außerdem roch er sehr eindringlich nach ranzigem Hammelfett, womit er sich über und über eingerieben hatte, so daß es schon aus diesem Grunde kein Vergnügen war, ihn dauernd in der Nähe zu haben.

Am nächsten Morgen gelangten wir in eine reine Sandwüste; ›Ramla‹ nennt man diesen losen Sand im Arabischen. Die Flugsanddünen sahen von weitem wie Gebirge aus und warfen in der frühen Morgensonne lange Schatten. Es war das letzte Stück wasser- und vegetationslosen Gebietes, das wir zu durchqueren hatten, und es wurde zum schwierigsten Teil der Reise. Mensch und Tier, von den vorhergehenden langen Märschen schon stark mitgenommen, kamen der völligen Erschöpfung nahe und konnten sich bei dem ewigen Bergauf und Bergab über die ununterbrochen sich aneinanderreihenden Dünen in dem tiefen, lockeren Sande nur mit Aufbietung der letzten Kräfte weiterschleppen. Dabei aber durften die Marschgeschwindigkeit nicht vermindert oder die Rasten verlängert werden. Schon um des begrenzten Wasservorrats willen, den wir mitführten, war es unbedingt notwendig, die Reisezeiten innezuhalten und in den vorgeschriebenen vier Tagen die Wüstenstrecke zu durchschreiten. Jede Verzögerung konnte der ganzen Karawane Verderben bringen. Brach jemand vor Anstrengung zusammen, dann wurde er auf ein Kamel festgebunden und mitgeschleppt. Wir hatten drei halbwüchsige Jungen bei uns, die zum erstenmal von ihren Vätern auf eine Karawanenreise mitgenommen worden waren. Man merkte ihnen an, wie schwer ihnen dieser Marsch wurde. Aber der Stolz, sich als echte Beduinen bewähren zu können, hielt sie aufrecht.

Bisweilen geschah es, daß ein Kamel vor Ermattung stehenblieb und nicht weiterzubringen war. Dann nahmen die Beduinen eine lange, dicke Nadel, die zum Zusammennähen der Kamelsäcke dient, durchstachen damit die Nüstern des Tieres, daß das Blut heraustropfte, zogen einen Bindfaden durch und verknüpften diesen mit dem Halfter, der ja stets an den Schwanz des vorderen Tieres angebunden war. Sobald sich dieses nun in Bewegung setzte, straffte sich das Halfter, der Faden riß an den empfindlichen Nüstern, und von Schmerz gepeinigt ging das Kamel weiter. Und das wiederholte sich, sobald es wieder stehenbleiben wollte. Es war schrecklich, das Jammern und Brüllen des Tieres mitanzuhören, wenn ihm die Nase durchstochen wurde. Gewiß mag das ein grausames Verfahren sein; aber andererseits konnte man immer wieder beobachten, mit welcher Liebe und Sorgfalt die Beduinen mit ihren Tieren umgehen.

So kam es öfters vor, daß ein Kamel an einer Art Magenstörung erkrankte und zusammenbrach. Denn das trockene Dorngestrüpp, das in der Nähe der Randgebirge stets zu finden war, hatte schon seit Tagen aufgehört, so daß die Tiere ohne die gewohnte Nahrung blieben. Der Beduine bereitete dann sofort eine Art Medizin; eine Salzlauge wurde in einem besonderen Beutel hergerichtet und die Flüssigkeit in reichlicher Menge dem erkrankten Tiere in den Hals gegossen, ohne Rücksicht darauf, daß kaum für die Menschen genug Wasser vorhanden war und mit jedem Tropfen gespart werden mußte. Manchmal half das Mittel, manchmal auch nicht. Dann kehrte der Besitzer ohne sein Tier zur Karawane zurück, die inzwischen ohne Aufenthalt weitergezogen war. Wir verloren auf diese Weise vier Kamele. Die Tiere blieben liegen, wo sie zusammengebrochen waren, und fanden ein langsames und qualvolles Ende, das man nicht abkürzen darf, da dem Mohammedaner jedes Töten von Tieren, außer zu Nahrungszwecken, verboten ist. Nach islamischer Auffassung ist auch für den Menschen ein langsamer Tod weit schöner als ein rascher. Der Gläubige kann sich dann in Ruhe auf das Sterben vorbereiten, er will das Dahinscheiden förmlich genießen und im allmählichen Verdämmern hinübergleiten zu den Wonnen des Paradieses.

Am vierten Tage um die Mittagszeit zeichnete sich zwischen den Sanddünen der Anfang eines Tales ab, durch das nun unser Weg führte. Allmählich breiter werdend, drängte es gleichsam die Dünen der Wüste zur Seite, die sich rechts und links immer weiter von uns entfernten. Die nun deutlich abgesetzte Talsohle begann sich mit spärlicher Vegetation zu bedecken, zuerst nur ganz vereinzelt, dann in dichteren Ketten. Es waren düstere Dorn- und Wolfsmilchgewächse, noch fast ganz in Sand begraben. Wie eine lange graue Schlange zogen sie sich dahin, weiter und weiter, bis zu den in dunstiger Ferne schattenhaft auftauchenden Randgebirgen.

Wenn sich auch die Karawane noch immer müde und mühsam dahinschleppte, war doch eine deutliche Belebung zu spüren. Soweit noch die Kräfte reichten, suchte man rascher vorwärtszukommen. Die Tiere hoben bisweilen mit geblähten Nüstern witternd die Köpfe, und auf den Gesichtern der Menschen zeigte sich, soweit sie unter der Umhüllung der Tücher erkennbar waren, eine gewisse frohe Entspannung. Denn nun war der schwierigste Teil der Reise zu Ende. Wir hatten die Durchquerung der eigentlichen Wüste glücklich vollendet, abgesehen von dem Verlust mehrerer Kamele. Der Schrecken der Rub' al Khali lag hinter uns. Das erste Ziel jenseits war erreicht: das Wadi Behan, wie das Tal, das wir durchzogen, genannt wurde. Damit waren wir in bewohnte Gebiete gekommen, die nun nicht mehr aufhörten.

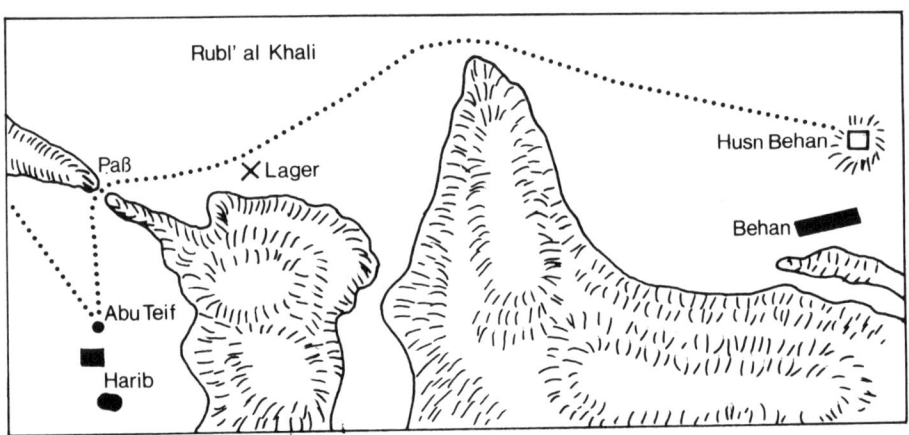

Das Wadi Behan ist die unmittelbar an den Jemen angrenzende Landschaft. Dürftig wie ihre Natur ist auch ihre Besiedlung. Es gibt darin keine zusammenhängenden Ortschaften, wie etwa die Dörfer und Städte Hadramauts auf der anderen Seite der Rub' al Khali. Ärmliche Lehmhütten ziehen sich weit verstreut in dem breiten Tale nahe dem Randgebirge hin.

Der Stamm der Mass'aben, der Wadi Behan zum größten Teil bewohnt, war aber mit dem Stamm der Beni Agil, zu dem die Beduinen unserer Karawane gehörten, verfeindet. Welches der Anlaß dazu war, habe ich nicht erfahren; möglicherweise die Tatsache, daß sie Nachbarn waren, was ja auch in zivilisierten Ländern manchmal Grund ist, sich nicht zu vertragen.

Als sich daher die Karawane den ersten Hütten der Mass'aben näherte, bog sie aus und umging die Wohnstätten, leise, ohne ein Wort zu sprechen, um nicht bemerkt zu werden. Erst zwei Stunden später, als es schon dunkelte, machten wir an einem etwas abgelegenen Brunnen halt. Zum ersten Male nach langer Zeit konnte man sich wieder satt trinken an frischem, reinem Wasser – ein unbeschreiblich köstliches Gefühl. Kaum hatte ich mich auf dem rasch hergerichteten Feldbett ausgestreckt, als ich in tiefen Schlaf versank. Aber kurz darauf weckte man mich wieder. Einige der Mass'aben hatten uns entdeckt. Man fürchtete einen Angriff und mußte daher weiter. Nach langem Suchen in der Dunkelheit fanden wir einen Dünenkessel mit hohen, schützenden Rändern, der uns ein gutes Versteck bot. Dort verbrachten wir die restlichen Stunden der Nacht.

In der Frühe des nächsten Morgens wollte die Karawane eiligst weiter, um möglichst bald dieses ungastliche Gebiet hinter sich zu haben. Doch paßte das nicht in meine Pläne. Das Wadi Behan wird von einem Sultan beherrscht, der sein Reich noch zum Hinterland von Aden rechnet, unter dem Schatten einer großen Macht steht und somit vor den damals sehr regen Ausdehnungsbestrebungen des Königs von Jemen geschützt war. Diesen Sultan nun wollte ich besuchen. Dazu hatte ich einen besonderen Grund. Behan, jetzt ein dünnbesiedeltes, halb im Sand ersticktes Land, war einst eine blühende Provinz des sabäisch-hymjaritischen Reichs und gilt heute als eine der wichtigsten Stätten jener alten Kulturreste (Abb. 45, 49). Trotz der wenig freundlichen Gesinnung der Bewohner wollte ich daher nicht unterlassen, diese Ruinen vielleicht etwas näher zu erforschen.

Als ich meine Absicht kundtat, erfolgte zunächst ein längeres Hinundhergerede, das sich nach arabischer Art etwa eine Stunde hinzog. Meine Beduinen lehnten es entschieden ab, sich dem Herrschersitz von Behan zu nähern, da sie fürchteten, man könnte ihnen etwas anhaben. Schließlich, da ich auf meinem Plan bestand, erklärte sich Ambarak bereit, mich allein zu begleiten, da er sich für mein Leben verantwortlich fühlte. Die Karawane wollte inzwischen weiterziehen und uns am nächsten Tage außerhalb des Gebiets von Behan erwarten. Wir ritten indes der Hauptstadt von Behan zu.

Gegenwart und Vergangenheit fanden sich hier auf eine drastische Weise vereint. Vor uns erhob sich ein hoher, breitgewölbter Hügel, der aus den Mauerresten der alten hymjaritischen Königsburg gebildet wurde. Dieser hochberühmte Königspalast war einst der Mittelpunkt der prächtigen alten Bauten von Behan. Hoch oben auf der breiten Kuppe des Hügels lag die Residenz des jetzigen Sultans, nichts als ein roher, schon etwas verfallener Turmbau, der, wie sich später zeigte, im ganzen nur zwei Räume enthielt. Der Sultan von Behan war wohl der ärmste seines Zeichens, den es auf der Welt gibt. Er nährte sich nur von Milch und Brot, da die Beschaffung von Fleisch bereits seine Mittel überstieg. Unten, zur Seite des Hügels, lag eine Ansammlung von Lehmhütten: die Hauptstadt von Behan.

Einigermaßen im Zweifel darüber, welcher Empfang uns bevorstand, ritten wir auf den Schloßhügel zu, ich selbst hoch oben auf dem mit meiner gesamten Habe beladenen Kamel. Nichts regte sich, indes wir hinanstiegen; niemand war weit und breit zu sehen. Plötzlich, als wir schon oben angelangt waren, stürzten etwa dreißig Beduinen, aus der Burg hervorbrechend, auf uns zu. Es waren Soldaten des Sultans, wahrscheinlich seine gesamte Armee, jeder mit Gewehr und Dolch bewaffnet, im übrigen aber recht dürftig bekleidet. Im Nu waren wir umringt, und ein wildes Geschieße begann, begleitet von tobendem Geschrei. Jedoch war bald zu erkennen, daß die Gewehre in die Luft abgefeuert wurden und das Ganze nur ein Freudenschießen bedeutete. Jeder Soldat opferte zu unserer Begrüßung zwei Patronen, was bei der Kostbarkeit dieses unentbehrlichen Existenzmittels in jenen Gebieten immerhin als eine ganz erhebliche Ehrung zu bezeichnen war. Es stellte sich heraus, daß man mich für den Gesandten einer fremden Macht hielt, der mit gebührendem Pomp zu begrüßen war.

Obwohl ich den Irrtum über meine Eigenschaft rasch aufklärte, wurde ich von dem Sultan sehr freundlich empfangen. Er war ein hochbetagter, etwas müder Herr, das Haupt glänzend von dem eingeriebenen Fett und in einen nicht übermäßig königlichen Mantel gehüllt. Ich durfte mich auf dem Ehrenplatz ihm zur Seite niederlassen, und er zeigte sich als ein aufgeklärter Herrscher, der mir, entgegen der Gewohnheit in diesen gegen jeden Fremden feindseligen und zum mindesten mißtrauischen Ländern, sofort auf meine Frage die Erlaubnis gab, nach Belieben zu photographieren oder Aufzeichnungen zu machen, und mir dabei sogar seine Unterstützung zusagte.

Die dreißig Soldaten des Sultans nahmen sämtlich an dem Empfang teil. In dem ziemlich kleinen Raum war jedes verfügbare Plätzchen von einer hockenden und – um es ehrlich zu sagen – schweißtriefenden und nicht gerade nach Rosen duftenden Gestalt besetzt, in notwendig engem Kreis dicht um mich geschart. Dem Brauch gemäß hockte man auf diese Weise mehrere Stunden beisammen, in die Unterhaltung stets würdevolle Pausen einlegend. Zwischendurch wurde den Gästen sehr erfrischende, gesäuerte Milch und etwas Brot gereicht, während auch das Gefolge seine Eßvorräte hervorzog.

Schließlich aber wurde nach diesem langen Empfang jeder einmal müde. Der Sultan rückte etwas näher an mich heran, bettete sein reichlich mit Öl gesalbtes Haupt in meinen Schoß und entschlummerte. Die Soldaten folgten dem Beispiel ihres Herrn, wenigstens soweit es das Entschlummern betraf; und bald hörte man nur noch die tiefen Atemzüge eines eng zusammengedrängten Knäuels bräunlicher Menschenleiber, farbig betupft mit den spärlichen Stücken ihrer Bekleidung.

Nach diesem gemeinsamen Mittagsschlaf machte ich mich auf, um die Ruinen einer längst vergangenen Zeit in Augenschein zu nehmen. Lange stand ich vor dem hochgetürmten Hügel, unter dem die berühmte Königsburg eines mächtigen und glanzvollen Reichs begraben lag, und dachte daran, wieviel Geheimnisse sich wohl unter dem Sand verbergen mochten, die noch der Entdeckung harrten. Der freundliche Sultan hatte mir einen Begleiter mitgegeben, der mich auf die bemerkenswertesten Plätze aufmerksam machte, wo eine Aufnahme besonders lohnend erschien. Meist ragten nur die Grundmauern aus dem Sand hervor. Aber diese wuchtigen, festgefügten Mauern, zwischen denen noch die Einteilung der Innenräume erkennbar war, breiteten sich, Viereck neben Viereck, unterbrochen nur von den größeren Schutthaufen vermutlich einstiger Kult- und Versammlungsstätten, über weite Flächen aus und ließen erkennen, daß hier einst volkreiche Städte gestanden haben. Verwundert fragte man sich, wie es möglich war, daß ein Land, heute wüste und öde und nur einer ganz geringen Zahl primitiver Bewohner kaum das Notdürftigste zum Leben bietend, einstmals – wie die Spuren zeigen – von Menschen wimmelte, die schwelgend in Reichtum inmitten einer üppigen Natur zugleich Schöpfer einer hohen, reichen und kunstvollen Kultur gewesen sind.

Wir wissen, daß gerade hier vom 9. Jahrhundert v. Chr. bis zum 3. Jahrhundert n. Chr. vier große Reiche nacheinander bestanden haben: die Reiche Ma'in, Qataban, Saba und Hadramaut. Über die Jahrtausende hielt sich vor allem der Ruhm einer Stadt, des Heiligtums des Almaqah-Tempels Aum bei Marib. Und Marib war die Hauptstadt des bedeutendsten vorarabischen Reiches Saba. Hier wurden der Mondgott, die Sonnengöttin (Farbt. XI) und der Venusstern verehrt. Der Mondgott hieß Sin oder Ilumquh, und ihm soll das gewaltigste Heiligtum der Hymjariten in Marib geweiht worden sein (Farbt. XII; vgl. auch Abb. 49). Der Mondgott wie die anderen Gottheiten waren Astralgottheiten. Ihnen wurden Tiere und vor allem Weihrauch geopfert.

Am nächsten Morgen, pünktlich mit dem Sonnenstrahl, weckte mich Ambarak. Rasch waren die Kamele beladen, und wir zogen weiter, Ambarak in bester Stimmung, da alles gut abgelaufen war und er nun in kurzer Zeit in seiner Heimat sein würde. Der Sultan hatte mir einen seiner Soldaten, einen Mass'aben-Beduinen, wohl mehr als Ehrengeleit denn als Schutz, bis zur jemenitischen Grenze mitgegeben.

Anfangs ging es wieder bergauf und bergab über die Sanddünen. Dann gelangten wir an einen hohen, breiten Bergrücken, der sich auf viele Kilometer in die Wüste vorschob. Dabei konnte ich eine sonderbare Beobachtung machen. Der Flugsand kam niemals bis unmittelbar an die ziemlich steilen Felsen heran, sondern staute sich in einiger Entfernung davor zu einer hohen, nach den Felsen zu fast senkrecht abfallenden Düne, so daß zwischen dieser und dem Bergrand stets ein schmaler schluchtartiger Graben blieb. Meist ritten wir auf dem Grunde dieses in vielfachen Windungen sich dahinschlängelnden Grabens, wenn wir dadurch auch recht erhebliche Umwege machten. Doch vermieden wir auf diese Weise das ermüdende Übersteigen der Welle auf Welle einander folgenden Dünen.

Jenseits des Bergrückens zeigten sich Dorngestrüpp und die Reste eines Wadi mit einigen stattlichen Area-Bäumen. In ihrem spärlichen Schatten fanden wir das Lager der Karawane. Meine Reisegenossen hatten ihre Gewehre in die Zweige der Bäume gehängt, obwohl wir wieder mit dem Besuch von zwei fremden, schwer bewaffneten Beduinen beehrt waren. Ihr Kopftuch und Ziegenhaarkranz zeigten an, daß sie aus dem nördlichen Arabien stammen mußten. Vielleicht waren es Geächtete. Sobald sie mich entdeckt hatten, wichen sie nicht mehr von meiner Seite. Namentlich der Inhalt meines Gepäcks interessierte sie, und jedes einzelne Stück nahmen sie in die Hände und betasteten es neugierig. Aber es fehlte nachher nichts.

Am Spätnachmittag des nächsten Tages gelangten wir an einen Paß, der von zwei aneinanderstoßenden Gebirgszügen gebildet wurde. Auf seiner Höhe zogen sich zwei parallellaufende Mauern aus mächtigen, zum Teil mit hymjaritischen Inschriften bedeckten Steinen aufgebaut, etwa dreihundert Meter zu beiden Seiten hinab. Man hätte vermuten können, daß es sich um eine frühere Befestigung des Passes handelte. Doch sah die ganze Anlage mehr nach einem Dammbau aus, der vielleicht einst das Wasser gestaut haben mochte, um es von da in die benachbarten Täler zu leiten.

Ich stand auf der Höhe des Passes. Er bildet heute die Grenze. Vor mir lag das Land ausgebreitet, das Ziel, dem alle meine Mühen bisher gegolten hatten, das Land Jemen, das »Glückliche Arabien«.

Eintritt ins verbotene Land

Freudig bewegten Herzens stieg ich den jenseitigen Hang des Passes hinab. Ich befand mich auf dem Boden des Königreichs Jemen. Die lange, beschwerliche Wüstenreise lag hinter mir. Das Wagnis war geglückt, der Eintritt in das verbotene Land, gewissermaßen durch die Hintertür, gelungen.

Gegen Sonnenuntergang erreichten wir das heimatliche Dorf der Beni Agil, meiner Reisegefährten, das etwa zwei Stunden von Harib, der ersten größeren Stadt des Jemen, entfernt liegt. Die Heimkehrenden wurden von Frauen und Kindern mit freudigem Zungenschnalzen begrüßt. Ambarak nahm mich mit in seine Hütte. Sie bestand aus einem einzigen Raum, in dem ich, zusammen mit der ganzen Familie, die Nacht verbrachte. Nach einem sehr notwendigen Rasttage wollte mich Ambarak über Marib direkt nach San'a geleiten. Aber es sollte anders kommen.

Am Morgen des nächsten Tages, den ich, die Ruhe genießend, im Familienkreise meines Führers Ambarak zu verbringen gedachte, erschien der Schech des Dorfes, zugleich Stammesoberhaupt und Gemeindevorsteher, gefolgt von einem Soldaten des Königs. Nach freundlicher Begrüßung setzte sich der unerwartete Besuch zu uns, und die übliche Unterhaltung über dies und das begann. Anfangs hatte ich mir über die Anwesenheit des Soldaten einige Gedanken gemacht, aber das Gespräch zog sich hin, ohne daß etwas Außergewöhnliches geschah.

Nach einer geraumen Weile schien sich der Dorf-Schech verabschieden zu wollen. Jedenfalls erfolgte eine lange Pause, und ich erwartete, daß er sich erheben würde. Statt dessen wandte er sich an mich und erklärte, daß er Befehl bekommen habe, mich zum Amel, dem Statthalter von Harib, zu geleiten. Auf meine Frage nach den Gründen wußte er nichts Näheres zu sagen; nur soviel war zu erkennen, daß er persönlich haftbar gemacht worden war, mich sicher nach Harib zu bringen. Also, was man so sagt, eine vorläufige Festnahme. Erstaunlich war nur, wie rasch der Statthalter in dem zwei Stunden entfernten Harib meine Ankunft erfahren hatte, da ich doch erst spät am Abend zuvor in dem Dorf eingetroffen war. Aber man weiß, daß in jenen Ländern die Nachrichtenübermittlung auf geheimen und nie ganz erkennbaren Wegen fast ebenso geschwind geht wie bei uns durch Draht oder Radio.

Mein Kamel wurde also wieder bepackt, der Schech und sein Begleiter bestiegen ihre Maultiere, und wir ritten los. Unterwegs traf man Soldaten und immer wieder Soldaten. Die Gegend glich fast einem großen Heerlager. Das hatte seine guten Gründe. Das Land um Harib war erst vor einiger Zeit vom König von Jemen, der stets auf die Mehrung seines Reichs bedacht ist, unter großen Schwierigkeiten erobert worden, nachdem die ansässige Bevölkerung, darunter besonders die tapferen Stämme der Garui und Beni Abd, langen und zähen Widerstand geleistet hatten. Nun sollte eine starke Besatzung jedes etwa erneute Aufflackern des beduinischen Freiheitsdranges im Keim ersticken. Damit war aber noch keineswegs Beruhigung eingetreten. Wenige Tage vor meiner Ankunft erst war, wie ich erfuhr, auf den Statthalter in seinem Amtszimmer ein Attentat versucht worden. Es hatte sich eine wilde Schießerei in dem Gebäude entsponnen, wobei ein Soldat getötet und mehrere verwundet worden waren.

Inzwischen hatte unsere kleine Kavalkade immer mehr Zulauf bekommen. Soldaten und Einwohner, die wir unterwegs trafen, schlossen sich uns an und suchten drängend einen Blick auf mich zu werfen. Eine solche Neugier war verständlich, da die Menschen dieser Gegend noch nie in ihrem Leben einen Weißen zu Gesicht bekommen hatten. Als wir uns den hohen Wachtürmen der Stadt Harib (Abb. 55, 56) näherten, war unser Gefolge schon recht stattlich angewachsen. Und in den Straßen selbst schwoll es immer mehr an, so daß wir schließlich wie in einem Triumphzug, freiwillig eskortiert von nahezu einem Regiment Soldaten und umdrängt von Volk, vor der ›Hakuma‹, dem Gerichtsgebäude und zugleich Amtssitz des Statthalters, anlangten.

Und zu ihm wurde ich nun, den Schech zu meiner rechten, den Soldaten zu meiner linken Seite, geführt. Zuerst gelangten wir in eine weite, niedrige Halle, in der ein dämmeriges Halbdunkel herrschte. Auf Matten am Boden lagen viele Soldaten – anscheinend die Leibwache des Statthalters –, die Kaffee tranken, Wasserpfeife rauchten oder Kat kauten. (Von dem ›Kat‹ wird später noch die Rede sein.) Dann ging es eine steile Lehmtreppe mit hohen und niedrigen Stufen hinauf. Oben kam man in einen

Vorraum mit einer Tür, vor der ein riesiger schwerbewaffneter Mann stand. Dieser Türhüter nahm mich in Empfang und geleitete mich in den Amtsraum des Statthalters. Dessen Zimmer hatte nach beiden Seiten Fenster mit richtigem Glas, was für Arabien einen großen Luxus bedeutet. Der ganze Boden war belegt mit schwarzen Ziegenhaarteppichen. An der einen Schmalwand lagen einige Kissen, und auf diesen saßen in der Mitte der Amel oder Statthalter, rechts von ihm ein Offizier und links der Sekretär. Vor sich hatte jeder eine einfache Holzkiste, die als Schreibtisch oder auch als Eßtisch diente, gerade so hoch, daß man sich in hockender Stellung bequem ihrer bedienen konnte.

Der Offizier machte mir höflich Platz und bot mir sein Kissen an, auf dem ich mich niederließ. Dann wurde zunächst gemeinsam Kaffee getrunken, das heißt, ein Aufguß von den Schalen der Bohnen, mit einem Zusatz von Ingwer. In Südarabien, wo der beste Kaffee der Welt wächst – der Name des einstigen Hauptausfuhrhafens ›Mokka‹ beweist das –, herrscht die Gewohnheit, zur Kaffeebereitung niemals die Bohnen selbst, sondern nur ihre äußeren Schalen zu verwenden. Ob das darauf zurückzuführen ist, daß die Kaffeebohne ein viel Geld einbringender Ausfuhrartikel ist und man deshalb lieber die in anderen Ländern wertlosen Schalen zum Getränk verwendet, oder ob diese Sitte auf einer alten Überlieferung beruht, steht nicht fest. Schon bald nachdem der Genuß des Kaffees in Europa bekannt wurde, wies man darauf hin, daß er als Heilmittel verwendet werden könnte, jedoch nicht in unüberlegter Weise. Nach einem deutschen Arzt, Johann Vesling (1598–1649), der einen Anhang zu Prosperos Alpinos ›De Plantis Aegypti‹ verfaßt hat, in die Kaffeeschale kalter, die Bohne heißer Natur. Deshalb sei den Fieberkranken im Sommer ein Dekokt aus den Hüllen (später ›Café à la Sultane‹ genannt), im Winter aber aus den Bohnen hergestellter Kaffee zu verabreichen. Dementsprechend bereitet man auch in den heißen Ländern Arabiens und in Ägypten den Kaffee aus den Schalen und nur im Winter gelegentlich aus den Bohnen.

Der Statthalter zeigte sich sehr erstaunt, daß es mir gelungen war, vom Innern, von der Wüste her bis nach Jemen vorzudringen. Etwas Derartiges hatte man noch nie erlebt. Immer wieder fragte er, und ich mußte erzählen, wie ich es fertiggebracht hätte. Auf seinem Gesicht stand deutlich der Gedanke zu lesen, was doch diese Europäer für sonderbare Menschen sind. Übrigens war er noch nie mit einem Exemplar dieser Gattung zusammengetroffen. Da er immer noch zögerte – wenigstens schien es mir so –, ob er mir die Erlaubnis zur Weiterreise geben sollte, wies ich ihm meinen Paß vor und zeigte ihm die Eintragung aus Hodeida von meiner letzten Reise, woraus er entnehmen konnte, daß ich bereits einmal im Jemen gewesen war.

»Dann wäre ja alles in Ordnung«, meinte der Amel Kochlani, wie er hieß, »morgen kannst du weiter nach San'a.«

Voll Freude über die erteilte Genehmigung suchte ich nach einem passenden Dankeswort, um schleunigst dem Gesichtskreis der Staatsautorität zu entschwinden. Doch ehe ich noch dazu kam, begann der Amel Kochlani von neuem und sagte: »Aber du wirst uns nun auch den Brief des Imâm zeigen, der die Einreise nach Jemen gestattet.«

Darauf erklärte ich mit eifriger Rede, daß es solchen Briefes gar nicht bedürfe. Ich wäre dem Imâm gut bekannt und hätte überhaupt viele Freunde in San'a. »Man wird sich direkt freuen, mich dort wiederzusehen«, schloß ich.

»Nun, wir werden sehen.« Damit war die Audienz beendet. Zwei Soldaten geleiteten mich – ins Gefängnis.

Die für mich bestimmte Zelle war ein ziemlich großer Raum mit sechs Fensterchen oder mehr Luken dicht über dem Boden, ohne Glas und nur mit Holzläden zu schließen. Immerhin schien man zu wissen, was man einem Europäer schuldete. Denn als ich vor der Tür anlangte, wirbelten mir dichte Staubwolken entgegen. Zwei Mann waren eifrig beschäftigt, die Örtlichkeit zu säubern, indem sie den angesammelten Schmutz einfach herauskehrten, was jedoch nur unvollkommen gelang. Darauf wurden einige schon stark abgenutzte Teppiche auf den Boden gebreitet und einige nicht mehr ganz saubere Kissen an der Wand aufgeschichtet. Man brachte mein Gepäck hinein, und dann blieb ich mir selbst überlassen. Doch war ich wenigstens nicht ohne Gesellschaft. Ein Wachsoldat quartierte sich bei mir ein und wich Tag und Nacht nicht mehr von meiner Seite. Verließ er einmal den Raum, schloß er die Tür von außen ab; ich wiederum durfte nicht den kleinsten Gang ohne seine Begleitung machen. Es war ein schon betagter Soldat mit Namen Mohammed Nahsser, der außer in jemenitischen auch in italienischen und englischen Diensten gestanden hatte. Er war also mit der westlichen Welt schon in Berührung gekommen, und darum wahrscheinlich hatte man ihn mir als Wächter zugeteilt.

Ich hatte keine Ahnung, was man über mich beschlossen hatte. Am ersten Tage besuchte mich ein Offizier, der anscheinend die Oberaufsicht über meine Haft hatte. Er erwies sich als ein freundlicher und zutunlicher Mann; und als ich ihn im Lauf der Unterhaltung fragte, wie lange man mich hier festzuhalten gedächte, versicherte er mir mit orientalischer Lebhaftigkeit, das wäre eine Sache von ein bis zwei Tagen allerhöchstens, dann würde man mir die Weiterreise gestatten, ganz gewiß. Nun gut, dachte ich; die Strapazen der Reise hatten mich derart mitgenommen, daß es mir schließlich nicht unwillkommen war, einige Nächte, wenn auch unfreiwilligerweise, ausschlafen zu können. Aber auch damit wurde es nichts Rechtes. Sobald es dämmerte, schloß mein Stubengenosse die Holzläden sämtlicher Fenster fest zu, und dabei blieb es bis zum nächsten Morgen. Nun herrschte in Harib zu dieser Junizeit eine fürchterliche Hitze, und die ganze Glut des Tages hatte sich in dem nicht sehr hohen Raum angesammelt, während die gelinde Abkühlung der Nacht nicht eindringen konnte. Es war daher schlechthin unmöglich, in diesem Backofen Ruhe zu finden, ganz abgesehen von dem Kleingetier, das sich die willkommene Einquartierung zunutze machte. Der Soldat erklärte, er hätte strengen Befehl, die Läden nachts geschlossen zu halten. Erst auf näheres Befragen erfuhr ich, daß man sowohl befürchtete, ich könnte entweichen – die Fensterluken waren gerade so groß, daß sich zur Not ein mittelgroßer Hund durchzwängen konnte –, als auch besorgte, die Beduinen könnten sich in der Dunkelheit an

das Amtsgebäude heranschleichen und durch die offenen Fenster in den Raum hinein-
schießen. Das war ein beliebter Sport bei ihnen, um ihren Unwillen gegen die militärische Besatzung ihres Landes kund zu tun.

Auf meine Vorstellungen erlaubte man mir, oben auf dem Turm der Hakuma, des
Gerichtsgebäudes, zu schlafen. Dort war ich jedenfalls gut bewacht, denn als ich hin-
aufkam, hatten sich auf der nicht gerade sehr großen Plattform bereits an die dreißig
Soldaten für die Nacht versammelt, in deren Mitte ich nun mein Lager aufschlug.
Meine nächtlichen Genossen hockten auf ihren Decken, unterhielten sich oder aßen von
den mitgebrachten Vorräten; wer müde wurde, streckte sich aus und schlief eine Weile.
Dortzulande kennt man nicht die geregelte Ordnung zwischen Tätigkeit und Ruhen,
Wachen und Schlafen. Nur wo Gelegenheit oder Notwendigkeit es erfordern, tritt eine
volle Anspannung, ein hellstes Wachsein ein. Sonst geht Tag und Nacht das Leben in
dem gleichen verhaltenen Rhythmus weiter, wobei sich alle deutlichen Unterschiede
verwischen, alle Grenzen verfließen.

Unten am Fuß des Turmes hatten sich ganze Haufen halbwilder Hunde versammelt
und zankten sich um die Speisereste, die ihnen die Soldaten hinunterwarfen. Die
Nachtmusik ihres Heulens und Jaulens hörte nicht auf; es sei denn, daß sie plötzlich
mit wütendem Gekläff und Gebell davonjagten, um mit wildem Kampfgetöse ein
Rudel Schakale zu verjagen, die sich in der Dunkelheit auf Nahrungssuche in die Stadt
gewagt hatten.

Vorn am Ausguck hinter der hohen Brüstung des Turmes hockte der wachhabende
Soldat. Alle fünf Minuten stieß er einen gellenden, raubtierartigen Schrei aus. Vom
nächsten Posten wurde der Ruf aufgenommen und ging so von Turm zu Turm rings
um die ganze Stadt. Manchmal riefen alle zu gleicher Zeit, und dann wurde es zu
einem ohrenbetäubenden Gebrüll. Damit sollte bekundet werden, daß die Posten nicht
eingeschlafen waren. Wem es dennoch geschehen war, der wachte unweigerlich auf.
Um in dieses schließlich etwas eintönige Konzert von Tier- und Menschenstimmen
etwas Abwechslung zu bringen, stiegen zu bestimmten Stunden der Nacht Musikanten
mit Metalltrommeln und Trompeten auf die Brüstung. Erst rasselten etwa eine halbe
Stunde die Trommeln, und dann setzten die Trompeten in höchstem Diskant ein. Diese
kriegerische Musik diente gewissermaßen zur Beruhigung der Bewohner von Stadt und
Umgebung und sollte ihnen anzeigen, daß sie unter der wachsamen Obhut der Soldaten des Königs sicher und ungestört schlafen könnten. Mit dem ›ungestört‹ war das
so eine Sache. Jedenfalls wählte ich nach dieser Probe das kleinere Übel und zog es in
Zukunft vor, nachts in meiner Zelle zu bleiben.

Am dritten Tage besuchte mich wieder der freundliche Offizier mit dem hennagefär-
ten Bart, diesmal aber ganz Kummer und Betrübnis. Er teilte mir mit, daß es mit
meiner Abreise vorläufig nichts werden würde. Man wollte erst meinen Paß nach San'a
schicken und beim König anfragen, was man mit mir machen sollte. Sie würden, erklärte er mir, Kopf und Kragen riskieren, wenn sie mich ohne ausdrückliche Erlaubnis
des Königs weiterreisen ließen.

So war also meine Gefangenschaft auf unbestimmte Zeit verlängert, denn es konnte Wochen dauern, bis der Bote wieder zurück war. Immerhin behandelte man mich mit aller Rücksicht und schien auch in der Verpflegung zeigen zu wollen, daß man etwas von den Gewohnheiten der europäischen Küche verstand. Mittags erhielt ich Huhn mit Reis und abends Reis mit Huhn. Das ging so Tag für Tag ohne Unterbrechung weiter. Nachher dauerte es eine ganze Weile, bis ich ein Huhn auch nur von weitem ohne Widerwillen erblicken konnte.

Das Gerichtsgebäude, in dem ich nun die nächsten Wochen zubringen sollte, war zugleich Gefängnis, Krankenhaus und sonderbarerweise auch Vergnügungsort und Erholungsstätte der Offiziere der Garnison. Wenn ein Soldat erkrankte, brachte man ihn in das Gefängnis, und dort blieb er so lange, bis er gesund wurde oder auch nicht. Der gewöhnliche Aufenthaltsort der Gefangenen und Kranken war der große viereckige Hof, wo sie den Tag über herumlagen oder -hockten. Am Nachmittag fanden sich dann die Offiziere ein und ließen sich zwischen den Soldaten nieder. Gegen fünf Uhr war meist alles versammelt, denn das war die Stunde des Kat, die dort ebenso heilig gehalten wird wie etwa in westlichen Ländern die Stunde des Nachmittagstees (Abb. 59). Kat ist ebenso unentbehrlich für das Dasein des Südarabers wie der Koran (Farbt. XV). Es ist ein Rauschgift, aber der Jemenite nennt es sein Lebenselixier. Der Kat-Genuß ist im ganzen Volk verbreitet; Männer, Frauen und Kinder huldigen ihm fast ohne Ausnahme, vom König oder Sultan an bis herab zum ärmsten Bettler, sofern dieser genug Münzen beisammen hat, um sich den kostbaren Stoff zu kaufen. Man sagt, der Jemenite könnte wohl mehrere Tage hungern, aber nicht einen Tag ohne Kat existieren.

Die Kat-Pflanze (Catha edulis), von der das Kat gewonnen wird, ist ein kleiner, blütenloser Strauch mit saftigen hellgrünen Blättern. Sie wird in den Gebirgsregionen des Hoch-Jemen angebaut, und die Pflanzungen sind fast ebenso ausgedehnt wie die Kaffeeplantagen, obwohl Kat nur für den Bedarf im Lande bestimmt ist, nicht zur Ausfuhr. Die zarten Zweige werden sorgfältig abgeschnitten, bündelweise in saftige Bananenblätter oder Stroh eingewickelt und fest verschnürt, damit sie frisch bleiben. So kommen sie in den Handel. Natürlich kennt man auch sehr feine Abstufungen in Geschmack und Güte, wie bei uns etwa beim Wein. Die berühmteste Sorte ist das Bukhari-Kat, aus der Landschaft gleichen Namens stammend, das aber nur für die Wohlhabendsten erschwinglich ist.

Zur Kat-Stunde versammeln sich die Freunde und Bekannten des Hauses. Der Sklave bringt feierlich eine Anzahl zusammengeschnürter Bündel und legt sie vor dem Hausherrn nieder. Dieser öffnet die Bündel, prüft den Inhalt auf seine Beschaffenheit und verteilt ihn an seine Gäste. Dabei wird ihnen aber ihr Anteil nicht überreicht, sondern nach alter Sitte zugeworfen, und zwar so viel, wie jedem nach Rang und Würde in der Meinung des Hausherrn zusteht. Im Jemen sagt man von einem, der sehr arm ist: »Nie hat er jemandem ein Bündel Kat zugeworfen.«

Nach der Verteilungszeremonie beginnt das Kat-Essen. Die Blätter werden vom Stiel gelöst, in den Mund geschoben und zusammen mit etwas Asche zerkaut. Das dauert eine ganze Weile, und alles sitzt mit geschwollenen Backen da. Dann wird der grüne Brei hinuntergeschluckt, der Rest der Stengel ausgespuckt, etwas Wasser oder Kaffeeschalenaufguß nachgetrunken und mit einem »Gott sei's gedankt«, wie es die Sitte verlangt, dieser erste Akt beendet, worauf man sich an die zweite Portion macht. In den besseren Häusern bedient man sich flacher Spucknäpfe aus Messing. Es soll sogar einen Sultan geben, bei dem dieses Gefäß aus purem Golde ist.

Ein Philosoph aus dem Jemen äußerte sich über das Kat: »Es ist eine der Wohltaten Allahs. Wir kauen es und gewinnen unsere Kraft zurück. Auch ein wenig ›Khef‹ (was etwa mit Gemütsstille wiederzugeben ist) verschafft es uns, nicht so, wie es der Wein tut, sondern körperliche Ruhe und geistige Befriedigung, wie wir sie sonst nicht fühlen, außer natürlich durch die Religion. Wenn du matt bist wie eine verdurstete Pflanze, so nimm ein wenig Kat, und alle deine Frische und Energie wird zurückkehren. Nein, es ist kein Aphrodisiakum – im Gegenteil. Wer fern ist von seinem Weibe, der nimmt Kat, um seine Treue zu festigen.«

Zweifellos hat das Kat eine anregende und zugleich beruhigende Wirkung, so als ob es Koffein und Morphium enthielte. Es verursacht keinen Rausch wie Alkohol, noch schwere Dämmerzustände wie Opium oder Haschisch. Der Geist wird eher freier und regsamer und die Lust zur Tätigkeit erhöht. Die Jemeniten behaupten, ohne Kat könnten sie keine vernünftigen Geschäfte abschließen; und auch die Kinder fürchten, in der Schule nichts leisten zu können, wenn sie nicht vorher von dem Zauberkraut genossen haben.

Der Überlieferung nach soll die Entdeckung des Kat einer Ziege zu verdanken sein. Einst beobachtete ein Hirt, daß eine seiner Geißen öfter ohne jeglichen Grund sehr vergnügt wurde, herumtanzte und die lustigsten Sprünge machte. Er ging der Sache nach und entdeckte, daß seine Ziege jedesmal diese Fröhlichkeit zeigte, wenn sie sich an den Blättern eines etwas stechenden Krautes gütlich getan hatte. Er versuchte selbst die Blätter und fand sich danach ebenso heiter wie die Ziege. Darauf eilte er nach der Stadt zurück und traf zuerst einen Dichter, dem er die Entdeckung mitteilte. Dieser ging mit hinaus zu den Hügeln und fand nach einer Probe die Erzählung des Hirten bestätigt. Selbstlos, wie Dichter sind, wollte er sein Wissen nicht für sich allein behalten. Er nahm ein Bündel Zweige, brachte sie in die Stadt und dichtete die herrlichsten Verse auf die »smaragdenen Blätter« des »himmlischen Krautes«. Und so begann im Jemen – es mag vor mehr als vierhundert Jahren gewesen sein – der Genuß des Kat. Aber er ist allein auf den Jemen beschränkt geblieben; schon im benachbarten Hadramaut ist dieses Genußmittel unbekannt.

Fraglos ist das Kat-Essen auf die Dauer gesundheitsschädlich. Es lähmt allmählich die normalen Körperfunktionen und zerrüttet den Organismus. Schon von weitem erkennt man den Kat-Süchtigen an dem verblödeten Gesicht und den hervortretenden Augen (Abb. 58). Auffallend ist auch, daß der Körper die Widerstandskraft gegen tropische Seuchen, wie Typhus und Ruhr, verliert. Wenn die Menschen im Jemen oft einen degenerierten und schwächlichen Eindruck machen, so ist das wohl auf dieses allgemein verbreitete Volksübel zurückzuführen. Es wird daher nicht wundernehmen, wenn die jemenitischen Soldaten, sämtlich eifrige Kat-Esser, den kraftvollen Kriegern des großen Königs Ibn Sa'ud nicht gewachsen sind.

Während meiner Gefangenschaft fehlte es mir auch nicht an Beschäftigung. Ich hatte einige Arzneimittel bei mir, mit denen ich hie und da einem Kranken ein wenig helfen konnte. Das hatte sich sehr rasch herumgesprochen, und wenn ich nun morgens mein Zimmer öffnete, fand ich den Gang stets angefüllt mit wartenden Patienten. So kam es denn zu einer täglichen ›Sprechstunde‹, die sich oft bis gegen Mittag hinzog. Die Menschen dort hatten nie irgendwelche ärztliche Hilfe gehabt und waren glücklich, daß ich ihnen Medikamente geben konnte.

Ein in diesen Gegenden sehr verbreitetes Übel sind Augenkrankheiten, meist schwere Bindehautentzündungen. Oft waren die Augen so geschwollen, daß die Betroffenen sie kaum zu öffnen vermochten. Mit Atropin konnte ich meist etwas Linderung verschaffen. Diese Augenerkrankungen sind auf die häufigen Sandstürme zurückzuführen. Regelmäßig jeden Tag gegen zwölf Uhr verdunkelte sich der Himmel. Dann kamen, vom glühenden Wind getragen, riesige Staubwolken von der großen Wüste, der Rub' al Khali, herangefegt. In wenigen Augenblicken war die Stadt wie von einem bräunlichen Mantel umhüllt, und das Tageslicht schwand dahin. Es war unmöglich, sich vor dem äußerst feinen Sand zu schützen. Er drang durch Ritzen und Fugen der rasch geschlossenen Fensterläden, überdeckte alles mit einer Staubschicht und setzte sich in Mund, Nase und Augen fest. Diese schreckliche Zeit des Tages dauerte gewöhnlich ein bis zwei Stunden. Die Nachbarschaft der Wüste ist immer eine Geißel für den Menschen. Die Wüste ruht nicht, sondern schickt unermüdlich ihre Sandmassen vor, als hätte sie nur das eine Bestreben, alles Werk von Menschenhand zu vernichten. Die Pflanzungen und Kulturen gegen diese zähe und nie erlahmende Gewalt der Wüste zu verteidigen, dazu gehören ein Fleiß und eine Ausdauer, wie man sie nach der üblichen Anschauung den Bewohnern tropisch-heißer Gegenden nicht zuzubilligen geneigt ist.

Schlimmer noch als die Augenkrankheiten sind die vielen offenen Geschwüre an Füßen und Beinen, woran besonders die Soldaten leiden. Diese gehen immer barfuß, so daß bei jeder geringen Verletzung die Gefahr der Infektion droht. Entsteht dann eine Wunde, so wird sie mit irgendeinem alten Lappen flüchtig verbunden, so daß Schmutz und Staub immer wieder eindringen können. Wird die Wunde immer größer, dann läßt man das Verbinden überhaupt sein, da es dann anscheinend keinen Zweck mehr hat. Gegen Schmerzen scheint man ziemlich unempfindlich zu sein. Ich entsinne mich im besonderen eines Soldaten, der an Lepra litt und außerdem an den Beinen große offene Geschwüre hatte. Ich wusch ihm die Wunden täglich aus und erneuerte die Verbände. Das muß ziemlich weh getan haben, aber der Kranke kümmerte sich kaum um die Behandlung, sondern fuhr gleichmütig und etwas gelangweilt fort, sich die Läuse aus den Kleidern zu suchen.

So hatte ich mich denn allmählich mit meinen Gefängnisgenossen, seien es Kranke oder Häftlinge, gut angefreundet. Man nahm sogar lebhaften Anteil an meinem Geschick, und oftmals stieg ein Soldat auf den Turm hinauf, um Ausschau zu halten, ob der Bote aus San'a noch nicht zurückkäme. Aber das sollte noch eine ganze Weile dauern.

Ich lernte so ziemlich die ganze Garnison von Harib kennen, denn fast jeder Soldat hatte einmal längere oder kürzere Zeit im Gefängnis zugebracht. Eine solche Strafe galt in keiner Weise für entehrend, gab sogar oft erwünschte Gelegenheit, für einige Tage oder auch Wochen den Strapazen des Dienstes zu entgehen und sich gründlich auszuruhen. Für jedes Vergehen, ob leichter oder schwerer Natur, wurde Gefängnis verhängt, so zum Beispiel auch, wenn man einen Befehl nicht richtig ausgeführt hatte oder etwa einer Dorfschönheit zu nahe getreten war. Jeder Ankömmling wurde an den Beinen gefesselt (Abb. 57). Offene eiserne Ringe, an einer langen Kette befestigt, wurden über die beiden Fußgelenke geschoben, dann legte der Gefangene das Bein auf einen großen Stein, und der Wärter schlug mit einem Hammer das Eisen zusammen. Nach dieser Willkommensprozedur blieben dann die Häftlinge innerhalb der Mauern gänzlich sich selbst überlassen. Meist ruhten oder schliefen sie in irgendeinem schattigen Winkel, bis dann die vergnügliche Nachmittagsstunde herangekommen war, alles sich im Hofe versammelte, die Offiziere erschienen, die Tagesereignisse besprochen wurden, die Soldaten ungeachtet ihrer Fesseln die schwermütigen, altarabischen Tänze vorführten und, als Höhepunkt des Ganzen, das allgemeine Kat-Essen begann. Wenn dann die Stunde der Befreiung schlägt und der Gefangene der Fesseln entledigt werden soll, steckt man eine hölzerne Stange zwischen Klammern und Fußgelenk und biegt auf diese Weise das Eisen auseinander, ein vermutlich schmerzhaftes Verfahren.

Sehr eigentümlich ist auch die Art, wie man einen des Diebstahls Verdächtigen überführt. Dazu dient ein kleiner geschliffener Halbedelstein, Agig genannt, der durch Besprechung magische Kräfte erhalten hat. Ein solches Amulett trägt dort fast jeder bei sich, entweder in einem Lederbeutel oder an einer Schnur um den Hals. Der Beschuldigte muß nun seine Hand ganz dicht über den kleinen Stein halten; wird dieser von der Hand angezogen, so ist er des Diebstahls überführt, wenn nicht, so ist er unschuldig. Man könnte fast auf den Gedanken kommen, das Schuldbewußtsein verursache in dem Betreffenden eine so starke Erregung, daß die dadurch erzeugte Wärme oder auch elektrische Strahlung das Stückchen des besonders gearteten Steins anzöge. Dieser Agig in Form eines Amuletts dient eigentlich als Schutzmittel gegen Skorpione, die dort in großer Zahl vorkommen. Ich habe selbst gesehen, wie Bewohner, die einen solchen Stein trugen, sogar die großen und höchst gefährlichen schwarzen Skorpione, deren Stich unter Umständen tödlich sein kann, ruhig in die Hand nahmen, ohne daß ihnen das Tier etwas tat.

Nach einer Woche etwa gab man mir die Erlaubnis, Spaziergänge in die Stadt zu machen, allerdings nur unter steter Bedeckung von drei schwerbewaffneten Soldaten. Daß mir gleich drei Mann zur Bewachung beigegeben wurden, diente wohl weniger dazu, mich am Entweichen zu hindern, als die Soldaten selbst vor Überfällen der Bewohner zu schützen. Denn das Verhältnis zwischen Militär und Bewohnerschaft war nicht sehr freundlich, sondern eher das Gegenteil. Bei der kürzlichen Eroberung des Landes war alles, was nur den geringsten Widerstand geleistet hatte, einfach niedergemacht worden. Dafür rächten sich die stolzen Beduinen, die bisher niemals das Joch eines über ihnen stehenden Herrn zu ertragen gehabt und sich sozusagen selbst regiert hatten. Wenn sie einen Soldaten des Königs einzeln oder bewaffnet trafen und die Gelegenheit günstig war, wurde er kurzerhand ins Jenseits befördert. Dazu kam noch, daß die starke Garnison zu einer wahren Landplage für die Bevölkerung wurde. Die Soldaten bekamen nur das nötige Mehl zum Brotbacken geliefert und ein paar Pfennige Sold täglich, wofür sie sich alles andere zu kaufen hatten. Das Geld benutzten sie meist, um sich das begehrte Kat zu verschaffen. Was sie sonst noch nötig hatten, wurde von den nicht eben mit Glücksgütern gesegneten Bewohnern dieses Landstriches entnommen oder beigetrieben. Das alles trug nicht dazu bei, dem König von Jemen die Herzen seiner neu erworbenen Untertanen zu gewinnen.

Bei meinen Spaziergängen, die ich oft zu weiten Erkundungsvorstößen in die Umgebung von Harib ausdehnte, traf ich auf mannigfache Spuren der sabäisch-hymjaritischen Kulturepoche. Man staunt immer wieder über Zahl und Umfang der Städte, die einst ein wohlhabendes und kunstsinniges Volk beherbergten (Farbt. X). Merkwürdiger aber noch sind, gerade in diesem Zusammenhang, die heutigen Menschen dieses abgelegenen und kaum bekannten Landstrichs. Die Gegend von Harib – eigentlich nur ein breites, einigermaßen fruchtbares Tal, begrenzt auf beiden Seiten von der Wüste, mit den im Sande versunkenen Ruinen aus alter Zeit – wird hauptsächlich von zwei Stämmen bewohnt, den Beni Garui und den Beni Abd. Die Garui sind von tiefdunkler, ins Bläuliche schimmernder Hautfarbe. Ihr schwarzes, gelocktes Haar wird auf eine eigentümliche Weise hergerichtet, die anscheinend auf einer sehr alten Tradition beruht und die man sonst in Arabien nicht findet. Sie tragen den Kopf kahlgeschoren bis auf einen kleinen Büschel in der Mitte und je einen kleinen Schopf vorn an der Stirn und hinten im Nacken. Die Beni Abd, ein wenig heller, haben glatteres Haar (Abb. 60). Ihr Typus ist ungewöhnlich für Arabien. Sollte man einen solchen Menschen einordnen und wüßte nicht, woher er stammt, würde man ihn für einen Inder halten. Diese beiden Stämme haben sich von jeder fremden Blutzumischung rein erhalten. In ihrem Gang, ihrer Haltung und ihren Gesten liegt etwas Adliges, und das macht sich schon bei den Kindern bemerkbar. Sie bewahren stets eine freie Würde und stolze Vornehmheit, was etwas ungemein Anziehendes hat und sie auch da gefällig erscheinen läßt, wo sie von unseren Gewohnheiten abweichen, so, wenn sie zum Beispiel den Reis mit den Fingern essen.

Ihre Frauen sind nicht so strenger Klausur unterworfen, wie es bei mohammedanischen Völkern sonst die Regel ist (Abb. 30). Ich konnte oftmals in ihren Häusern mit den Familienmitgliedern beiderlei Geschlechts zusammensitzen, was in anderen Teilen Arabiens ausgeschlossen wäre. Allerdings hatte ich ihr Vertrauen gewonnen durch meine Arzneimittel, die gerade auch bei den Frauen sehr begehrt waren. Diese tragen dort lange schwarzblaue Gewänder und ein gleichfarbenes Kopftuch, das von einem roten, mit Silber verzierten Band gehalten wird. Überhaupt ist ihr Silberschmuck ungemein reich: schwere Gehänge um den Hals, breite Reifen an den Armen und Fußgelenken, Ringe an den Fingern und Zehen.

Die Garui und auch die Abd haben die Eigentümlichkeit, daß sie völlig abgeschlossen leben und niemals über die Grenzen ihres Gebiets hinauskommen oder, besser gesagt, hinauskommen wollen. Den Verkehr mit der Außenwelt, den sie anscheinend für unter ihrer Würde halten, überlassen sie den Stämmen der Beni Agil, zu denen auch meine Reisebegleiter gehörten. Dabei sind jene beiden Stämme sehr geschickt in der Teppichweberei. Sie stellen hauptsächlich schwarze oder schwarzrote Teppiche aus Ziegenhaar und Schafwolle her, die in ganz Südarabien berühmt sind und von den Agil auf die Märkte außerhalb von Harib gebracht werden.

Die Garui bewohnen auch das zwei Tagereisen entfernte Marib. Ob sie die letzten noch übriggebliebenen Reste der alten Sabäer sind, kann höchstens vermutet werden. Aber da sie sich so deutlich von dem eigentlichen arabischen Typus unterscheiden und sich anscheinend schon seit Jahrhunderten abgesondert gehalten haben, ist der Gedanke nicht ganz von der Hand zu weisen.

Neben der Teppichweberei ist Harib ein Hauptplatz Südarabiens für die Indigobereitung (Abb. 61, 62). Das ist ein sehr schwieriges und mühseliges Verfahren. Der Indigo wird aus dem Samen eines kleinen grünen Strauchs gewonnen. Vor der Stadt befinden sich große festgetretene Plätze, auf denen der eingesammelte Samen am Abend aufgehäuft wird. Früh am nächsten Morgen, kaum daß die Sonne aufgegangen ist, geht man an die Zubereitung des Samens, der mit hölzernen Schlegeln gedroschen und dann gesiebt und zerkleinert wird. Der kleine, schwarze Samen kommt dann in große, offene Tonkrüge mit Wasser. Hier oxydiert der Indigo an der Luft zu einer dunkelbraunen Flüssigkeit. Aber diese Art Gärungsprozeß darf nur wenige Stunden dauern. Gerade zu Mittag, wenn die Sonne am höchsten steht, tritt jeder an seinen Krug, und dann wird die Flüssigkeit unter rhythmischem Gesang mit einem hölzernen Quirl bearbeitet. Mit dem so gewonnenen Farbstoff werden die Baumwolltücher gefärbt, die dann zu Kleidungsstücken verarbeitet werden. Nun hat aber der Indigo die Eigenschaft, abzufärben, so daß allmählich die Haut eine bläuliche Tönung annimmt. Das wird aber nicht als Nachteil empfunden, im Gegenteil, man hilft noch nach, indem man den Körper direkt mit der Farbe einreibt. Auf diese Weise kommt es dann vor, daß viele Bewohner jener Gegend die prächtige schwarzblaue Hautfarbe haben, so daß man fast von ›blauen Arabern‹ sprechen kann.

23 Sanitäre Anlagen an einem Wachtturm in Hadramaut

 22 In Hadramaut ist jedes Haus eine kleine Festung
24 Festungsartige Häuser in Hadramaut

25, 26 In Schibam sind die Häuser so dicht aneinander gebaut, daß sie einen einzigen zusammenhängenden, festungsartigen Häuserkomplex bilden

27 Deckenkonstruktion im Innern eines Hadramauter Hauses

28 Geschnitzte Haustür, ein Meisterwerk Hadramauter Handwerkskunst

30 Die Frauen und Mädchen der Beduinen gehen unverschleiert, die Frauen der Städter dagegen tragen
Schleier ▷

29 Zum Trocknen an der Luft ausgelegte Lehmziegel, aus denen die Hadramauter Häuser gebaut sind

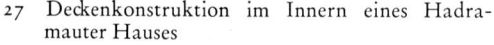

33 Friedhof vor einer Moschee in Saiwun

◁ 32 Blick auf den Sultanspalast von Saiwun

◁◁ 31 Der Palast des Sultans von Saiwun

34   Der weiße Palast der Familie der Sayed al Kaf in Saiwun

37   Jeder Beduine Südarabiens ist ein Krieger. Seine Waffen trägt er ständig bei sich ▷

35, 36   Der Bart ist der Stolz eines jeden Mohammedaners, er wird besonders gepflegt

39 Seßhafte Beduinen der Grenzfeste Harib
◁ 38 Die Kamele werden in einer Oase getränkt

41 Meine Karawane bei der Rast
◁ 40 Mein Karawanenführer Ambarak mit einem Beduinenmädchen
42 Lagerplatz der Beduinen an der alten Weihrauch-Straße

43 Mein Beduine Salim mit Ali und den drei Kamelen auf einer Rast auf dem Wege nach Shabwa

44 In den trocknen Wadis gibt es immer einige Dornsträucher, ein wichtiges Feuermaterial

Auf dem Dach Arabiens

Als ich eines Morgens – es waren inzwischen drei Wochen verstrichen – in den Hof hinunterstieg, war ich sehr bald von Gefangenen und Kranken umringt, die mir mit freudigen Gesichtern mitteilten, daß der Bote aus San'a am Abend zuvor zurückgekehrt sei und, wie es heiße, gute Nachricht gebracht habe.

Gegen Mittag erschien dann auch Sayed Kochlani, der Statthalter, in eigener Person und verkündete mir offiziell und ebenfalls sehr erfreut, daß ich die Erlaubnis hätte, zum König nach San'a zu reisen. In welcher Form die Reise vonstatten gehen sollte, verschwieg er mir zunächst.

Erst später erfuhr ich, daß der König den Weg, den ich nehmen durfte, genau vorgeschrieben und außerdem befohlen hatte, daß mir drei Mann zur Bewachung mitzugeben wären. Mit meiner Freiheit sah es also noch recht mißlich aus.

Der nächste und gebräuchlichste Weg nach San'a führt über Dschuba, das etwa zwei Tagereisen von Harib entfernt liegt. Nach Dschuba hatte der König gerade größere Truppenmassen geschickt, um gegen irgendeinen unbotmäßigen Beduinenstamm zu Felde zu ziehen. In derartige militärische Unternehmungen darf aber kein Fremder Einblick nehmen, und so war mir dieser kürzeste und bequemste Verbindungsweg verschlossen. Ein zweiter Weg führte über Marib; er wäre mir natürlich der liebste gewesen und hätte auch meinem ursprünglichen Plan entsprochen. Aber dem stand ein fast noch ernsteres Hindernis im Wege. Der König ist einer Erforschung seines Landes im höchsten Grade abgeneigt, auch da, wo es sich lediglich um Altertümer handelt. Das Interesse für halb im Sande begrabene Ruinen und unleserliche Inschriften hält er nur für einen Vorwand, sein Land auszuspionieren, und er würde nie davon zu überzeugen sein, daß man bei Aufzeichnungen oder photographischen Aufnahmen nur auf Dokumente einer vergangenen Zeit bedacht sei. Er meint, wenn er den Eintritt in sein Land freigäbe, würden unter dem Deckmantel des Forschers auch allerlei andere weniger selbstlose Interessenten über die Grenzen strömen; der Jemen würde dann sehr bald ein Objekt werden, das man »aufschließen«, der »modernen Zivilisation zugänglich machen« und »wirtschaftlich heben« wolle, und dem fremden Ingenieur oder Finanzmann würde schließlich auch der fremde Schutzherr nachfolgen. Nach den Vorgängen in gewissen anderen exotischen Ländern mag der König vielleicht nicht so ganz unrecht haben.

Wie dem nun auch sei, jedenfalls sind gerade die Hauptplätze der alten sabäischen Kultur, wie Marib und andere, nicht nur jedem Fremden, sondern auch jedem nicht aus dem Jemen stammenden Mohammedaner aufs strengste verschlossen. Ich kannte diese Meinung des Königs, und daher war es ein großes Wagnis von mir, von einer vom König sicher ganz unerwarteten Seite, nämlich direkt von der Wüste her, in das sabäische Gebiet einzudringen. Das Einfachste und Nächstliegende wäre es freilich gewesen, mich von Harib aus über die nahe Grenze auf dem Wege, den ich gekommen war, wieder aus dem verbotenen Lande hinauszuwerfen. Aber der König kannte seine Europäer. Denn dann hätte ich, wenn ich abgeschoben worden wäre, bestimmt an anderer Stelle von neuem versucht, in das jemenitische Gebiet einzudringen. Um das zu vermeiden, sorgte er dafür, daß ich zunächst in seine Obhut nach San'a gebracht wurde.

Der Weg, den ich zu nehmen hatte, besaß immerhin den Vorteil, daß er durch einen bisher noch unbekannten Teil des Jemen führte, aber er war weit und galt auch als sehr beschwerlich. Jedenfalls versicherten mir das die Offiziere, als sie, zur gewohnten Kat-Stunde im Gefängnis versammelt, das Tagesereignis von Harib – meine Abreise – eifrig besprachen. Mit großer Liebenswürdigkeit sagten sie mir allerlei Erleichterungen für die Reise zu; vor allem, das war die einstimmige Meinung, müßte ich ein Maultier haben, das so viel bequemer wäre als ein Kamel, und das wollten sie mir unbedingt stellen.

Aber am nächsten Morgen, als die Wanderung losgehen sollte, waren die schönen Versprechungen anscheinend längst vergessen, und weit und breit war kein Maultier zu sehen. Mir blieb also nichts übrig, als mein altes Kamel mit dem schon etwa stockerigen Gang zu besteigen und es mir nach gewohnter Art zwischen meinen Gepäckstücken bequem zu machen. Die beiden Soldaten, die mich begleiten sollten – der dritte fehlte übrigens noch –, nahmen lange und umständlich Abschied von ihren Kameraden, wobei sie den Zurückbleibenden die Hände küßten. Es war ein Abschied fürs Leben. Denn die Reise ging, so sagten sie, durch ein unsicheres Gebiet, und man wußte nicht, ob man sich je wiedersehen würde.

Nach einer halben Stunde etwa holte uns der dritte mir zugewiesene Soldat ein, und zwar auf einem Maultier reitend mit auffallend gutem Zaumzeug. Wie sich herausstellte, hatte ein alter Offizier doch Mitleid mit mir bekommen und mir dieses bequemere Reittier zur Verfügung gestellt. Aber der Soldat fand, daß ich oben auf dem Kamel aufs beste aufgehoben wäre, und beanspruchte das Maultier für sich, ließ auch während der ganzen Reise niemals seine zu Fuß gehenden Kameraden aufsitzen, obwohl diese oft vor Müdigkeit kaum weiterkonnten. Dieser Biedermann war – was in Arabien selten ist – von ziemlichem Leibesumfang, und dortzulande muß es anders sein als bei uns, denn entgegen der bekannten Regel von den Dicken war er ein höchst ungemütlicher, unsympatischer und zänkischer Mann, den auch seine Kameraden nicht leiden mochten.

Als wir nun mit diesem neuen, aber nicht sehr erfreulichen Zuwachs unserer kleinen Reisegesellschaft ein gutes Stück weitergezogen waren, hörten wir plötzlich ein lautes Rufen hinter uns, das nach Ton und Höhenlage einen erheblichen Zorn zu verraten schien. Dann kam auch in einer dichten Staubwolke einer der Offiziere von Harib – er war ein Türke, der in jemenitische Dienste getreten war – hinter uns hergeprescht, und ehe wir noch wußten, was eigentlich los war, regnete ein beträchtliches Donnerwetter auf uns herab. Schließlich war so viel zu verstehen, daß der zuletzt gekommene Soldat das schöne Zaumzeug des Offiziers für sein Maultier hatte mitgehen lassen. Der Geschädigte tobte sich zunächst gründlich aus und wünschte alle Strafen des Himmels und der Hölle auf den Sünder herab, so daß meine drei soldatischen Begleiter förmlich zitterten und das Schlimmste zu befürchten stand. Nachdem er aber sein Eigentum zurückerhalten hatte, sänftigte sich seine Wut ebenso rasch, wie sie aufgeschäumt war, und er verzichtete sogar darauf, den Schuldigen sofort nach dem Gefängnis von Harib abzuführen, wie er anfangs angedroht hatte. Nachher konnten sich die Soldaten nicht genug tun, die Großmut des Offiziers zu rühmen. Mir wäre es freilich gar nicht unlieb gewesen, wenn er den unangenehmen Reisebegleiter gleich wieder mitgenommen hätte.

Als Führer begleitete mich diesmal – wenn auch etwas gegen seinen Willen – Sale, der Bruder jenes Ambarak, mit dem ich ursprünglich auf dem Markt von Schibam den Kontrakt abgeschlossen hatte. Sale war erst zwei Wochen nach meiner Ankunft in Harib aufgetaucht. Der Statthalter hatte von der Sache erfahren und ihn zur Rede gestellt, aber der gute Sale hatte sich geschickt herausgewunden und wahrscheinlich Krankheit vorgeschützt. Am Tage vor meiner Abreise wurde er wieder zum Statthalter gerufen und ihm anbefohlen, mich nach San'a zu begleiten; da er die Verpflichtung eingegangen war, hatte er sie auch innezuhalten.

Gegen Mittag erreichten wir Abu Teif, eins der Dörfer der Beni Agil. Wegen der Hitze wollten wir bis zum Abend rasten und dann die Nacht über weiterreisen. Sale führte mich in seine heimatliche Strohhütte, und seine Frau und Kinder bereiteten uns eine Mahlzeit nach Landessitte. Nach dem Essen entspann sich etwa folgendes Gespräch zwischen uns beiden:

»Mein Bruder Ambârak«, begann Sale vorsichtig tastend, »ist doch ein guter Mann? Er hat dich gut und sicher nach Harib gebracht, oder hat er das etwa nicht?«

»Ja, das hat er. Ich kann mich nicht über ihn beklagen.«

»Dann«, und das Gesicht Sales strahlte auf, »wird er dich auch sicher nach San'a bringen.«

Damit war die Sache erledigt. Sale blieb in Abu Teif, ledig aller Verantwortung, und wieder trat sein Bruder an seine Stelle. Mir war das recht, denn einen besseren Führer als den trefflichen Ambârak konnte es kaum geben.

Es ist tiefe Nacht. Lautlos zieht unsere kleine Karawane dahin; nur hie und da ein dumpfes Janken oder Klappen, wie verloren in der tiefen Stille ringsum. Von den hellen Sternen, die funkeln und blinzeln wie ferne Augen, fällt ein weiches Licht herab, das keine Schatten wirft und alles in einen gleichmäßigen und wie leise wogenden Dämmer hüllt. Ringsum die Wüste, vor deren Gewalt der Mensch verstummt. Aber mit jeder Fiber seines Wesens steht er in ihrem Bann, ist ihr verfallen, hat er sich einmal ihr genähert. Er muß sie lieben, obgleich oder gerade weil ihre Nähe Gefahr, ja vielleicht den Tod bringt. Ihr Wesen bleibt immer unergründlich und geheimnisvoll; sie ist schön und grausam, tückisch und erhaben, sinnlich und keusch, Dämon und Göttin zugleich.

Ununterbrochen geht es bergauf und bergab über die hohen Flugsanddünen. Aus weiter Ferne muß unser kleiner, enggeschlossener Trupp den Eindruck eines in hohen Wogen rollenden Schiffs machen. Bei dieser ständigen Berg-und-Tal-Wanderung merken wir gar nicht, daß wir immer höher und höher steigen und uns mehr und mehr dem Hochgebirge von Jemen nähern.

Plötzlich bleibt der Führer stehen und gibt ein Zeichen. Wir harren regungslos. Nicht weit von uns ist ein kleines Feuer sichtbar geworden. Menschen sind also in der Nähe, und das bedeutet Gefahr. Vorsichtig geht der Führer allein weiter und ruft dann in die dämmerige Nacht hinein. Es ist nichts zu sehen, aber Stimmen antworten ihm; es sind Vorposten hinter einer Bodenwelle versteckt. Man nennt gegenseitig den Namen seines Stammes, zeigt gewissermaßen seine Flagge, wie Schiffe, die sich auf hoher See begegnen. Dann winkt uns der Führer, und wir gelangen zu dem Lagerplatz einer Karawane. Es sind Beduinen eines befreundeten Stammes. Wir rasten ein oder zwei Stunden bei ihnen, dann geht es weiter in die lautlose Nacht hinein.

Am dritten Tage dieser Wüstenwanderung, während am Horizont schon die Berge des jemenitischen Hochlandes aufragten, trafen wir auf nomadisierende Beduinen mit ihren charakteristischen schwarzen Ziegenhaarzelten. Es waren die ersten echten Nomaden, denen ich in Südarabien begegnete. Seltsamerweise ist das Beduinenzelt, das eigentliche Wahrzeichen Arabiens, in den südlichsten Teilen des Landes so gut wie unbekannt. Dort wohnen auch die Ärmsten in festen Häusern oder wenigstens Hütten; das Nomadisieren, das Wechseln von Weideplatz zu Weideplatz mit den Jahreszeiten, ist bei dem Südländer nicht gebräuchlich, wenn auch große Gebiete mit ihrem Wüstensteppencharakter eine solche Lebensweise nahelegen. Diese Verschiedenheit der Daseinsform, die sich unabhängig vom Boden und Klima aus einer anscheinend sehr alten Tradition erhalten hat – wir werden noch sehen, daß Südarabien, ganz im Gegensatz zu den mittleren und nördlichen Teilen des Landes, eine ungewöhnlich hochstehende Baukunst hervorbrachte –, läßt auf eine Verschiedenheit der völkischen Abstammung schließen. Nun aber ist die Herkunft der Araber wie auch ihre rassische Zusammensetzung noch immer ein ungelöstes Rätsel. Jedenfalls aber ist der heutige Araber aus den verschiedenartigsten Elementen zusammengesetzt, was schon bei flüchtiger Beobachtung zu erkennen ist. So weisen zum Beispiel die sehr dunklen, fast schwarzen Stämme Hadramauts nach Indien. Bei den sogenannten Se'ibani könnte man sogar eine Verwandtschaft mit den Wedda, der indischen Urbevölkerung auf Ceylon, vermuten. Abgesehen von ihrem ganzen Habitus, zeigt sich auch eine auffallende Ähnlichkeit in dem eigentümlichen Gang, der in einem langsamen Abrollen des Fußes besteht. Die jemenitischen Stämme hingegen unterscheiden sich von jenen durch hellere Hautfarbe und lassen auf mittelasiatische Einflüsse schließen (Abb. 78). Man muß dabei bedenken, daß Arabien in alten Zeiten eines der Hauptdurchgangsländer sowohl des Handels wie der Völker war. Die Mischung dieser anscheinend aus verschiedenen Weltteilen stammenden Elemente wurde dann noch gefördert durch ständige große Wanderzüge innerhalb des weiten Landes von Süden nach Norden und wieder zurück vom Norden nach dem Süden, ähnlich wie wir es auch aus der frühen Geschichte Europas kennen, nur daß hier die Richtung eine westöstliche und dann wieder eine ostwestliche war.

Die Nomaden, die wir am Rande des jemenitischen Hochlandes antrafen, stammten aus Mittelarabien, was schon gewisse Besonderheiten ihrer Kleidung verrieten. Immerhin war es eigentümlich, daß sie die gleichen Stammesnamen trugen wie die ansässigen Beduinen im äußersten Süden, so zum Beispiel Beni Agil und Beni Abd. Sie nahmen uns freundlich auf, nur daß sie, wie alle Araber, sofern sie nicht mit Westländern in dauernde Berührung kommen, ein unüberwindliches Mißtrauen gegen den Zauberkasten, den photographischen Apparat, hatten. Jedoch gelang mir eine Aufnahme mittels des bekannten Medizintricks.

Wir waren eben eingetroffen, als ein alter Beduine, kaum daß er mich als Europäer erkannt hatte, eiligst herbeikam und mich um ›Daua‹ (Medizin) bat, da ihm der Leib weh täte. Von meinem Kamel herab besah ich mir den Mann erst und ließ mir genau erzählen, wo er Schmerzen hätte und welcher Art, während sich Frauen und Kinder herumdrängten und mit gespannter Neugier den Gang der Konsultation verfolgten. Was wir ärztliches Geheimnis nennen, kennt man dort nicht. Dann zog ich meine Leica hervor und hielt sie vor die Augen, so, als ob ich den Patienten durch dieses Instrument noch genauer untersuchen müßte. Nachdem ich meine Aufnahme in Sicherheit hatte, erklärte ich, daß mir nun die Natur des Leidens völlig klar sei, und gab dem Alten die gewünschten Pillen. Natürlich verabfolgte ich immer nur harmlose Mittel, aber da die Kranken fest an ihre Wirkung glaubten, halfen sie auch zumeist. Auch diesmal waren beide, Arzt wie Patient, zufrieden. Zum Dank reichte man mir eine Holzschale voll frischen, reinen Wassers, wohl das schönste und kostbarste Geschenk, das in der Wüste geboten werden kann.

Wir waren viele Stunden ein trockenes, steiniges Flußbett, das Wadi Dhenne, hinaufgestiegen. Immer höher und höher ging es hinan, immer schroffer wurden die Hänge, zackiger die Felsen, indes allmählich sich eine Welt von Bergen um uns zusammenschloß.

Dann, es war schon Spätnachmittag geworden, hatten wir die Höhe erreicht, und der Pfad, den wir nun verfolgten, führte uns in den ›grünen Jemen‹ hinein. Wir waren auf dem ›Dach Arabiens‹, jenem berühmten Hochland, das sich durchschnittlich zweitausend Meter über den Meeresspiegel erhebt und dessen Gipfel Höhen von dreitausend Metern und mehr erreichen. Der Anblick, der sich uns bot, wird mir unvergeßlich bleiben. Nur wenige Erdenflecke gibt es, die derart das Großartige mit dem Lieblichen vereinen. Während man bisher unter dem Bann der Wüste gestanden hatte, mit ihrer Härte und Unerbittlichkeit, der irdischen Welt wie entrückt, freilich auch des Wehen des Unendlichen mit beklommenem Erschauern spürend, war man jetzt plötzlich der Erde und den Menschen wieder nahegekommen, und die Spannung löste sich zu einem Gefühl friedvollen Entzückens.

Ein reichbewegtes Bergland nahm uns auf. Spitzen und Gipfel in allen möglichen phantastischen Formen und Gestalten ragten zackig in den blauen Himmel hinein, fast anzusehen wie ein aufgewühltes Meer, das plötzlich zu Stein erstarrt war. Und zwischen diesem hohen, zerklüfteten, düsteren Felsgebirge breiteten sich liebliche Talsenken, grün und silberhell, mit Feldern und Blumen.

Vor uns erhob sich ein mächtiges Bergmassiv, in spitzen Pfeilern auslaufend, einer über den anderen hinausragend, fast wie ein hochgetürmter gotischer Dom, und auf seiner äußersten Spitze sah man deutlich ein Dorf, dessen Wachtturm sich klar von der sanft getönten Färbung der Luft abhob. Indes wir weiterzogen, kamen wir näher an einem dieser Bergnester vorbei, die überall auf den Kuppen oder dem Grat eines Ausläufers thronten. Das Dorf bestand aus drei- bis fünfstöckigen Häusern, die eng aneinandergebaut waren und nach außen hin eine seltsam geformte, festgeschlossene Zitadelle bildeten, an allen Seiten von gähnenden Abgründen umgeben. Der Ort war nur auf einem einzigen, schwer zu entdeckenden Ziegenpfad zu erreichen, der zu einem unscheinbaren Eingang an einer verborgenen Seite führte. Die Türen und Fenster der Häuser gingen alle nach dem Dorfinnern, nach außen hin zeigten sich nur die kahlen Wände.

Ein altarabischer Schriftsteller sagt in einer berühmten Beschreibung seines Landes über den Jemen: »Die Bewohner sind durchweg kräftig und gesund. Krankheit ist dort unbekannt, ebensowenig gibt es giftige Tiere oder Pflanzen, noch Verrückte oder Blinde. Das Klima ist wie im Paradies, man trägt dort sommers und winters die gleiche Kleidung, und die Frauen bleiben immer jung.«

Nun, der Gelehrte mag in mancher Hinsicht übertrieben haben. Ob sich die Frauen dort ewiger Jugend erfreuen, konnte ich nicht so genau feststellen, da die meisten verschleiert sind. Gewiß aber hat sich das Volk dieses Hochlandes, das durch die schroffen, nur durch enge Schluchten zugänglichen Randgebirge wie eine Festung in sich abgeschlossen ist, rassisch besser erhalten und macht einen weit kräftigeren und gesünderen Eindruck als beispielsweise die Bewohner der Küstenebene.

Freilich, was man heute von dem gesegneten Jemen – ist es doch das einzige Gebiet im Nahen Osten, das regelmäßige und ausreichende Regenmengen erhält – zu sehen bekommt, ist nur ein schwacher Abglanz dessen, was es einst gewesen sein muß. Zahllose Kuppen und Gipfel tragen noch die spärlichen Reste einstiger Burgen und Schlösser, und in den weiten grünen Tälern trifft man auf Spuren reicher Städte der Vergangenheit. Der Jemen mit seinen Nachbargebieten war die Ultima Thule des Altertums, das Ende und der allerdings glanzvolle Schlußpunkt der damals bekannten Welt. Was jenseits war – nach Osten und Süden zu, davon drang nur dunkle Kunde in allerlei Märchen und Wundergeschichten herüber, zugleich mit Schätzen an Gold und Edelgestein, die die Sabäer und Hymjariten aus den sagenhaften Ländern herbeischafften. Neben Babylonien ist Südarabien unsere älteste und wichtigste Kulturstätte, deren Ausstrahlungen noch unbekannt sind, deren Einflüsse aber – wie neuere Forschungen mit hoher Wahrscheinlichkeit vermuten lassen – zum mindesten über Afrika und Ägypten hinweg auf die Mittelmeerwelt und damit auf die Grundlagen der abendländischen Kultur stark eingewirkt haben.

Am späten Abend erreichten wir in einem üppigen, von zackigen Bergen umschlossenen Tal mit Maisfeldern, Obstgärten, Weinpflanzungen und Feigenbäumen die erste große Ortschaft, Habab mit Namen. Im Gegensatz zu den zitadellenartigen Bergnestern lag die Siedlung zerstreut, ähnlich wie die Bauernhöfe in manchen Gegenden Europas. Aber jedes der Gehöfte war zu einer Festung ausgebaut, mit Türmen und Zinnen.

Wir rasteten in Habab eine Nacht und einen halben Tag. Aber ich hatte schon bemerkt, daß meine Begleiter, anscheinend auf höheren Befehl, meine Berührung mit den Landesbewohnern des Jemen zu verhindern suchten. Daher lagerten wir auch im Freien, außerhalb des Dorfbereichs. Das hinderte jedoch nicht, daß am nächsten Morgen, als unsere Ankunft bekannt wurde, Männer, Frauen und Kinder aus Habab herbeiströmten, um den seltsamen Fremden zu bestaunen. Bei dieser Gelegenheit nun wurde ich behext, jedenfalls behaupteten das meine Soldaten mit großer Entschiedenheit. Und das kam so.

Unter den versammelten Hababern befand sich eine Frau – Fatum hieß sie –, die sich dem weißen Manne gegenüber weniger scheu zeigte als die anderen. Sie war nicht übermäßig jung und hübsch, hatte aber ein nettes, offenes Gesicht. Sie trug ein langes schwarzes Gewand und reichen Silberschmuck, sie war unverschleiert, und als Kopfbedeckung trug sie ein hartgegerbtes Ziegenfell, was bei den Frauen dort Sitte ist, aber einen etwas merkwürdigen Eindruck macht. Sie war also sehr zutraulich, fragte mich allerlei und lud mich schließlich ein, in ihrem Hause Kaffee zu trinken. Meine Begleiter, die mich nicht eine Minute aus den Augen ließen, waren entschieden dagegen, aber ich hatte das ewige Beaufsichtigtwerden satt und folgte gern der Einladung. Wir saßen dann mit der ganzen Familie auf einem hübschen überdeckten Platz vor dem Hause, und während wir uns unterhielten und ich bewirtet wurde, vergaß auch Fatum ihre Mutterpflichten nicht, indem sie das Wuschelhaar ihrer kleinen Tochter, die den Kopf in ihren Schoß gelegt hatte, beharrlich und sorgfältig nach gewissen Mitbewohnern absuchte. So verbrachte ich denn bei diesen natürlichen, gutmütigen und gastfreundlichen Menschen inmitten einer Familie von biblischer Einfachheit ein paar recht angenehme Stunden. Als ich zurückkehrte, prophezeiten mir meine ungehaltenen Begleiter, ich würde bald merken, daß mich Fatum behext habe.

Und wirklich wurde ich bei der Weiterreise an diesem Tage von einem merkwürdigen Pech verfolgt. Bald nachdem wir aufgebrochen waren, mußten wir eine Wasserstelle durchqueren. Als mein Kamel, das mich und mein ganzes Gepäck trug, in der Mitte angekommen war, blieb es plötzlich stehen, ließ sich erst auf die Vorderbeine, dann auf die Hinterbeine nieder und begann, sich behaglich in dem kühlen Naß zu wälzen. Ich fiel natürlich ins Wasser und wurde mitsamt meinem Gepäck durchnäßt. Die Soldaten sahen mich mitleidig an: »Fatum, Fatum«, riefen sie. »Siehst du, wir haben es dir gesagt, sie hat das Unglück heraufbeschworen.«

Bald darauf zogen wir einem ausgetrockneten Flußlauf entlang, der dicht mit Dorngesträuch besetzt war. Der Beduine, der mein Kamel führte, entfernte sich, um ein paar des Weges kommende Genossen zu begrüßen. Mein Kamel hatte nun nichts

Eiligeres zu tun, als sich spornstreichs auf das Dorngebüsch zu stürzen, um seinen Hunger an den grünen Blättern zu stillen. Ich konnte das Tier nicht dirigieren und segelte, als es nach hastigem Lauf plötzlich stehenblieb, mit hohem Schwung mitten in das Dorngesträuch hinein. Ein völlig zerrissenes Hemd und ein paar anständige Kratzer am Leibe waren das Ergebnis.

Die Soldaten blickten mich womöglich noch mitleidiger als vordem an. »Fatum, Fatum«, wiederholten sie. »Die böse Frau hat dich behext.«

Mirwa, die nächste Stadt, durch die wir kamen, birgt ansehnliche Reste aus sabäischer Zeit. Gerade darum vielleicht bewachten mich die Soldaten besonders streng, als wir die Ortschaft durchschritten. Mirwa hat bereits eine Kolonie von Juden, und einige von ihnen kamen an mich heran und deuteten mir heimlich an: »Dort oben ist ein Platz mit schönen Inschriften, und dort auch. Geh doch hinauf.« Aber ich konnte meinen aufmerksamen Wächtern leider nicht entkommen.

Bald hinter Mirwa tauchte vor uns der Dschebel Nukum auf, ein phantastisch geformter Berggipfel, das Wahrzeichen San'as, der Hauptstadt des Landes. Für uns, die wir infolge der üblichen Reisegeschwindigkeit gewohnt sind, daß die Landschaft wie eine Wandeldekoration vorübergleitet, ist es ein eigentümliches Gefühl – und vielleicht eine gute Schule der Geduld –, einen solchen einzelnen Berg oft tagelang vor Augen zu haben und nur ganz, ganz langsam an ihn heranzukommen.

Bald merkte man, daß wir uns einer großen Stadt allmählich näherten. Die Straßen, soweit man von solchen reden kann, wurden immer belebter. Händler mit ihren Waren auf Eseln oder Kamelen, Juden, Beduinen und vornehme Städter begegneten uns.

Die letzte Nacht vor dem Ziel verbrachten wir an einem Karawanenplatz, wo bereits mehrere andere Karawanen ihr Lager aufgeschlagen hatten. Wir kamen erst in der Dunkelheit an und mußten uns zwischen Eseln und Kamelen, Warenballen und den schlafenden Beduinen hindurchtasten, bis wir inmitten des lagernden Volkes ein freies Plätzchen gefunden hatten. In diesen Höhen von über zweitausend Metern sind die Nächte auch im Sommer empfindlich kalt, und das Schlafen unter Gottes freiem Himmel ist – bei aller Romantik – kein reines Vergnügen. Auch mußten gewisse unvermeidliche Genossen der Menschen gewittert haben, daß ihnen nach den dürren braunen Leibern ihrer alltäglichen Nahrung ein besonderer Festschmaus in meiner weißen Haut und dem andersgearteten Blut winkte. Jedenfalls hatte ich den Eindruck, als ob sämtliche Wanzen und Läuse des dichtgedrängten Lagers sich in dieser Nacht ein Stelldichein bei mir gegeben hätten und auf meinem Körper geradezu Orgien feierten. Aber was bedeutete das bißchen Ungemach dieser und mancher vorhergehenden Nacht gegenüber dem hohen Gefühl, daß ich meinem Ziele nahe und mein verwegener Plan gelungen war, und daß in San'a bald alle Strapazen vergessen sein würden!

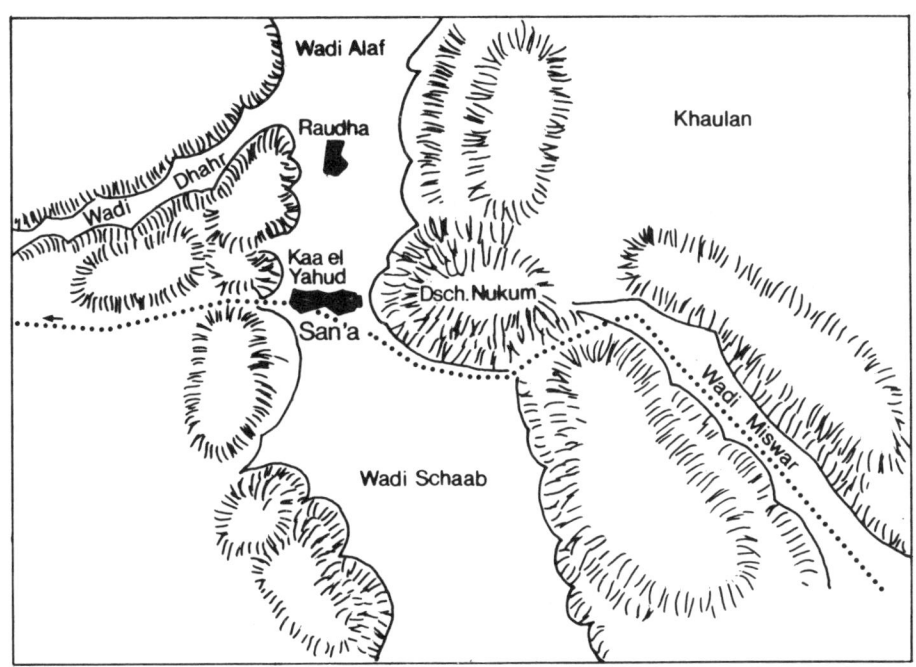

Als wir am nächsten Vormittag, nachdem der Weg eine Biegung gemacht hatte, eine Höhe erreichten, schob sich der Dschebel Nukum, dessen Anblick schon etwas ermüdend geworden war, gewissermaßen zur Seite, und ausgebreitet zu unseren Füßen lag das heilige San'a – heilig schon insofern, als es bei etwa fünfzigtausend Einwohnern achtundvierzig Moscheen, neununddreißig Synagogen und zwölf öffentliche Bäder besitzt (Farbt. XVI–XIX; Abb. 67). Von weitem gesehen, erschienen die Umrisse der Stadt wie eine riesige Wespe, die gerade vom Abhang in das Tal hinuntergeklettert ist, mit dem tiefen Einschnitt unterhalb des Kopfes. Überstrahlt von einer glühenden Sonne sahen die dichtgedrängten Häuser wie eine Ansammlung weißer, gerader Klippen aus, die sich terrassenartig zu den vierstöckigen Palästen aufbauten und schließlich in den spitzen Nadeln der Minaretts ausliefen; das Ganze eingebettet in einen Kranz von Bergen in den bizarrsten Formen.

Als wir die Höhe hinabstiegen und in der Ferne schon eins der mächtigen Stadttore sichtbar wurde, schien mein Kamel in eine so freudige Erregung über das Ende der beschwerlichen Reise zu geraten, daß es sich in einem unbewachten Augenblick plötzlich in Trab, dann in Galopp setzte und in wilder Jagd der Stadt zustrebte. Ich konnte mich gerade noch krampfhaft am Sattel festhalten, während meine Gepäckstücke eins nach dem anderen in hohem Bogen rechts und links zur Seite flogen. Ich meinte schon, auf diese etwas wenig repräsentative Weise meinen Einzug in San'a vollziehen zu müssen. Zum Glück aber kamen ein paar Beduinen des Weges, die das übereilige und jeden Sinns für Feierlichkeiten bare Tier aufzuhalten vermochten. So konnte ich mich denn einigermaßen instand setzen und mich in geziemend würdiger Weise, inmitten meiner kriegerischen Begleitung, dem Stadttore nähern, um dann – wie ich hoffte und wie meine Soldaten fest glaubten – in allen Ehren vom König bewillkommnet zu werden, so wie es auf meiner letzten jemenitischen Reise geschehen war. Doch es sollte anders kommen.

Gefangener des Königs

Unmittelbar vor der Stadt kamen wir an weitläufigen Kasernen vorbei, die, wie viele solcher Einrichtungen und Befestigungen rings im Lande, aus der Türkenzeit stammen. Doch haben die Türken trotz allem militärischen Aufwand das Bergvolk der Jemeniten, die man vielleicht die Schweizer Arabiens nennen könnte, nie ganz zu unterwerfen vermocht. Dann gelangten wir an das größte der Tore des ummauerten San'a, das Bab el Jemen (Abb. 69). Ich setzte mich schon zurecht, um in einer geziemenden und der Würde eines Europäers entsprechenden Weise in des Königs Hauptstadt einzuziehen. Aber die Wache verwehrte uns den Eintritt, und man erklärte mir, wir müßten nach einem anderen Tor, dem Bab el Schaub. Den Zweck dieser Maßnahme vermochte ich nicht zu erkennen; doch schien es jedenfalls, daß man für meine Ankunft sehr bestimmte Weisungen gegeben hatte.

Also zogen wir in der Mittagshitze ein Stück der hohen Stadtmauer entlang, die nur ein paar Zentimeter Schatten warf und eine Glut wie ein überhitzter Ofen ausstrahlte. Am Bab el Schaub wurde ich eingelassen und sofort unter vermehrter Bedeckung zum Palast des Imân geleitet. Sollte ich etwa gleich vor das Angesicht des Königs gelangen? Das wäre mir sehr lieb gewesen, denn dann hätte ich ihn vielleicht in Erinnerung an die frühere sehr freundliche Aufnahme über mein unbefugtes Eindringen in sein Land milder stimmen können. Doch war die Hoffnung gering, da ich wußte, daß der König niemals einen Fremden gleich nach dessen Ankunft empfängt.

Nach etwa einer halben Stunde vergeblichen Wartens wurde ich denn auch wieder, umringt von Soldaten, in Marsch gesetzt, ohne daß man mir irgendein Wort der Erklärung zubilligte. Wir gelangten vor das Haus des Kadis Abdulla, des Gouverneurs der Stadt. Wieder mußte ich längere Zeit auf der Straße mitten in der brennenden Sonne warten. Als ich schließlich bat, mein erschöpftes Kamel in den schmalen Schatten einer Hauswand führen zu dürfen, fuhr man mich barsch an, ich hätte auf meinem Platz zu bleiben. Dieser wenig höfliche Ton, der sonst selbst bei Vertretern der Autorität dortzulande nicht üblich ist, ließ nichts Gutes ahnen.

Nun, kurz gesagt, ich wurde wie ein Schwerverbrecher, ohne daß man auch nur ein Wort an mich gerichtet oder den Grund angegeben hätte (wenn ich mir diesen auch einigermaßen denken konnte), ins Gefängnis gesperrt, ein mir nun schon ziemlich gewohnter Aufenthaltsort. Das ging aber diesmal nicht so ganz einfach. Man führte mich in einen langen Gang mit beiderseits niedrigen Türen. Ein nicht gerade sehr vertrauenerweckend aussehender Kerkermeister öffnete eine Tür und erklärte mit einladender Handbewegung, hier wäre meine Zelle. Der kleine Raum mit einem winzigen Fenster strotzte geradezu vor Schmutz und Ungeziefer. Ich lehnte kategorisch ab, einen solchen Schweinestall zu betreten. »Nun, dann hier«. meinte unverdrossen der Wärter und öffnete eine zweite und dann eine dritte Tür. Der Anblick war überall der gleiche. Ich streikte einfach und setzte mich inmitten meines Gepäcks, das man inzwischen gebracht hatte, auf dem Gang nieder, ohne mich auf weitere Erörterungen einzulassen.

Nun war die Verlegenheit groß. Was sollte man mit mir beginnen? Schließlich konnte man mich nicht mit Gewalt in eins der Löcher zerren. Denn trotz allem ist noch etwas von dem aus früherer Zeit stammenden Respekt vor dem Europäer übriggeblieben. Nach längerer Überlegung schien dem Gefängniswärter ein guter Gedanke gekommen zu sein. Er verschwand, während die beiden Soldaten, die mich von Harib begleitet hatten (der dritte mit dem Maulesel war mir kurz vor San'a abhanden gekommen), als Wache zurückblieben. Kurz darauf erschien, vom Wärter herbeigeholt, der Polizeihauptmann der Stadt, El Hannisch mit Namen, auf deutsch ›die Schlange‹; er hatte aber mit diesem Tier sonst nichts gemeinsam. Er war ein freundlicher, gutmütiger Mann; und nachdem ich ihm den Grund meiner Obstruktion angegeben hatte, löste er die Schwierigkeit auf eine einfache und sehr verständnisvolle Weise, indem er mir sein eigenes Büro als Aufenthaltsort zu Verfügung stellte. »Da wirst du es aber gut haben«, meinten die Soldaten, indes sie mein Gepäck ergriffen.

Besser war es schon als in dem eigentlichen Gefängnis, wenn auch der Amts- und Empfangsraum des Polizeigewaltigen nicht ganz unseren Vorstellungen entsprach. Die Einrichtung bestand aus einem schon recht altersschwachen Schreibtisch mit einer Bank davor, einem wackligen Rohrstuhl, einem Sessel, dessen Bezug nebst Polsterung in Fetzen herunterhingen, einem Tischchen daneben und schließlich einem Schrank. Von diesem nahm ich an, daß er zur Aufbewahrung der Akten diente; bei näherem Zusehen aber entdeckte ich, daß die sämtlichen Polizeiakten in Form kleiner zusammengebundener Papierröllchen unter dem Schrank verstreut lagen und schon fleißig von respektlosen Mäusen angeknabbert waren. Auf diese Weise war jedenfalls dafür gesorgt, daß sich die Akten nicht allzusehr anhäuften. Zwischen all diesem Gerümpel richtete ich mich häuslich ein und schlug mein Feldbett auf.

Über Langeweile hatte ich mich in dieser sonderbaren Art der Gefangenschaft nicht zu beklagen. Den ganzen Tag über gab es etwas zu sehen oder zu hören. Fast ununterbrochen kam das Volk hereingeströmt, um irgendwelche Beschwerden vorzubringen oder Rat einzuholen. El Hannisch hörte sich mit unermüdlicher Geduld die oft langen und erregten Reden an, um dann zuletzt mit ein paar Worten eine Entscheidung zu treffen oder Auskunft zu geben. Es mag dahingestellt bleiben, ob alle die vorgebrachten Angelegenheiten ihre regelrechte und ›vorschriftsmäßige‹ Erledigung fanden. Ich glaube sogar, es war meist nicht der Fall. Dennoch schien mir diese Art des Verkehrs zwischen Behörde und Publikum mancherlei Vorteile in sich zu schließen. Jedenfalls brauchte die Bevölkerung – wie es bei der vielgepriesenen europäischen Ordnung oft geschieht – nicht in wer weiß wie vielen Vorzimmern zu warten, um dann von einer untergeordneten Stelle abgefertigt zu werden, brauchte nicht Dutzende von Formularen auszufüllen oder sich an Hunderte von Vorschriften zu halten. Hier konnte jeder sich unmittelbar an die entscheidende Stelle der Staatsgewalt wenden und seine Wünsche oder Beschwerden vorbringen. Wenn dann auch nicht viel oder gar nichts geschah, so hatte der einzelne doch das befriedigende Gefühl, daß man ihn jederzeit anhörte, daß man seine Sache genau so ernst nahm wie er selber, und daß er sich über das, was sein Herz eben bewegte, gründlich aussprechen konnte. Wer die Menschen kennt – und die Orientalen sind durchweg vorzügliche Menschenkenner –, weiß, daß gerade dieses Sichaussprechenkönnen oft genügt, um irgendwelchen Klagen oder Beschwerden die Spitze abzubrechen und die erregten Gefühle sänftigend zu lösen. Wir werden später sehen, daß auch die höchste Spitze des Staates, der Imâm, ein gleiches Verfahren im Verkehr mit seinem Volk anwendet. Es ist das ein – auf sehr altem Brauch beruhender – klug ersonnener psychologischer Ausgleich gegenüber dem asiatischen Despotismus, wie er sich in manchen Ländern des Ostens noch erhalten hat.

Am Spätnachmittag, wenn die Tagesarbeit getan war und sich die geheiligte Stunde des Kats näherte, fanden sich in der Amtsstube des Polizeihauptmanns Freunde und Bekannte ein, Offiziere, Beamte und Kaufleute, oft in so großer Zahl, daß kein Plätzchen mehr in dem Raum frei war. Man saß Kat kauend beisammen und besprach die Neuigkeiten des Tages, die auf solche Weise und in Ermangelung von Zeitungen rasche Verbreitung fanden.

Meine Ankunft war natürlich auch sehr schnell in der Stadt bekanntgeworden, und die wildesten Gerüchte über meine Person und den Zweck meiner heimlichen Reise hatten sich verbreitet. Tag für Tag staute sich vor dem Polizeigebäude die Menschenmenge und starrte beharrlich zu den Fenstern herauf, in der Hoffnung, das vom Himmel gefallene Wundertier – dafür hielt man mich anscheinend – zu erblicken. Ich hätte ja gern die Neugier der geduldig Harrenden befriedigt und mich der erstaunten Menge gezeigt. Aber das wollte der Polizeihauptmann durchaus nicht zulassen.

Dieser El Hannisch war bei aller Freundlichkeit doch überaus mißtrauisch mir gegenüber. Den Grund dafür bekam ich erst allmählich heraus. Schon vom ersten Tage an hatte ich mich bemüht, mit meinen Bekannten von meinem ersten Aufenthalt in San'a her in Verbindung zu kommen, um durch ihre Vermittlung vielleicht meine Freilassung zu erwirken. Damals war ich auf Befehl des Königs in dem Hause eines gewissen Soberi, eines Juden, als zahlender Gast einquartiert worden. Daß Fremde, also ›Ungläubige‹, im Hause eines Mohammedaners wohnten, wurde im heiligen San'a nicht für angängig gehalten – ob etwa aus Besorgnis vor religiöser Ansteckung, weiß ich nicht. Mit jenem Soberi wollte ich nun in Verbindung treten, um mich seiner als Vermittler zu bedienen. Aber davon wollte der Polizeihauptmann durchaus nichts wissen. »Im übrigen«, meinte er und wies auf sein nobles Amtszimmer, »hast du es im Hause des Königs viel besser, als du es damals bei dem Juden gehabt hast.« Es sei hier gleich eingeschaltet, daß die Juden von den Mohammedanern verachtet werden und im Jemen eine sozial untergeordnete Stellung einnehmen. Ein französischer Forscher, J. Halévy, gebürtiger Jude, der, als Rabbiner aus Jerusalem verkleidet, vor Jahren im Jemen reiste, hat in dieser Beziehung besonders unangenehme Erfahrungen gemacht.

Allmählich kam ich dahinter, warum man mich, der ich doch eine harmlose Privatperson war, anscheinend für so überaus gefährlich hielt. Meine Erklärung nämlich, daß ich Deutscher sei, schien nirgends Glauben zu finden. Immer wieder forderte mich El Hannisch auf, ich solle doch ehrlich sagen, was für ein Landsmann ich sei. Ich erklärte, man möge doch meinen Paß einsehen; der war mir abgenommen worden, und keiner wußte angeblich, wo er sich jetzt befand. Aber auch der Hinweis auf den Paß begegnete nur ungläubigem Lächeln, das etwa besagte, solche Dokumente brauchten nicht immer der Wahrheit zu entsprechen. Schließlich kam des Pudels Kern zutage. Aus bestimmten Andeutungen war zu entnehmen, daß man mich für einen – es war recht bezeichnend – englischen Spion hielt. Anscheinend lebte man in ständiger Besorgnis vor dem großen Nachbarn im Süden und maß ihm allerlei verwegene Pläne oder Absichten zu. Wie dem nun auch sei, gewisse Indizien erschienen, wenigstens in den Augen der jemenitischen Staatsbehörden, höchst verdächtig. Daß einer all die Gefahren und Strapazen auf sich nahm, auf beschwerlichstem Wege die Wüste durchquerte und heimlich in dieses abgelegene Land eindrang lediglich aus Wißbegier und gewiß auch Lust am Abenteuer, das war für die Menschen dort schlechthin unvorstellbar. Dahinter mußte irgendein geheimnisvoller Zweck verborgen sein.

Indessen schien der Polizeihauptmann Weisung erhalten zu haben, meine Identität festzustellen. Jedenfalls eröffnete er mir eines Tages, daß sich in der Stadt zwei Fremde befänden, von denen er ›glaubte‹, daß sie Deutsche wären (darüber bestand bei den Behörden von San'a natürlich kein Zweifel), und zu ihnen wollte er mich führen. Ich war sehr erfreut, aber auch einigermaßen erstaunt. Man hatte mich ja bisher von jeder Verbindung mit der Außenwelt streng abgeschlossen.

Am nächsten Morgen brachen wir auf; außer dem Polizeihauptmann waren mir noch zwei Soldaten als Bedeckung beigegeben. Doch nahmen wir nicht den direkten Weg durch die Stadt, da man möglichst vermeiden wollte, daß ich mit der Bevölkerung in Berührung kam. Warum man diese ängstliche Vorsicht walten ließ, weiß ich nicht. Wir gingen vom Bab el Jemen, in dessen unmittelbarer Nähe sich mein Gewahrsam befand, im großen Bogen an der Umfassungsmauer entlang, betraten durch das Bab el Schaub wieder die Stadt und kamen dann gleich an dem Palast des Imâm vorbei auf den großen freien Platz, der die Araberstadt von dem Judenviertel trennt. Dort lag auch die Wohnung der Deutschen, ein schönes weißes Gebäude inmitten eines herrlichen Gartens. Es war das Haus des vor einem Jahr verstorbenen jungen Kronprinzen Seif el Islam Mohammed, der damals als Gouverneur der Tahama in Hodeida lebte und bei einem Fest im Roten Meer ertrank, als er einen Freund retten wollte.

Der eine der beiden Deutschen, Herr Dietrich, Vertreter einer Hamburger Firma, entpuppte sich als ein alter Bekannter von Dschidda her, der Hafenstadt Mekkas, wo er mich bereits auf das freundlichste aufgenommen hatte, als ich auf einer früheren Reise kurze Zeit dort weilte. Seit kurzem war auch der Inhaber der Hamburger Firma zu vorübergehendem Aufenthalt in San'a eingetroffen, Herr Hansen, dessen Name hier in Dankbarkeit genannt sei. Er hat getan, was in seinen Kräften stand, um mir behilflich zu sein. Natürlich waren die beiden höchst erstaunt, als plötzlich aus dem innersten Jemen ein Landsmann vor ihnen auftauchte.

Die schönen großen Räume im Innern des Hauses waren mit südarabischen Teppichen ausgelegt, schwarz mit roten Mustern, den sogenannten ›Mocheli‹. Diese schlichte Farbenzusammenstellung von Weiß, Schwarz und Rot verursachte, zusammen mit der Sparsamkeit der Einrichtung, jene beruhigende, ein wenig schwermütige Stimmung, wie sie für den Orient so bezeichnend ist. In meiner damaligen Lage freilich hatte gerade diese Einrichtung etwas besonders Anziehendes für mich, da sie mir die Heimat nahebrachte. Es gab einen Diwan, Tische, Stühle und in dem Schlafzimmer sogar richtige Betten; alles aber – was mir besonders ungewohnt war – glänzte vor Sauberkeit. Ich kam mir wie im Paradiese vor. Auch bekam ich zum erstenmal nach langer Zeit wieder europäische Speisen vorgesetzt. Doch war mein Körper durch die monatelangen Entbehrungen so geschwächt, daß ich nur wenig davon zu mir nehmen konnte.

Natürlich machten wir auch allerlei Pläne, wie meine Freilassung zu erwirken wäre. Der Polizeihauptmann ließ mich während der ganzen Zeit des ziemlich ausgedehnten Besuchs nicht aus den Augen. Vielleicht fürchtete er, ich könnte ihm entwischen. Dazu hätte es unter den obwaltenden Umständen zum mindesten eines Zaubermantels oder fliegenden Koffers bedurft. Möglicherweise aber dachte der Mann, diese Europäer seien mit ihren geheimnisvollen Künsten zu allem fähig. Da er unsere Sprache nicht verstand, glaubte er, wir heckten trotz seiner beharrlichen Anwesenheit die verwegensten Komplotte aus.

Meine beiden trefflichen Landsleute wünschten dringend, daß ich bei ihnen Wohnung nehmen sollte. Aber dazu bedurfte es der Erlaubnis des Königs. Die wurde verweigert, das heißt, es erfolgte überhaupt keine Antwort auf die Anfrage.

Es wurde aber noch ein anderer Plan erwogen. Herr Hansen war mit dem Auto von Hodeida nach San'a heraufgekommen. Vor kurzem war hier nämlich eine regelrechte Autostraße eröffnet worden, die die Hauptstadt des Landes mit der Küste verband. Sie führt in großen Biegungen von Hodeida zunächst nach Obal und Zebid, schwenkt dann südlich in Richtung Aden und umgeht in weitausholendem Bogen die höchsten Höhen des Dschebel Harraz. Diese neue Straße, auf die man im Jemen sehr stolz war, muß übrigens berechtigten Anforderungen nicht ganz entsprochen haben. Denn Herr

Hansen war unterwegs tagelang liegengeblieben und alles in allem auch nicht viel schneller gereist, als wenn er die Strecke direkten Weges auf einem geruhsam dahintrottenden Kamel zurückgelegt hätte. Er gedachte nun etwa in sechs Tagen nach Hodeida zurückzufahren und wollte mich in seinem Wagen mitnehmen. Aber, um es gleich zu sagen, alle seine Bemühungen, die königliche Erlaubnis dafür zu erhalten, blieben erfolglos, es wurde nichts daraus. Der König schien doch recht böse auf mich zu sein.

Nach diesem, vom Polizeihauptmann veranlaßten Besuch bei den Deutschen bestanden wohl kaum mehr Zweifel über meine Staatsangehörigkeit. Auch mußte man allmählich zu der Erkenntnis kommen, daß ich weder im Dienst einer fremden Macht stand noch sonst irgendwelche schlimmen Absichten gegen das Land hegte, außer, daß ich es eben der Welt bekanntmachen wollte. Doch erfuhr ich kein Sterbenswörtchen von dem, was man etwa über mich festgestellt hatte oder zu beschließen gedachte.

Während ich in völliger Ungewißheit über mein Schicksal eintönige Tage im Polizeigewahrsam verbrachte, feierte die Stadt ein großes Freudenfest.

Wir wissen bereits, daß der Imân, der – wie schon sein Name sagt – zugleich geistliches und weltliches Oberhaupt ist, diesen zweiten, irdischen Teil seiner Herrschaft besonders auszubauen bestrebt war und sein Reich ständig zu erweitern suchte; daher war Krieg, wenigstens zu jener Zeit, gewissermaßen ein Dauerzustand im Jemen. Nun aber war etwas Besonderes vorgefallen. Im Norden von Jemen erstrecken sich die beiden weiten, fruchtbaren und reich besiedelten Landschaften von Dschof und Nedschran. Diese Gebiete sind noch mit dem Schleier des Geheimnisses umhüllt. Man weiß nur, daß dort das Zentrum des sagenhaften Minäer-Reichs gewesen ist, das noch vor der Epoche der Sabäer in Südarabien blühte. Die bisher gefundenen Inschriften beweisen, daß die Minäer zur Zeit der ältesten ägyptischen Dynastien eine bereits alte Kultur von langer Entwicklung besaßen, und daß sie über ganz Arabien bis Palästina und wahrscheinlich auch über Teile des benachbarten Afrika herrschten. Ihre Schrift hat sich aus dem Altsemitischen entwickelt und soll sich von hier aus über die Völker der Alten Welt ausgebreitet haben.

Bei der Unbestimmtheit der Grenzen sind auch jene Landschaften noch umstritten, und besonders das reiche Nedschran wird von Ibn Sa'ud, dem mächtigen Herrscher Mittelarabiens, für sich in Anspruch genommen. Um den Streitigkeiten durch Schaffung vollendeter Tatsachen ein Ende zu machen, hatte der Imâm von Jemen einen Kriegszug ausgerüstet und mit der Führung seinen besten Feldherrn betraut, den jugendlichen Prinzen Ahmed, der nach dem Tod des älteren Bruders Thronfolger geworden war.

Nun war Nachricht vom Prinzen Ahmed eingetroffen, daß er einen gewaltigen Sieg errungen und den ganzen Nedschran erobert habe. Man kann sich die Freude des Königs denken, besonders weil er durch diesen Erfolg seinem großen und gefürchteten Nebenbuhler in Mittelarabien zuvorgekommen war. Voll Stolz über die Taten seines

›löwenherzigen‹ Sohnes und seiner tapferen Armee ordnete er an, daß der Sieg des Prinzen in ganz Jemen festlich begangen werde. Es stellte sich dann heraus, daß ›die Eroberung von ganz Nedschran‹ nur in einem billigen Erfolg über ein paar Beduinenstämme bestand, aber das wurde erst später offenbar – falls es der Bevölkerung überhaupt bekannt wurde.

Jedenfalls waren an diesem Tage der Siegesfeier die Straßen der Stadt San'a von Jubel erfüllt. Der König selbst war krank und konnte an der Freude seiner Untertanen wie an den Paraden und Aufzügen nicht teilnehmen. Von dem Fenster meines Gewahrsams aus hörte man fast ununterbrochen das Knattern von Gewehrfeuer. Denn diese kriegerische Begleitmusik gehört bei den Arabern nun einmal zu jedem richtigen Fest. Jeder Soldat – und es gab deren eine große Menge in San'a – opferte an diesem Tage ein paar Patronen. Er mußte sie freilich selbst von seinem kärglichen Sold bezahlen, denn der König ist sehr sparsam; aber das tat der Begeisterung keinen Abbruch. In großen und kleinen Trupps kamen die Soldaten durch die Straße gezogen, führten ihre traditionellen Tänze auf und sangen die schönen alten Kriegslieder. Besonders das ›Samel‹, die jemenitische Nationalhymne, wurde überall im Chor gesungen (Abb. 64, 65). Die Jemeniten sagen, daß das Absingen dieses Liedes allein schon genüge, um die Feinde in die Flucht zu schlagen.

Da die Musik eine der wichtigsten Kulturäußerungen der orientalischen Völker ist und auf einer sehr alten, im Dunkel der Geschichte sich verlierenden Überlieferung beruht, seien hier ein paar Worte darüber eingeschaltet, zumal nur wenig über die Tonkunst der Jemeniten bekannt ist.

Die jemenitische Soldatenmusik ist von der gewöhnlichen arabischen Musik und den Beduinengesängen sehr verschieden. Die Musik, die schon manchen orientalischer Tonkunst Fernstehenden mitgerissen und begeistert hat, zeigt einige auffallende Merkmale: großen Melodienumfang, Melodiesprünge, besonders den Abwärtssprung in die Quarte oder große Sexte (siehe Anfang des Samel).

Von der islamischen südarabischen Musik konnte ich über hundert phonographische Aufnahmen mitbringen, so daß man jetzt zum erstenmal in den Besitz eines größeren, an Ort und Stelle aufgenommenen Materials gelangt ist. Das Berliner Phonogramm-Archiv hatte mir für diese Zwecke einen Apparat zur Verfügung gestellt.

Nie hätte man zuvor geglaubt, daß eine solche Verschiedenheit in der südarabischen Musik anzutreffen wäre. Diese Verschiedenheit entspricht vor allem der Vielheit der Stämme der Beduinen und der Vielseitigkeit der Landschaft. Städtische Musik unterscheidet sich wenig von der allgemein städtisch-arabischen Musik des Orients. Am interessantesten für uns ist jedoch die eigentliche Soldatenmusik, wie sie hauptsächlich in der Gegend von San'a und dem Dschebel Harraz vorkommt, aus deren Bevölkerung sich zum größten Teil das Heer des Imâms zusammensetzt; dazu kommen die Beduinengesänge der Beni Ismail und Beni Matar, von denen ich Proben in Menacha, Metne und Wussil aufnehmen konnte.

a) Samel
Jemenitisches Kriegslied aus San'a.
   Gedehnt, wuchtig.

Phonogramm: Helfritz.
Übertragung: Lachmann

b) Lied der Beni Ismail vom Dschebel Harraz
Mittleres Zeitmaß

Phonogramm: Helfritz.
Übertragung: Lachmann

Merkwürdigerweise besteht, wie Professor E. M. von Hornbostel und Dr. Robert Lachmann durch Vergleiche feststellen konnten, in der Haltung dieser südarabischen Gebirgsgesänge und derjenigen der berberischen Musik, die in der Kabylie in Nordafrika von Lachmann aufgenommen wurde, eine solche Ähnlichkeit, daß man auf irgendeinen Zusammenhang zwischen Südarabern und Berbern schließen muß. Merkmale, die mir bei der jemenitischen Soldatenmusik auffielen, finden sich auch bei der Berbermusik. Am deutlichsten aber wird die Verwandtschaft der Musik beider in der Vortragsweise der Gesänge. Die Eigentümlichkeit der Melodiebildung und die Ähnlichkeit, ja manchmal sogar Gleichheit ganzer Melodien verstärken diesen Eindruck noch (siehe die Dokumentationen im Anhang des Buches).

Über den Ursprung des Berbertums ist man sich noch nicht ganz im klaren. Berber nennt man jene alteingesessene Bevölkerung des westlichen Nordafrika, die ihren Hauptsitz in der Kabylie im Hohen Atlas hat. Die Berber haben eine eigene Sprache (Tamazight), die erst durch das Arabische der zu geschichtlichen Zeiten eingewanderten Völker allmählich immer mehr zusammenschmolz. Berberische Sprachinseln gibt es in Nordafrika vereinzelt bis zur Oase Siwa (dort wurden von Hans Hickmann zum erstenmal Phonogrammaufnahmen gemacht).

Aber nicht nur die Musik weist darauf hin, daß zwischen Südarabien und der Kabylie eine Verwandtschaft besteht. Es ist auffallend, daß gerade im Zentrum des Berbertums, im Hohen Atlas, ganz ähnliche Hochbauten bestehen wie in Südarabien, Hochbauten mit den gleichen architektonischen Merkmalen. Es gibt die gleichen Zinnen, hölzerne Röhren für die Abwässer und Schießscharten.

Diese unbedingte Übereinstimmung in der Musik und in der Bauart beider Völker hat die Frage aufkommen lassen, ob die isolierte Berber-Musik und die jemenitische Musik nicht auch noch zu anderen Völkern Beziehung haben. Professor von Hornbostel hat festgestellt, daß sehr große Ähnlichkeit mit mongolischer Musik besteht.

Im allgemeinen stimmt die ostasiatische Pentatonik mit der berberischen überein. Aber auch die Merkmale, wie ich sie oben beim Samel angeführt habe, hat schon van Oort in: ›La Musique chez les Mongoles des Urdus‹ als typische mongolische angeführt. Kulturgeschichtlich deutet von Hornbostel diese Zusammengehörigkeit der Berber und gewisser Stämme Südarabiens mit ostasiatischen Völkern dahin, »daß die gleiche musikalische Ausdrucksweise in vorgeschichtlicher Zeit aus dem Innern Asiens von den Mongolen weiter nach Osten und von den Völkern, die wir heute Berber und Südaraber nennen, nach Westen bis zu ihren gegenwärtigen Wohnsitzen getragen worden ist«.

»Eine solche Theorie würde an Haltbarkeit noch gewinnen, wenn sie sich durch weitere, vor allem auch außermusikalische Beobachtungen bestätigen ließe. Die Ethnologie wird zu entscheiden haben, ob mit den musikalischen Parallelen nicht noch andere in Zusammenhang stehen, zum Beispiel das Vorkommen der Hochbauten vom südlichen Atlasgebirge über Nordafrika (Oase Siwa), Südarabien und Vorderasien bis nach Tibet, sowie der befestigten Stadt- und Dorfanlagen über das gleiche Gebiet hin. Auf jeden Fall sollte die sinnfällige Ähnlichkeit der musikalischen Stile dazu anregen, nach Übereinstimmungen auch in weniger sinnfälligen Kulturerscheinungen zu suchen und so die Frage nach dem Ursprung der Berber zur Lösung zu führen. So würde sich die Vergleichung der musikalischen Stile sowie anderer musikalischer Gegebenheiten — der Tonmaße, der Instrumente — als wertvolles Hilfsmittel der kulturgeschichtlichen Forschung erweisen*.«

---

* Zeitschrift für vergleichende Musikwissenschaft, Nr. 1, 1933. (Vgl. dazu die Dokumentationen im Anhang des Buches)

Am Abend dieses Tages der Siegesfeier erstrahlte die Stadt in einem einzigen Lichter-meer. Überall auf Dächern, Türmen und Zinnen hatte man Feuer entzündet, mit Petro-leum getränkte Lappen und Reisigbündel. Ganze Reihen von geblich zuckenden Flämmchen zogen sich an den waagerechten Linien der Architektur dahin, bauten sich terrassenförmig immer höher und höher hinauf und verloren sich zuletzt in dem stern-besäten Himmel. Ich saß ganz allein am Fenster der nun verlassenen Amtsstube, und meine Gedanken gingen zurück zu meinem früheren Verweilen in dieser merkwürdigen Stadt, da ich als geehrter Gast des Königs vieles sehen und erleben durfte. Von diesem ersten Aufenthalt in San'a ein Jahr früher will ich einiges erzählen.

Imâm Jahya

Auch auf dem offiziellen Wege, dessen ich mich bei meiner ersten Reise nach dem Jemen bediene, ist das Eindringen in das streng verschlossene Land immer mit Schwierig-keiten verknüpft und hängt oft von Zufällen oder, genauer gesagt, von der Laune des Herrschers ab.

Fast wäre es mir ergangen wie so vielen meiner Vorgänger, daß ich unverrichteter Sache wieder hätte umkehren müssen, als ich, zu Schiff von Port Said kommend, damals im Hafen von Hodeida an die Pforte des Jemen klopfte. Der Gouverneur wollte mich erst gar nicht an Land lassen. Erst als ich Briefe von einflußreichen Jemeniten aus Arabien und Ägypten vorwies, schien er zu glauben, daß es sich um eine gewichtige Persönlichkeit handle, und versprach, besagte Briefe nach der Hauptstadt zu senden. Mit der Landung in Hodeida ist nämlich noch nicht viel gewonnen. Erst wenn der König seine ausdrückliche Genehmigung gibt, darf man das Land wirklich betreten, und in den meisten Fällen wird die Erlaubnis verweigert. Diese strenge Kontrolle bezieht sich keineswegs auf die Fremden allein; auch die Bewohner selbst sind ihr in gleichem Maße unterworfen. So darf zum Beispiel kein Bürger des Landes die Haupt-stadt betreten oder verlassen ohne einen vom König selbst ausgestellten Passierschein. Und das gleiche gilt für Reisen innerhalb des Landes. Reisen ins Ausland sind den Jemeniten überhaupt untersagt. Der König oder Imâm, wie sein Titel lautet, will über alles und jedes, was in seinem Reich vorgeht, unterrichtet sein. Ihm darf nichts unbe-kannt bleiben. Das ist keineswegs nur Despotenlaune, wie es von vorschnell urteilenden europäischen Reisenden manchmal dargestellt wird. Man muß bedenken, daß es sich bei dem Königreich Jemen um einen vor noch nicht allzulanger Zeit begründeten, innerlich noch durchaus nicht gefestigten und auf allen Seiten von Gefahren um-gebenen Staat handelt.

Doch damals war mir das Glück günstig. Nach langem bangen Warten traf die Erlaubnis des Imâm ein, nach San'a zu kommen. Für die nötigen Maultiere und Trei-ber zu der achttägigen Reise von Hodeida nach der Hauptstadt hatte ich selbst zu sorgen. Der Gouverneur gab mir zwei Soldaten als Begleiter mit, weniger zum Schutz als zur Bewachung. Die Sitte des Landes erfordert es, daß jeder Fremde auf dem schnellsten und kürzesten Wege nach San'a zu reisen hat, um zuerst den Imâm zu begrüßen und mit ihm persönlich alle weiteren Pläne zu besprechen. Die mir bei-gegebenen Soldaten hatten besonders darauf zu achten, daß ich mich unterwegs nicht unnötig aufhielt oder etwa, von Forscherlust getrieben, von der geraden Linie abwich.

In San'a eingetroffen, wurde ich als ›Gast des Königs‹, wie bereits erwähnt, in dem Hause des Juden Soberi einquartiert. Nur sehr hohe Gäste werden auf Staatskosten in einem dafür bestimmten Hause untergebracht. Auch eine Leibwache in Form einiger nicht sehr staatlicher Soldaten wurde mir zugeteilt. Es ist eine unbedingt einzuhaltende Anstandsregel, daß man in seinen vier Wänden bleibt und nicht eher die Straße betritt, bis man zum König zur Audienz geladen wird. Das dauert gewöhnlich mehrere Tage. Es ist schon vorgekommen, daß Abgesandte einer fremden Macht, die einen dem König unbequemen Auftrag hatten, bis zu zwei Wochen in solcher Klausur verharren mußten, vielleicht damit sie mürbe würden.

Immerhin konnte ich schon während der Wartezeit vom Fenster der mir zugewiese-nen Wohnung aus des Landesherrn ansichtig werden, als er sich zu dem feierlichen Freitagsgebet in die Moschee begab. Er fuhr in einer altmodischen, von vier Pferden gezogenen offenen Kalesche langsam durch die Straßen, vor und hinter ihm einige Reiter und Fußsoldaten. Alle, die ihm begegneten, grüßten ihn, und er erwiderte den Gruß, indem er die flache Hand an den Turban legte. Sobald ich mich dem Fenster näherte, um mir den Aufzug anzusehen, trat ein Soldat der Leibwache dicht hinter mich und beobachtete scharf, ob ich etwa einen photographischen Apparat in der Hand hielt. Denn es ist aufs strengste verboten, den König zu photographieren, und es wird auch nie die Erlaubnis dazu gegeben. Im Gegensatz zu den meisten seiner Kollegen (den glaubensstrengen Ibn Sa'ud nicht ausgenommen) ist der Imâm von Jemen wohl so ziemlich der einzige regierende Fürst auf Erden, von dem niemals ein Photo in irgendeiner Zeitung erschienen ist, sooft auch von ihm die Rede war.

Nach vier Tagen endlich erhielt ich Weisung, zur Audienz zu kommen. Zur an-gegebenen Stunde, um neun Uhr vormittags, fand ich mich beim Palast ein. Der große Platz davor war bereits von einer dichten Menschenmenge erfüllt. Zum Teil waren es Neugierige, da es zu den Stunden, in denen der König regelmäßig jeden Tag Audienz erteilt, immer etwas zu sehen gibt. Es kamen vornehme Araber in prächtigen Kleidern auf herrlichen Pferden, oder Offiziere, die eine Meldung zu bringen hatten und sich eiligst durch das Gedränge einen Weg bahnten. Aber es waren auch viele darunter, die darauf warteten, vorgelassen zu werden. Denn zu einer bestimmten Zeit des Tages hat jeder der Untertanen freien Zutritt zum König, bis zum ärmsten Bettler herab, ganz gleich, was er vorzubringen hat. Dieser Brauch ist sehr alt, wahrscheinlich geht er auf die frühesten Überlieferungen der asiatischen Despotien zurück und ist überall in arabischen Ländern zu finden, sofern sie nicht moderne Staatseinrichtungen über-nommen haben.

Mit unermüdlicher Geduld hört sich der König die vielen Wünsche und Beschwerden an, die ihm in der wortreichen arabischen Sprache meist sehr ausführlich vorgetragen werden. Und keiner geht von ihm, der nicht zum mindesten das trostreiche Gefühl hat, angehört worden zu sein. Oft werden Kranke zu ihm gebracht, da der Imâm den Ruf eines wundertätigen Arztes genießt. Mannigfach sind die Erzählungen von überraschenden Heilungen durch das Amulett, das er dem Kranken auf die Brust legt. Natürlich hört der Herrscher bei diesen Audienzen auch vieles, was in seinem Reich vorgeht und wovon er wohl kaum etwas erfahren würde, wäre er nach Art anderer Regenten durch seine Umgebung vom Volk abgeschlossen.

Nachdem ich mir glücklich einen Weg durch die dichtgedrängte Menge gebahnt hatte, wurde ich durch den vorderen Teil des Palastes von einem der wachthabenden Soldaten zum anderen sozusagen weitergereicht. Zuletzt übergab man mich dem Sekretär, der mir bereits die Einladung zur Audienz überbracht hatte. Dieser Sekretär stand augenblicklich hoch in der Gunst des Königs; er hatte sich durch den Tuchhandel, den er neben seinem Amt betrieb, und vielleicht noch auf anderen Wegen ein bedeutendes Vermögen erworben. In den Straßen zeigte er sich immer nur in kostbarer Kleidung, auf einem edlen arabischen Vollblut reitend. Aber zumeist dauerte solche Herrlichkeit nur eine bestimmte Zeit, bis den vielleicht schon von Höherem Träumenden gewöhnlich aus heiterem Himmel der Blitz der königlichen Ungnade trifft, die stets auch die Einziehung des angesammelten Vermögens für das Gemeinwohl mit sich bringt.

Der Sekretär geleitete mich über den Hof nach einem Vorraum, wo ich kurze Zeit warten mußte, und dann durch mehrere Gänge in das Gemach des Königs. Beim Durchschreiten der vielen Räume war mir aufgefallen, daß am Hof dieses doch immerhin zweitgrößten Herrschers des unabhängigen Arabien sehr wenig von Prunk und Pracht zu finden war. Es fehlte alles das, was wir Aufmachung zu nennen pflegen. Auf äußere Repräsentation legte man anscheinend keinen Wert. Die Atmosphäre war ganz unfeierlich. Übrigens war der Palast ursprünglich ein von den Türken erbautes Hospital und zeitweise auch Sitz des türkischen Statthalters gewesen.

Der Audienzraum war denkbar einfach ausgestattet: rings an den Wänden einige Polster, mit einfachen Teppichen belegt, außerdem nur noch ein niedriger Schreibtisch, hinter dem, auf Kissen gestützt, der König saß. Über ihm an der Wand hing das silberne Schwert, das Zeichen seiner Macht. In diesem schlichten Rahmen wirkte seine Erscheinung um so eindrucksvoller. Er war damals mit seinen siebenundsechzig Jahren eines sehr bewegten und wechselvollen Lebens noch auf der vollen Höhe seiner Kraft. Das durchfurchte, großzügig wirkende Gesicht war von langem grauen Vollbart umrahmt; der volle Mund mit etwas überhängenden Lippen war beim Sprechen sehr beweglich und gefällig, in der Ruhe hatte er etwas Hartes, fast Grausames. Die tiefschwarzen, dicht zusammenstehenden Augen über ziemlich breiter Nase richteten sich mit stechendem Blick auf den Besucher. Sie konnten zuweilen wild aufflammen, aber das war auch das einzige Zeichen seiner Erregung; seine Haltung blieb immer gemessen und beherrscht. Bis auf eine einzige kleine Abweichung unterschied er sich auch in seiner Kleidung nicht von seinen Untertanen. Er trug den landesüblichen Abah, das weite, gestreifte Gewand, sichtlich nicht mehr ganz neu, und den weißen Turban der Sayed, der Adligen, nur daß die beiden Enden des Turbans seitlich hinter dem rechten Ohr herabhingen. Dieser sogenannte Zuabah ist das Abzeichen seiner Imâm-Würde.

Der König begrüßte mich mit einem freundlichen »Marhaba. Sei willkommen« und lud mich mit einer Handbewegung zum Sitzen ein. Übrigens erhebt er sich nie vor Fremden, auch nicht vor den Höchstgestellten. Denn Fremde sind Ungläubige und daher in den Augen des strengen Moslem Menschen einer niederen Gattung.

Eigentlich ist es Sitte, daß auswärtige Gäste, die vom Imâm empfangen werden, ein Gedicht auf ihn verfassen oder sich anfertigen lassen, um es dann bei der Audienz vorzutragen. (Ich hatte das leider versäumt.) Die Dichtkunst spielt bei den Arabern ungefähr die gleiche Rolle wie bei den Europäern die Musik. Sie ist eine ausgesprochene Volkskunst. Alles, was über den Alltag in irgendeiner Weise hinausragt, seien es besondere Ereignisse, seien es Stimmungen oder Gefühlsregungen, etwa bei einem Marsch durch die Wüste, beim Einzug eines Herrschers in eine Stadt, oder was es sonst sein mag, findet seine Gestaltung in rhythmisch gehobener Sprache. Hat doch selbst der Prophet Mohammed seine Predigten in formvollendeten Rhythmen vorgetragen – sonst hätte man ihn überhaupt nicht angehört. Und heute ist es nicht anders als vor dreizehnhundert Jahren. Dichten können gehört zur Bildung des Arabers in demselben Sinne, wie bei uns von dem Gebildeten eine gewisse Beherrschung der Prosa verlangt wird. Dabei wird gerade auf die Form der größte Wert gelegt, und dichterische Stümperei findet höhnische Ablehnung. Dieser allgemein im Volk verbreiteten und seit uralten Zeiten bis heute gepflegten Kunst kommt die formen- und klangreiche Sprache entgegen, die – wie ein Arabist treffend sagte – uferlos ist wie das Meer. Die Araber sind vielleicht die größten Sprachkünstler, die es gibt. Auch der König ist ein Dichter von hohen Graden und dabei ein sehr kritischer Kenner der Kunst. Es heißt, daß man ihn durch den Vortrag eines wirklich schönen und auch in der Form untadeligen Gedichtes leichter geneigt machen kann, eine Bitte zu gewähren oder einen Wunsch zu erfüllen, als durch noch so viele berechtigte Gründe.

Ich hatte meine Bitte um Einreise in den Jemen damit begründet, daß ich die Musik des Landes studieren wollte. Der König ging bei der Audienz jedoch nicht darauf ein. Erst später sandte er seinen Sohn zu mir, den Prinzen Seif el Islam Mohammed, der sich über meine Tonaufnahme und den Apparat näher unterrichtete. Damals fragte der König nur, wie lange ich in San'a zu bleiben gedächte. Die Erlaubnis zum Aufenthalt wird immer nur auf eine bestimmte Zeit gewährt. Da der hohe Herr in guter Stimmung zu sein schien, brachte ich gleich die Bitte vor, mir die Reise in das Hinterland von Jemen zu gestatten. Aber das schlug der König rundweg ab und erklärte, das Land sei viel zu unsicher und noch keineswegs so fest in seinem Besitz, daß er die Verantwortung dafür übernehmen könnte. Also mußte ich mich mit dem Aufenthalt in San'a begnügen. Aber schon damals reifte in mir der Entschluß, auch ohne königliche Erlaubnis jenen verschlossenen Gebieten einen Besuch abzustatten.

Während der Unterredung hatte ich Gelegenheit, die Regierungstätigkeit des Herrschers zu beobachten. Es kamen wiederholt Boten, die irgendein Schriftstück überreichten, meist ein einfaches Stück Papier. Der König las es und setzte dann gleich seine Entscheidung mit wenigen Schriftzügen in roter Tinte darunter. Diese Einfachheit des Schriftverkehrs ist wirklich beneidenswert. Der König braucht keine dicken Aktenstücke durchzulesen, die erst lange Instanzenwege zu durchlaufen haben. Daben wird das meiste mündlich erledigt. Das geht auch ohne stundenlange Vorträge mit ein paar Fragen und Antworten ab. Auf diese Weise ist es dem König möglich, das Führerprinzip in seinem Staate in sehr weitem Maße auf eine menschliche Weise durchzuführen.

Bei aller Sachlichkeit, ja Nüchternheit, mit der die Regierung geführt wird, beruht das Herrscheramt des Imâm Jahya ibn Mohammed ed Din, wie sein allerdings noch nicht vollständiger Name lautet, doch auf einer gewissen mystischen Voraussetzung. Es ist nicht ganz leicht, sich in die orientalische Denkweise hineinzuversetzen, die uns Heutigen vielleicht näherliegt als dem noch ganz im Rationalismus befangenen 19. Jahrhundert.

Der Titel Imâm besagt, daß sein Träger ein direkter Nachkomme des Propheten ist, und zwar, da Mohammed keine Söhne hatte, seines Enkels Hussein, eines Sohnes seiner Tochter Fatima. Die Würde des Imâm beruht also auf den geheimnisvollen Banden des Blutes. Aber es bedeutet noch etwas mehr, als wir gemeinhin darunter verstehen. Mit dem Blut wird auch zugleich das Wesen des von Gott erwählten Propheten übertragen, es erfährt in den Nachkommen eine Wiedergeburt, eine Reinkarnation, nach der alten in fast ganz Asien verbreiteten Vorstellung. Allerdings ist diese Übertragung an gewisse Voraussetzungen geknüpft. Ursprünglich waren es fünfzehn Eigenschaften, die ein Nachkomme Mohammeds aufweisen mußte, um die Würde des Imâm in Anspruch nehmen zu können. Dazu gehörte vor allem, daß er sich als gewöhnlicher Mensch bewährte und namentlich als Glaubenskämpfer bewies, daß der Geist des Propheten in ihm lebendig oder, genauer gesagt, in ihm wiedergeboren war. Denn das arabische Wort ›Imâm‹ bedeutet: ein von allen zu befolgendes Muster oder Beispiel, wie es ja der Prophet selbst gewesen ist.

Die Reinkarnationslehre in dieser strengeren Form hat sich nur bei den Schiiten erhalten, die hauptsächlich im östlichen Teil des mohammedanischen Religionsgebiets wohnen und daher der asiatischen Gedankenwelt näherstehen. Bekanntlich trat sehr früh im Islam eine Spaltung ein, in Sunniten und Schiiten. Der Unterschied zwischen beiden ist, daß die Schiiten die Kalifen der Sunniten nicht anerkennen, sondern den Schwiegersohn des Propheten, Ali ibn Abu Talib, der aus dem Kalifat verdrängt wurde, als den allein rechtmäßigen Nachfolger Mohammeds ansehen. Daher wurde für die Schiiten Ali auch der erste Imâm, also Inhaber der höchsten geistlichen Würde, die sich dann auf seine beiden Söhne Hassan und Hussein vererbt und weiter auf die direkten Nachkommen des letzteren (Hassan ist kinderlos gestorben) übertragen hat.

Mit dem zwölften Imâm, Mohammed al Madhi, das heißt ›der Gesandte‹, hörte die Reihe auf. Mohammed al Madhi wurde von den abbasidischen Kalifen ermordet. Nach dem Glauben der persischen Schiiten wurde er in den Himmel entrückt; dort weilte er unsichtbar, und von dort wird er, der Herr der Zeiten, wie er auch heißt, nach Allahs Willen wiederkehren, um die Welt von Unglauben und Sünden zu befreien. Also eine Neubelebung des alten orientalischen, auch von den Juden übernommenen Messias-Gedankens.

Vielen Schiiten aber wäre ein lebendiger Imâm lieber gewesen, nach dessen Vorbild sie sich richten konnten. Da nun jeder blutsverwandte Nachkomme des Propheten den Anspruch erheben kann, eine Wiederverkörperung Mohammeds zu sein, sofern er durch seine ungewöhnlichen Eigenschaften und seine Taten diesen Anspruch als zu Recht bestehend erweist, kam dazu, daß verschiedene Imâme auftraten und Anhängerschaft gewannen.

So geschah es auch in Südarabien. Dorthin kam im 10. Jahrhundert aus dem Irak Sayed (das heißt Nachkomme Husseins) Jahya ibn-al-Hussein al-Qasim-er-Rassi und wurde nach einigen Jahren als Imâm anerkannt. Er gründete nicht eine Sekte, wie vielfach unzutreffend gesagt wird, sondern eine besondere Gemeinschaft unter den Schiiten, die Sa'iditen, die sich von den anderen nur dadurch unterschieden, daß sie in dem Imâm Jahya und dessen Nachfolgern ihr oberstes geistliches Haupt und den rechtmäßigen Stellvertreter des Propheten sahen. Die Anhängerschaft des Imâm erstreckte sich allerdings nur auf das Hochland Südarabiens, das Küstengebiet blieb sunnitisch. Außer dem Imâmat von Omân hat sich nur das von Südarabien bis auf den heutigen Tag erhalten. Aus dem Geschlecht jenes ersten Jahya er-Rassi stammt nun auch der jetzige Imâm Jahya oder soll ihm wenigstens entstammen, womit diese Rassiten-Dynastie wohl bei weitem das älteste Herrscherhaus der Welt wäre.

Der Imâm Jahya, der 1926 auch den Königstitel annahm, kam im Jahre 1902 zur Regierung. Damals bemühten sich die Türken, ihre nominelle Oberhoheit über den Jemen in eine tatsächliche zu verwandeln. Aber das gelang ihnen niemals vollständig, obwohl das Land vor der Besetzung durch die Türken schon fast ein Jahrhundert lang völliger Anarchie verfallen war. Das hatte seinen Grund hauptsächlich in den Bestimmungen über die Erlangung des Imâmats. In der etwa aus dem 11. Jahrhundert stammenden Festsetzung heißt es:

»Das Imâmat gebührt demjenigen, der abstammt von Ali und Fatima, der Tochter des Propheten, der der Weiseste in religiösen Fragen ist und der Mutigste in der Schlacht, der erwachsen, von männlichem Geschlecht, gesund an Körper und Geist, von rechtlicher Geburt, zur Regierung begabt, gerecht, großmütig und fromm ist – und der das Imâmat mit der Schärfe des Schwertes gewinnt.«

Die Folge war, wie bereits erwähnt, daß es auch im Jemen zu unausgesetzten Kämpfen um das Imâmat unter den Prinzen aus dem Stamm Alis kam. Bei der Ohnmacht der Obergewalt machte sich jeder kleine Stammesfürst mehr oder weniger selbständig, und das Land kam der Auflösung nahe. Den Türken gebührt das Verdienst, wenn auch als Gegnern, dem inneren Zwist bis zu einem gewissen Grad ein Ende gemacht und den Grund zur Einigkeit gelegt zu haben, auf dem dann der jetzige König weiterbauen konnte.

Der Imâm Jahya begann seine Regierung mit einem allgemeinen Aufstand gegen die türkische Oberherrschaft. Die wechselvollen Kämpfe dauerten, mit einigen Unterbrechungen, neun Jahre. Dann, 1911, als sich durch den Angriff Italiens auf Tripolis der Islam in seiner Gesamtheit bedroht glaubte, gelang es dem damaligen Gouverneur des Jemen, dem klugen und maßvollen Izzet Pascha, dem späteren türkischen Heerführer im Ersten Weltkrieg, mit dem Imâm Jahya zu einer Verständigung zu kommen und einen zunächst auf zehn Jahre gültigen Vertrag abzuschließen. Es war ein Kompromiß: dem Imâm wurde eine gewisse Selbständigkeit zugebilligt, er hatte die geistliche und zum Teil auch die richterliche Obergewalt inne, die militärische und politische Leitung des Landes blieb in den Händen der Türkei.

Im Ersten Weltkrieg versuchte England mit allen Mitteln, den Imâm Jahya zum Abfall von der Türkei und Anschluß an den arabischen Aufstand zu bewegen. Aber der Imâm widerstand dem Druck und berief sich auf den mit der Türkei abgeschlossenen Vertrag von 1911, der noch Gültigkeit besaß. Die Jemeniten verteidigten nicht nur ihr Land gegen englische Angriffe, sondern trugen auch den Krieg in das Hinterland des Protektorats von Aden. Es ist schwer zu sagen, was den Imâm Jahya zu dieser für ihn nicht ungefährlichen Haltung dem großen Britischen Reich gegenüber bestimmt hat. Wahrscheinlich wollte er nicht wie so viele andere arabische Fürsten ein Herrscher von Englands Gnaden werden. Ibn Sa'ud indessen war klug genug, sich der materiellen und besonders finanziellen Hilfe Englands zur Schaffung seines mittelarabischen Reichs zu bedienen, ohne sich durch allzu offenen Anschluß an die Ungläubigen in den Augen seiner Wahhabiten zu kompromittieren. Aber im Jemen lagen die Dinge wohl anders. England hatte beständig sein Protektorat von Aden an der südarabischen Küste erweitert, und zwar über Gebiete, die ursprünglich zum Jemen gehörten. Der Imâm konnte daher wohl befürchten, daß schließlich auch der ganze Rest des Jemen in das Schutzgebiet einbezogen werden würde.

Zur Strafe für seine Vertragstreue wurde dem Imâm Jahya, der mit der Auflösung des Osmanischen Reichs beim Ausgang des Ersten Weltkrieges volle Selbständigkeit erlangt hatte, von England das Gebiet der Hafenstadt Hodeida fortgenommen. Damit verlor der Jemen den einzigen brauchbaren Zugang zum Meer, den er nach dem Verlust von Aden noch besaß. Das junge selbständige Reich sollte anscheinend erdrosselt werden. Das Gebiet von Hodeida wurde dem benachbarten Emir von Assir übergeben, der mit England befreundet war. Doch gelang es dem Imâm, im Jahre 1925 das Küstengebiet von Hodeida zurückzuerobern, ohne daß Großbritannien Einspruch erhob. Das Verhältnis zu England blieb aber weiterhin gespannt und führte zu wiederholten Grenzkämpfen. Auch die Flugzeuggeschwader, die von Aden aus in den Jemen entsandt wurden, um für Vorstöße in das Protektoratsgebiet Vergeltung zu üben, verloren nach wiederholtem Erscheinen den Schrecken, den sie anfänglich hervorgerufen hatten. Sobald die großen Vögel angebrummt kamen, flohen die Bewohner in den Schutz der Felsklüfte, und die paar Lehmhäuser, die durch die Bomben etwa zerstört wurden, konnten leicht wieder aufgebaut werden.

Schließlich fand der Imâm einen bereitwilligen Freund in Italien, dessen Kolonie Erythräa gerade gegenüber auf der anderen Seite des Roten Meeres liegt. Im Jahre 1926 kam es zum Abschluß eines Freundschaftsvertrages, in dem Italien die Selbständigkeit des Jemen innerhalb der bestehenden Grenzen (die aber noch durchaus nicht feststanden) anerkannte und dafür eine gewisse Bevorzugung in Wirtschafts- und Handelsunternehmungen eingeräumt erhielt, sich außerdem zur Lieferung von Waffen und Munition zu ermäßigtem Preise verpflichtete. Man wird kaum fehlgehen mit der Vermutung, daß bei der Lage der Dinge dieser Vertrag unter stillschweigender Billigung Großbritanniens zustande kam, zumal letzteres später eine Verständigung mit dem Jemen herbeigeführt hat.

Italien beeilte sich nun, die Vorteile seines Vertrages auszunutzen und suchte in dem ›Hinterland‹ seiner Kolonie Erythräa – als solches sah es den Jemen an – festen Fuß zu fassen. Aber bei dem sicherlich berechtigten Mißtrauen des Imâm gegen jeden fremden Einfluß in seinem Lande war der Erfolg nicht übermäßig groß. Ihm war es vor allem um das Kriegsmaterial zu tun, das er allerdings bitter nötig hatte. Italien sandte außerdem noch Ärzte, Techniker, Maschinen und Flugzeuge, und zwar alles zunächst umsonst, da es die große Sparsamkeit des Imâm kannte. Aber die Ärzte fanden kein Betätigungsfeld im Jemen und verschwanden einer nach dem anderen wieder. Mit den Technikern ging es nicht viel anders, denn auch für Maschinen war es zu früh; meist gelangten sie überhaupt nicht bis zur Hauptstadt. Man sieht noch heute an dem Wege von San'a nach Hodeida halb geöffnete Kisten mit Maschinenteilen und italienischen Aufschriften liegen. Den Karawanen waren diese ungewohnten Lasten zu schwer, und so entledigte man sich ihrer unterwegs. Beduinen brachen die verlassenen Kisten auf, fanden aber nur Zahnräder oder Eisenteile, mit denen sie nichts anfangen konnten.

Von den Flugzeugen gelangte allerdings der größte Teil nach der Hauptstadt. Der Imâm nahm sich sogar dieser modernen Einrichtung eifrig an, denn hier handelte es sich um ein Kriegsmittel. Er entsandte einige junge Jemeniten nach Ägypten zur Ausbildung im Fliegen und errichtete dann auch in San'a selbst eine Art Fliegerschule. Aber leider war Allah gegen diese Neuerung. Als es eines Tages geschah, daß zwei deutsche Flieger mit einem Angehörigen des Königshauses bei der Hauptstadt abstürzten, verbot der König kurzerhand das Fliegen. Die wenigen brauchbaren Maschinen stehen nun seit Jahren unbenutzt im Schuppen.

Man ersieht daraus, daß die Umwandlung der alten Theokratie in ein der Neuzeit entsprechendes Staatsgebilde dort nicht so einfach ist wie vielleicht in anderen orientalischen Ländern, die mit Europa schon länger in Berührung stehen. Im Jemen fehlen dazu vielfach noch die einfachsten Voraussetzungen. Wichtiger noch ist, daß die Grundlage, auf der Macht und Ansehen des Imâm beruhen, einer solchen Umbildung entschieden im Wege steht. Diese Grundlage ist durchaus religiöser Natur. Die Glaubensgemeinschaft, die den größten Teil der jemenitischen Bevölkerung umfaßt, sieht in dem Imâm – wie oben ausgeführt – den Nachfolger des Propheten, die Verkörperung Mohammeds und zugleich den Vorläufer des Mahdi, des letzten Imâm, der einst kommen wird, das Werk Mohammeds zu vollenden. Der Imâm ist demgemäß der Vollstrecker des Willens des Propheten und damit Allahs. Überall da also, wo die religiösen Anschauungen den Neuerungen widersprechen – und das ist auf den meisten Gebieten der Fall –, wird er sich gegen das Neue entscheiden und entscheiden müssen, will er nicht die Stützen seiner Herrschergewalt selber umstoßen. Der Imâm befindet sich gewisser Weise freilich in kleinerem Maßstab – in einer ähnlichen Lage wie einst der alte Abdul Hamid, der letzte große Sultan des Osmanischen Reichs. Auch dieser wurde unausgesetzt von Europa zu Reformen gedrängt, ja geradezu gezwungen, und dabei wußte er genau, daß eben diese ›Modernisierungen‹ nicht nur seine eigene Macht, sondern auch die Grundlagen des Osmanischen Reichs rettungslos untergruben.

Man muß ferner bedenken, daß der Krieg im Lande Jemen seit dem Jahre 1918 bis in die jüngste Gegenwart nie ganz aufgehört hat, und dabei handelt es sich manchmal um Gegner wie Großbritannien. Die militärischen Aktionen wurden allerdings zum Teil auch durch den Wunsch veranlaßt, die noch strittigen Grenzen möglichst auszudehnen und den Machtbereich zu erweitern. Aber schließlich macht das der mittelarabische Nachbar Ibn Sa'ud genauso – von den auf der Höhe der Zivilisation stehenden Staaten ganz zu schweigen.

Mit dieser Notwendigkeit, sich seiner Feinde zu erwehren und seine Macht im Innern zu stabilisieren, hängt auch die berühmte Sparsamkeit, ja man kann sagen der Geiz des Imâm zusammen, über den so viel geredet worden ist. Der König weiß ebensogut wie seine ›Kollegen‹ in der übrigen Welt, daß zum Kriegführen Geld gehört. So hat er denn sein Leben lang gespart und wieder gespart und allmählich in den unterirdischen Gewölben seines Palastes einen gewaltigen Schatz aus blanken Maria-Theresia-Talern mit der Jahreszahl 1751 (die Wiener Münze hat noch in der Zeit nach dem Kriege im Jahre durchschnittlich drei Millionen Stück davon geprägt) und aus Goldpfunden angesammelt. Damit bezahlt er die Lieferungen vom Ausland. Die meisten Ausgaben erfolgen für militärische Zwecke und für Beschaffung moderner Kriegsmittel, wofür ›Abu Buchul‹, der Vater des Sieges, wie der Imâm beim Volk heißt, immer etwas übrig hat. Sonst allerdings gibt er Geld nicht gern her und ist der Meinung, daß seine Untertanen ein bescheidenes Leben führen und vor allem keine Reichtümer ansammeln sollen. Wer sich ein Vermögen erworben hat, kann nie sicher sein, eines schönen Tages politisch verdächtigt zu werden, denn Geld bringt Macht mit sich, und die beansprucht der König für sich allein. Um den Betreffenden fernerhin nicht in Versuchung zu führen, wird sein Vermögen eingezogen und dem Staatsschatz einverleibt, also dem Gemeinwohl nutzbar gemacht. Auf diese Weise wird für den sozialen Ausgleich gesorgt.

Auch das Militär wird kurzgehalten und bekommt nur einen sehr geringen Sold. Immerhin könnte er bei den ungemein bescheidenen Lebensbedürfnissen genügen, wenn nicht auch die Soldaten dem Landesübel des Kat-Essens verfallen wären, wofür sie meist ihr bißchen Geld ausgeben und sich auf alle mögliche Weise noch mehr von dem Rauschgift zu beschaffen suchen. Bei den ständigen Grenzscharmützeln, die überhaupt mehr noch das Gesicht des alten ehrlichen Krieges tragen, ist es vorgekommen, daß die jemenitischen Soldaten ihre Waffen und Munition dem Gegner verkauften. Nun, dergleichen soll auch anderswo geschehen sein. Aber es gab noch einen weniger bedenklichen und auskömmlicheren Trick, der außerhalb des Orients allerdings nicht anwendbar ist. Für den Mohammedaner ist es von größter Bedeutung, daß der Tote nicht im Lande des Feindes, sondern in seiner Heimaterde begraben wird. Die Jemeniten zogen nun, wo sie irgend konnten, die im Gefecht gefallenen Gegner auf ihre Seite hinüber und verkauften sie dann für hohes Geld an die Gegenpartei.

Auch bei den Beamten des Staates Jemen waltet sozusagen preußische Sparsamkeit. So erhielt der erste Minister des Königs und Leiter des Auswärtigen, Raghib Bej, nur etwa neunzig Mark Gehalt im Monat. Raghib Bej ist geborener Türke; er war während des Ersten Weltkriegs türkischer Gouverneur der Provinz Hodeida und hat sich nach dem Zusammenbruch des Osmanischen Reichs, wie viele seiner Landsleute, die damals im Jemen tätig waren, dem jungen Staat zur Verfügung gestellt. Diese Türken leisteten dem König als Beamte und Offiziere dank ihrer Erfahrung und ihrer Kenntnisse wertvolle Dienste.

Raghib Bej machte mir am christlichen Neujahrstage einen Besuch, um mit mir über Deutschland zu plaudern, dem er große Anhänglichkeit bewahrt hat. Denn er ist vor Zeiten beim türkischen Konsulat in Berlin beschäftigt gewesen. Er war eine sehr kluge und gebildete Persönlichkeit und wie die meisten Orientalen ein ungemein geschickter, ja verschlagener Diplomat und großer Menschenkenner. Trotz seines Alters – er war damals weit über sechzig Jahre – hatte er noch eine jugendlich frische Art und war mit seinem charaktervollen Gesicht mit weißem, kurzem Backenbart eine imposante Erscheinung. Das kam namentlich zum Ausdruck, wenn er an den Feiertagen in feierlichem Aufzug, in langem schwarzem Gewand mit weißem Turban und roter Schärpe auf einem prachtvollen Araberpferd sitzend, den König zu dem großen Selamlik-Gebet nach der Moschee al Kebir begleitete.

Wenn der König treuergebene und selbstlose Diener gefunden hatte wie Raghib Bej und einige andere seines Schlages, so spricht das nur für den König selbst. Es ist keine Frage, daß der Imâm Jahya eine ausgesprochene Herrscherpersönlichkeit war und für die Erfordernisse der Zeit Verständnis hatte. Dabei muß man bedenken, daß er nie im Leben über die Grenzen seines Reiches hinausgekommen ist und die Welt draußen nur vom Hörensagen kannte. Und dieses ›Hörensagen‹ mag oft recht märchenhaft ausgefallen sein.

Jedenfalls war es dem Imâm gelungen, in einem Lande, das Jahrhunderte nur Rebellion und Aufstände kannte und von den türkischen Oberherren bis in die jüngste Vergangenheit hinein nur mit harter Gewalt und auch nur unvollkommen im Zaum gehalten werden konnte, zum mindesten die Grundlagen eines echten Staates zu schaffen. Daß dies nur durch ein streng autokratisches Regiment möglich war, ist einleuchtend. Und daß dabei manchmal Methoden angewendet wurden, die wir als unvereinbar mit der modernen Zivilisation ansehen, ist aus den Voraussetzungen zu verstehen. Man kann nicht die Dinge immer nur mit der europäischen Brille auf der Nase beurteilen.

Zu diesen, sagen wir, etwas gehaltsamen Methoden gehört auch das viel beredete Geiselsystem, über das sich so mancher Reisende, der einmal einen flüchtigen Blick in den Jemen warf ,moralisch entrüsten zu müssen glaubte. Fast jeder höhere Würdenträger, vor allem aber jeder größere oder kleinere Stammesfürst muß dem König einen Sohn oder Bruder als Geisel stellen, als Bürge gewissermaßen seines Wohlverhaltens und Gehorsams. Ein ähnliches System kennen wir aus der Zeit der Völkerwanderung. Sollte ein Statthalter oder ein Stammeshäuptling auf den früher sehr naheliegenden Gedanken kommen, sich gegen die Staatsgewalt aufzulehnen, so würde sich der König natürlich zunächst an den zur Sicherheit gestellten Sohn oder sonstigen nahen Verwandten halten, der unter Umständen die Taten des Vaters oder Bruders mit dem Tode zu büßen hätte. Diese Geiseln sind entweder in der Hauptstadt oder einer anderen Stadt des Landes – meist weitab von dem Sitz des betreffenden Würdenträgers – interniert. Sie können sich in dem zugewiesenen Ort frei bewegen, dürfen ihn aber nicht verlassen. Wer von diesen meist jungen Leuten das Glück hat, in der Nähe des Königs zu weilen, hat sogar die Möglichkeit, sich eine glänzende Zukunft zu schaffen. Man rechnet, daß um 1934 etwa viertausend Geiseln als Staatsgefangene gehalten wurden. Jedenfalls ist durch dieses Sicherheitssystem gewährleistet, daß die Staatsgewalt überhaupt erst einmal zur Geltung gebracht werden konnte, was vordem durchaus nicht der Fall war. Es bleibt, alles in allem, jedoch ein barbarisches Erziehungsmittel zur Staatsräson und Pflichttreue. Wenn ein Statthalter weiß, daß seine Übergriffe gegebenenfalls an seinem Sohn geahndet werden, wird er sich sehr davor hüten. Und das gleiche gilt auch für die zahlreichen kleinen Stammeshäuptlinge der Beduinen, die sich durchaus noch als Herren von eigenen Gnaden anzusehen geneigt sind. Es ist auch ein Erziehungsmittel, das Zeit braucht und erst in den nächsten Generationen zur freiwilligen Unter- und Einordnung führen kann. Ob es jetzt nach dem Tode des alten Königs schon so weit ist, muß allerdings dahingestellt bleiben.

In welchem Maße der allmächtige Imâm alles und jedes in den Dienst seines Staates stellte – wobei, wie die Dinge liegen, die kriegerischen Erfordernisse an erster Stelle stehen –, erhellt aus dem Regime, das er in seinem Harem eingeführt hat. Der Stellvertreter des Propheten hat, dem Gebot des Koran entsprechend, vier offizielle Frauen und eine Reihe von Nebenfrauen. Die Zahl ist nicht bekannt, es sollen etwa dreißig sein. Nun wird aber, entgegen dem alten Brauch, im Harem fleißig gearbeitet. Der König verlangt, daß seine Frauen und natürlich auch ihre zahlreichen Dienerinnen Uniformen für seine Soldaten anfertigen. Dafür bekommen sie sogar – wenn auch nicht viel – bezahlt, und zwar je nach der Stückzahl, die sie abliefern. Man hat das oft angeführt als Beispiel für den außerordentlichen ›Geiz‹ des Königs. Daß er ungemein sparsam ist und warum er es ist, wurde schon erwähnt. Aber in diesem Fall scheint mir der angebliche Geiz des hohen Herrn eine ganz zweckmäßige Auswirkung zu haben. Die zahlreichen Frauen haben gewiß nicht viel zu tun. Anstatt daß sie, wie in den Harems anderer orientalischer Herrscher, den ganzen Tag herumliegen und vor Langeweile nicht wissen, was sie anfangen sollen, werden sie angehalten, sich nützlich zu machen. Es liegt sogar etwas Fortschrittliches darin, indem – was bisher im Orient ganz undenkbar war – von den Frauen verlangt wird, daß sie sich in den Dienst des Gemeinwohls stellen und die Frauen des Königs dabei mit gutem Beispiel vorangehen, zumal es sich hier um einen jungen Staat handelt, dessen Existenz dauernd in Gefahr ist.

Von diesen Frauen hat der König dreizehn Söhne. Die Zahl der Töchter weiß man nicht, denn die werden nicht gerechnet.

Nachdem sich die siegreichen Westmächte ihren Anteil an der Erbschaft des Osmanischen Reiches gesichert hatten, verblieben noch zwei völlig unabhängige Herrscher in Arabien: Ibn Sa'ud in der Mitte der Halbinsel und Imâm Jahya, der König von Jemen, im Süden. Beide suchten die noch nicht genau festgelegten Grenzen ihrer Reiche nach Möglichkeit zu erweitern. Ibn Sa'ud hatte dabei mehr Glück. Er bemächtigte sich der Heiligen Städte, vertrieb den von England begünstigten König Hussein von Hedschas, griff weiter nach Süden aus und besetzte das ehemalige Sultanat Assir, in der unmittelbaren Nachbarschaft des Jemen, auf das auch der Imâm Jahya Anspruch erhob.

Daraus ergaben sich fortgesetzte Grenzstreitigkeiten, Ausdruck der geheimen Rivalität zwischen beiden Herrschern. In beiden Ländern rüstete man eifrig, unter bereitwilliger Mithilfe auswärtiger Waffenlieferanten. Der Versuch Ende 1933, die strittigen Fragen durch einen Vertrag zu regeln, scheiterte. Es blieb nur die Entscheidung durch das Schwert übrig.

Die ließ nicht lange auf sich warten. Im Frühling des Jahres 1934 kam es zu einem regelrechten Krieg. Für Imâm Jahya verlief er ungünstig. Die Wahhabitenkrieger Ibn Sa'uds schlugen die Truppen des jemenitischen Kronprinzen, eroberten die Hafenstadt Hodeida und besetzten das ganze Küstengebiet. Das Schicksal des Jemen schien besiegelt. Schon wußten die Blätter zu melden, daß Imâm Jahya entthront oder gar ermordet und sein Land dem Reich Ibn Sa'uds eingeliedert worden sei.

Da wurde die Welt durch einen unerwarteten Friedensschluß überrascht, der in Taïf, einer in herrlicher Oase gelegenen Stadt unweit Mekkas, im Juni 1934 zustande kam. Darin wurde offenbar, daß es sich bei dem Konflikt um eine Staffel in dem Einigungskampf Arabiens gehandelt hat. Die Selbständigkeit des Jemen blieb ungeschmälert erhalten, und die besetzten Landstriche wurden geräumt. Das umstrittene Assir fiel endgültig an Ibn Sa'ud. Beide Teile erklärten gleichzeitig, daß nunmehr keinerlei Gebietsansprüche zwischen ihnen beständen.

Wichtiger aber war der zunächst auf zwanzig Jahre gültige Vertrag »mohammedanischer Freundschaft und arabischer Brüderschaft«, der aus diesem Frieden hervor-
ging. Beide Staaten – und das ist von außerordentlicher Bedeutung – betrachten sich
künftig als eine einzige Nation und verpflichten sich, »für die Wohlfahrt, den Frieden
und die Ruhe dieser einheitlichen Nation zu sorgen«.

Damit war eine gemeinsame Front gegen jeden Angriff auf die arabische Halbinsel
geschaffen worden. Aber mehr noch bedeuteten dieser Frieden und dieser Vertrag den
Auftakt zu der langersehnten Einigung des Landes. Nach dem Zusammenbruch des
Osmanischen Reiches glaubten die Siegerstaaten, dem Nahen Orient eine Gestalt nach
ihrem Willen und ihren Wünschen geben zu können. Zuerst erhob sich die Türkei und
machte einen Strich durch diese Rechnung. Dann begann Arabien zu folgen. Das mächtige und mehr denn je anerkannte Haupt der werdenden Föderation war Ibn Sa'ud.
Ihr letztes Ziel – darüber besteht kein Zweifel – lautet: Arabien den Arabern.

Seit dem Jahre 1946 figuriert auch der Jemen unter den Nationen der ›Arabischen
Liga‹. Aber beide Herrscher sind inzwischen verschieden. Ibn Sa'ud starb eines natürlichen Todes, während der Imâm Jahya zusammen mit dreien seiner Söhne im Jahre
1948 in seinem Palast in San'a von Revolutionären auf Antrieb des Emir von Hodeida
ermordet wurde. Der Imâm erreichte das fünfundachtzigste Lebensjahr. Seine Hoheit,
der Prinz Seif el Islam Ahmed folgte ihm auf dem Thron und wurde somit der recht-
mäßige Nachfolger des Imâm. Man sagt, daß er nicht ganz unschuldig an dem Tode
seines Vaters gewesen sei. Bei den Eifersüchteleien und der Feindschaft, die seit jeher
im königlichen Hause bestanden, nimmt das nicht wunder. Ließ doch der Imâm Jahya
bald nach meinem ersten Besuch im Jemen seinen Sohn und Nachfolger, den Prinzen
Seif el Islam Mohammed, im Roten Meer ertrinken, da er ohne Wissen des Königs im
Jahre 1934 Waffenkäufe mit Mussolini abgeschlossen hatte. Schon damals traute der
Imâm seinen eigenen Söhnen nicht.

Unter der neuen jemenitischen Regierung hat sich insofern nicht viel geändert, als
der Jemen wie zur Zeit von Niebuhr, der unter großen Schwierigkeiten vor zweihundert Jahren als erster in das Innere gelangte, immer noch ein verschlossenes Land
ist und bleibt. Der neue König hält ängstlich seine Grenzen verschlossen und unterhält
mit keiner europäischen Macht diplomatische Beziehungen. Eine medizinische Mission
französischer Ärzte unter dem neuen Regime im Jemen konnte nur unter großen
Schwierigkeiten arbeiten. Ein Mitglied, Dr. Février, starb in San'a im Jahre 1947, bald
nach seiner Ankunft. General Ribollet, der beauftragt war, ein Hospital im Jemen
einzurichten, konnte das Vertrauen des neuen Königs nicht gewinnen. Er starb 1951 in
Aden an einer Krankheit, die er sich im Jemen zugezogen hatte.

Auch die amerikanische archäologische Expedition der ›American Foundation for
the Study of Man‹, die nach langwierigen Verhandlungen mit dem Imâm Ahmed die
Erlaubnis erhielt, im Umkreis von fünfundzwanzig Kilometern von Marib Ausgra-
bungen zu machen, hatte kein Glück. Hals über Kopf mußte das von Dr. Franc P.

Albright geleitete Unternehmen im Februar 1952 abgebrochen werden. Unter Zurück-
lassung fast ihres ganzen Materials mußten die Amerikaner aus dem Jemen fliehen.

So ganz will man sich aber heute im Jemen auch wieder nicht der Außenwelt verschließen. Nachdem auf gewisse Anzeichen hin vermutet wird, daß es auch im Jemen
Erdöl gibt, und nachdem man gesehen hat, zu welchen Reichtümern Fürsten anderer
arabischer Landstriche durch das Öl gelangt sind, wittert man gute Geschäfte, und die
will man sich auf keinen Fall entgehen lassen.

So wurde im April 1953 zwischen der jemenitischen Regierung und der deutschen
Firma C. Deilmann Bergbau GmbH., Bentheim, eine Vereinbarung getroffen, nach der
in Form einer Partnerschaft die gemeinsame Erschließung der im Jemen vermuteten
Erdölvorkommen vorgesehen ist. Nach dem Abkommen ist der Jemen mit fünfund-
siebzig Prozent und die Firma Deilmann mit fünfundzwanzig Prozent an dem gemeinsamen Aufwand und an einem etwaigen späteren Ertrag beteiligt. Die deutsche
Firma soll alle geologischen und geophysikalischen Voruntersuchungen sowie die Tief-
bohrarbeiten ausführen. Falls später Erdöl in wirtschaftlich ausbeutungsfähigen Men-
gen gefunden werden sollte, liegen auch die Produktionsbetriebe in Händen der Firma
Deilmann.

Die Vereinbarung gilt für das gesamte Land Jemen. Man ist jedoch übereingekom-
men, zuerst den Küstenstreifen nach Erdöl zu untersuchen (man wird es sich noch
reichlich überlegen, ob man die Fremden in das Hochland läßt). Deutsche Ingenieure
haben mit den Arbeiten begonnen. Ist die Erdölsuche nach Ablauf von fünf Jahren
erfolglos geblieben, so gilt der Vertrag als beendet. Wenn jedoch eine wirtschaftliche
Ölförderung erzielt werden kann, ist eine gemeinsame Ausbeutung für die Dauer von
mindestens zwanzig Jahren vorgesehen.

Es handelt sich bei diesem Vertrag nicht um einen Konzessionsvertrag, wie er bisher
von den englischen und amerikanischen Gesellschaften mit anderen arabischen Ländern
abgeschlossen wurde. Die anglo-amerikanischen Gesellschaften haben die Erdölexplo-
ration allein mit eigenen Mitteln in Angriff genommen und tragen sämtliche Un-
kosten, während bei dem deutsch-jemenitischen Abkommen von vornherein Risiko und
Ertragschancen im Verhältnis eins zu drei verteilt worden sind.

Nach dieser Abschweifung, der Verfolgung der geschichtlichen und wirtschaftlichen
Entwicklung im Jemen bis in die fünfziger Jahre, wollen wir uns wieder dem Verlauf
meiner Reisen der Jahre 1932 und 1933 zuwenden.

II Holzgeschnitzte Tür in Makalla

III Beduinenkinder aus Makalla

◁ I Hochhäuser in Schibam, Hadramaut

IV Beduinendorf im Hinterland von Aden bei Lahedsch

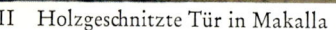

V   Blick auf die große Moschee und die Stadt Makalla

VI   Grabstätte der Sultansfamilie von Saiwun, Hadramaut

VII   Die Bergwelt Hadramauts mit zahlreichen Wadis

IX   Palast der Familie Sayed al Kaf in Terim, Hadramaut ▷

VIII   Künstlich bewässerte Pflanzungen im Wadi Hadramaut

XI   Hymjaritische Votivtafel aus Alabaster mit Darstellung der Sonnengöttin

XII   Stierkopf aus Alabaster als Symbol des Mondgottes Ilumquh

◁ X   Portal eines jemenitischen Hauses, das aus alt-sabäischen Steinblöcken errichtet ist

XIII   Jemenitische Dolche mit verzierten Silbergriffen und silberne Scheide

XIV   Silberne Messergriffe in Filigranarbeit und ein Pulverhorn

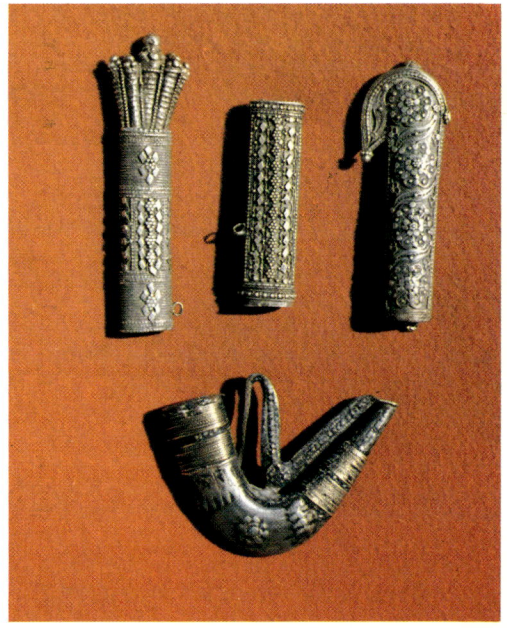

XVII   San'a, die Hauptstadt Jemens, mit einem Teil der alten Stadtmauer

◁◁ XV   Göpelwerk einer Sesamölpresse und Kat kauender Jemenit

◁ XVI   Straßenszene in San'a, Jemen

XVIII   Wohnhäuser und Moschee in San'a, in typisch jemenitischer Bauweise

XIX   Reich mit Stuckornamenten verziertes Minarett und Wohnhäuser in San'a

XX   Seßhafte Einwohner des jemenitischen Hochlandes ▷

Das östliche Bollwerk des Islam

Der Antrittsbesuch beim König, der meinen ersten Aufenthalt, 1932, in San'a einleitete, war – man kann wohl sagen – zur beiderseitigen Zufriedenheit abgelaufen. Jedenfalls schien der gegen Fremde so überaus mißtrauische Herrscher nichts an mir wahrgenommen zu haben, was auf geheime Absichten, wie etwa Auskundschaftung seines Landes im Interesse einer ausländischen Macht, schließen ließ. Nur ein Punkt blieb noch zu klären. In meinem Einreisegesuch war von einem bestimmten Apparat zu Tonaufnahmen die Rede gewesen. Das war nach jemenitischen Begriffen eine sehr dunkle Angelegenheit. Außerdem sind ›Apparate‹ immer europäisches Teufelswerk, und man konnte nie wissen, was dahintersteckte.

Um diese Sache näher aufzuklären, sandte der König, wie gesagt, den Kronprinzen selbst, der mir kurz nach der Audienz mit seinem Freund und ständigen Begleiter Mohammed al Hajri einen Besuch machte. Er trug die jemenitische Tracht: das lange Gewand aus schwarz-, gelb- und weißgestreiftem Stoff, gehalten von einem gold- und silbergestickten Gürtel, in dem die Djambiyah, der Krummdolch, mit fein gearbeiteter goldener Scheide steckte. Zu dieser schönen und einem orientalischen Prinzen durchaus angemessenen Kleidung wollten allerdings die schwarzen Zugstiefel europäischen Fabrikats, die er an den Füßen trug, nicht ganz passen. Diese uns schon etwas altertümlich anmutende Form des Schuhwerks schien bei der königlichen Familie großen Anklang gefunden zu haben; auch sein Begleiter trug zu seiner Landestracht solche Stiefel.

Der Prinz hieß Seif el Islam Mohammed. »Seif el Islam« ist ein Beiname, der nur dem Thronfolger zusteht, und bedeutet »Schwert des Islams«. Damit ist die vornehmste Aufgabe des zukünftigen Herrschers bezeichnet, nämlich Streiter für den Glauben zu sein. Seif el Islam Mohammed war damals ein junger Mann von etwa zwanzig Jahren und bereits Gouverneur der Tahama, der Küstenprovinz um Hodeida. Klein von Statur, zeigte er in seinem schmalen Gesicht, das der erste Flaum eines schwarzen Bartes umrahmte und aus dem ein Paar ungemein lebhafter dunkler Augen blickten, wie in seiner feingliedrigen Gestalt die Merkmale sehr alter Rasse; in Haltung und Gebaren drückte sich jene freie und ganz ungezwungene Sicherheit aus, wie sie Menschen alter Kultur eigen ist und wie man sie am ehesten noch in Arabien findet. Er hatte eine liebenswürdige, gütige Natur und einen offenen Blick für die Welt. Übrigens war er der einzige aus dem königlichen Hause, der außerhalb des Landes geweilt hatte und Europa kannte. Er war in Italien und bei Mussolini gewesen zu jener Zeit, als sich Rom für den Jemen zu interessieren begann. Obwohl der Thronfolger seinem Wesen nach weniger ein Krieger war, sondern mehr Neigung für Wissenschaften und Künste hatte, war er doch beim Volk außerordentlich beliebt. Leider ist er dann bald, wie bereits erwähnt, im Roten Meer ertrunken. Wäre er zur Regierung gelangt, würde vielleicht die strenge Abgeschlossenheit des Jemen gelockert worden sein, und es wäre möglich geworden, die ungehobenen Schätze einer großen Vergangenheit der Welt zugänglich zu machen.

Sein jüngerer Bruder, Seif el Islam Ahmed, der nach dem Tode Mohammeds Thronfolger wurde, verdient den kriegerischen kronprinzlichen Titel, wenigstens seinem Wesen nach, mehr zu Recht. Er gilt im Lande als ein wilder Löwe, ist eine robuste, draufgängerische Persönlichkeit, der am liebsten sein ganzes Leben, wie ein Beduinenhäuptling der Wüste, mit Raubzügen und Kämpfen verbrächte. Er hat die Kriege seines Vaters zu führen, und diese Aufgabe beschäftigt ihn fast ununterbrochen. Wir haben schon in einem der vorhergehenden Kapitel gesehen, wie einer seiner Siege im nördlichen Grenzgebiet Anlaß zu einer großen Feier in der Hauptstadt gab, während ich im Polizeigewahrsam saß. Bei dem jüngsten Feldzug gegen einen so ernsthaften Gegner wie Ibn Sa'ud hat ihn aber sein Kriegsglück verlassen, und er hat alles andere als Lorbeeren geerntet.

Der junge und liebenswürdige Prinz Mohammed, damals noch auf der Schwelle eines hoffnungsvollen Lebens, war also im Auftrag des Königs zu mir gekommen, um sich den phonographischen Apparat zeigen zu lassen. Ich hatte bereits ein paar Aufnahmen gemacht und konnte ihm einige in diesen Walzen verewigte Gesänge seines Landes vorführen. Der Prinz war darüber so erfreut, daß er mir später mehrere Soldaten schickte, die als besonders gute Sänger und Musikanten galten, damit ich ihre Lieder aufnähme und nach Europa brächte.

Auch der Bericht des Prinzen an den König muß zur Zufriedenheit ausgefallen sein, denn nun konnte ich mich beliebig lange in San'a aufhalten, eine Gunst, die nur wenigen Fremden zuteil wird. Allerdings stand ich als Europäer, der ich schon durch mein Äußeres überall auffiel, ständig unter Bewachung, und jeder Schritt wurde im stillen beobachtet. Auch durfte ich die Stadt und ihren nächsten Umkreis nicht ohne Erlaubnis des Königs verlassen. Aber es gab so viel zu sehen, daß ich zunächst kein Verlangen danach hatte.

Denn San'a gehört zu jener nicht eben großen Zahl von Städten, die auch bei näherer Bekanntschaft nicht enttäuschen. Mit ihren weiten Plätzen, ihren breiten, geraden Straßen, an denen sich die Paläste, vier, fünf und sechs Stockwerke hoch, aneinanderreihen (Abb. 68, 71–76), erinnert sie in nichts an jene bekannten arabischen Städte mit ihrem Gewirr enger Gassen und endloser öder Lehmmauern, hinter denen sich die Häuser der Reichen verbergen. Zudem ist San'a wohl eine der ältesten Städte und stand schon zur Zeit der alten Babylonier in Blüte, wenn auch die Reste dieser Vergangenheit meist unter dem Erdboden begraben liegen.

Bemerkenswert ist, daß der erste Wolkenkratzer der Welt in San'a errichtet wurde. Der altarabische Historiker Al Hamdani berichtet von diesem Palast ›Ghamdan‹, der zur Zeit der sabäischen Könige gebaut wurde, und gibt auch eine genaue Beschreibung.

Der Königspalast stand in der Südostecke von San'a im Schatten des Dschebel Nukum, jenes Berges, an dessen Rand auch die heilige Stadt beginnt. Er war zwanzig Stockwerke hoch, jedes hatte eine Höhe von zwanzig Fuß. Nachdem das zwanzigste Stockwerk vollendet war, so erzählt Al Hamdani, stieg der Baumeister eines frühen

Morgens auf den obersten Rand der Mauer und sah, daß der Schatten des Bauwerkes bis zu dem entfernten Dschebel Usor reichte. »Das ist hoch genug für den Ruhm und die Sicherheit des Königs«, sagte er und befahl den Maurern, mit dem Bauen aufzuhören. Auf dem zwanzigsten Stockwerk ließ er nur noch eine offene Loggia errichten, deren Dach aus großen Alabasterplatten bestand. Von solchen Loggien sind auch meist die jetzigen Hochhäuser von San'a gekrönt. Der Wunderpalast soll vier Fronten aus verschiedenem Material gehabt haben, die erste aus grauem, die zweite aus weißem, die dritte aus schwarzem und die vierte aus rotem Gestein. An jeder Ecke des Palastes stand ein steinerner Löwe, der so eingerichtet gewesen sein soll, daß er das Echo des Windes wiedergab, wenn dieser aus der entsprechenden Richtung wehte.

In der Loggia, heißt es weiter, stellte der König seinen Thron auf und konnte nun von dieser luftigen Höhe aus beobachten, wenn eine Karawane auf der alten Straße herangezogen kam oder sich etwa die Heere des Feindes näherten. Wenn der König ruhte und also »auf dem Rücken lag«, vermochte er durch das Alabasterdach, so wunderbar durchsichtig war es, die weißen oder grauen Tauben zu unterscheiden, die über den Palast dahinflogen.

Al Hamdani erzählt auch in seinem Bericht, allerdings legendär verbrämt, daß dieser Königspalast von fremden Architekten und Werkleuten, die erst ins Land kamen, gebaut worden sei. Das ist auffällig und stimmt mit gewissen noch im Volk umgehenden Sagen überein. Es hat sich nämlich die Kunde von einem untergegangenen Volk erhalten, das vor den Arabern das Land bewohnt hat. Sie nennen dieses Volk die Aditen, was wohl mehr ein Sammelbegriff ist. In sehr abgelegenen und von den Arabern streng gemiedenen Tälern, die wahrscheinlich uralte Ruinenstätten enthalten, sollen noch die Geister dieser Aditen umgehen. Nach der arabischen Überlieferung sind diese Aditen große Städtebauer gewesen und sollen alle die Prachtbauten früherer Zeit errichtet haben. Eine alte, noch heute fortlebende Volkssage spricht von einer wunderbaren Zauberstadt mit Namen Iram, der Säulenreichen, die mitten in der Wüste gelegen haben soll, gewissermaßen eine Symbolisierung der hohen Baukunst der verschollenen Aditen. Aus diesen Überlieferungen ist dann auch die Legende entstanden, die Al Hamdani erzählt, daß fremde Dschinn, also Geister, den Königspalast von San'a errichtet hätten.

Aus diesen alten Sagen geht hervor, daß in grauer Vorzeit ein andersgeartetes Volk die arabische Halbinsel bewohnt hat und erst später die Einwanderung der Araber erfolgte, die dann die Städtebaukunst und Kultur der früheren Bewohner übernahmen. Wenn man sich der hochentwickelten Baukunst eines der ältesten der bekannten Völker, der Sumerer, erinnert, die der arabischen Halbinsel unmittelbar benachbart waren, so ließe sich vermuten, daß diese sogenannten Aditen aus dem Norden stammten und vielleicht, wie die Sumerer, noch von weiter nördlich gekommen sind. Aber hier verliert sich alles in ein Dunkel, das von keiner noch so alten Sage erhellt wird.

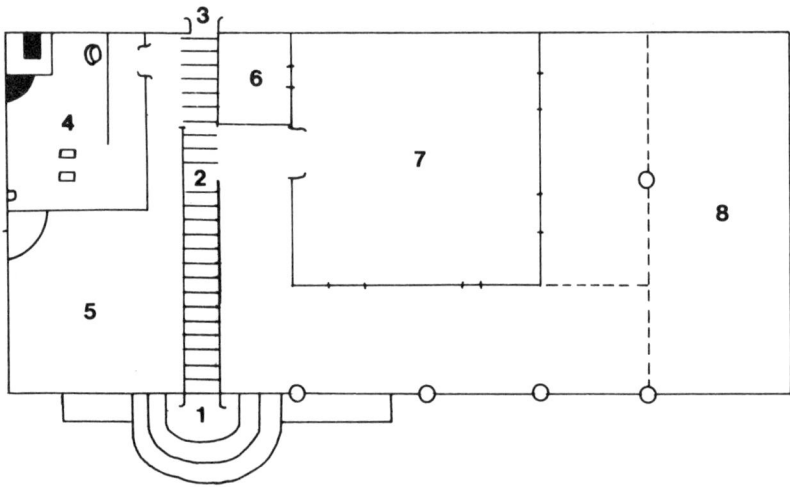

Plan des Gästehauses im Palast des Sultans von Saiwun (als Beispiel der Raumaufteilung eines arabischen Hauses) 1 Treppe mit Eingang von der Straße 2 Treppe 3 Ausgang zum Hof 4 Toilette 5 Wasserraum 6 Kammer 7 Wohnraum 8 Loggia

Wie dem aber auch sei, fest steht jedenfalls, daß die sehr alte südarabische Architektur sich bis in die Gegenwart unverändert erhalten hat. Die heutigen Jemeniten bauen noch genau so wie ihre sagenhaften Vorfahren vor drei- oder viertausend Jahren. Der untere Teil ihrer Häuser ist aus Stein gebaut, Granit, grünem Basalt oder gelblichem und örtlichem Sandstein; der obere Teil, der oft bis zu sechs Stockwerk aufragt, ist aus Lehm (Abb. 75). Die Geschicklichkeit in der Konstruktion ist erstaunlich, wenn man bedenkt, daß diese hochgetürmten Gebäude von keinem Eisen- oder Betonrahmen gehalten werden. Über dem eigentlichen Dach erhebt sich gewöhnlich die nach allen Seiten offene, mit Zinnen gekrönte Loggia, der Hauptaufenthaltsort der Bewohner in dem zwar sehr heißen, aber immer durch kühle Nächte gemilderten Klima. Denn San'a liegt auf dem Breitengrad von Panama, hat aber eine Höhe von über zweitausend Metern. Die Fenster bestehen meist aus zwei Teilen. Der untere, längliche Teil geht fast bis auf den Fußboden und ist nur durch Holzläden verschließbar. Darüber befindet sich noch ein rundes Fenster, in das eine feingeschliffene Alabasterscheibe eingesetzt ist, wie man sie an Stelle von Glas schon von alters her verwendet. Sind bei der ewig grellen Sonne die Läden geschlossen, so wird durch diesen Alabaster ein weiches, dämmeriges, überaus wohltuendes Licht im Raum verbreitet (Abb. 71). Das Schmuckwerk der Häuser – sehr kunstvolle Gipsarabesken und Holzschnitzereien (Abb. 74) – zeigt in der Linienführung eine gewisse Ähnlichkeit mit der Ornamentik der Alhambra in Spanien. Das würde in gewisser Weise die Überlieferung bestätigen, daß dieses herrliche Denkmal arabischer Baukunst – deren Wurzeln wahrscheinlich in vorarabische Zeit zurückreichen – von südarabischen Architekten errichtet worden ist.

San'a, die uralte und schicksalreiche Stadt, ist auch eine Zeitlang der äußerste Vorposten des Christentums gewesen. Unter dem abessinischen Statthalter Abraha, der in San'a residierte, verbreitete sich die neue Lehre in ganz Südarabien, trotz des heftigen Widerstandes der damals sehr mächtigen Judengenossenschaften. Abraha unternahm einen Vorstoß nach Mittelarabien, um auch dorthin das Christentum zu bringen. Dieser erste Versuch scheiterte. Dennoch schien damals die Zeit nicht mehr fern, daß sich die Lehre Jesu über die ganze Halbinsel ausbreitete. Von Südarabien aus, das damals im Mittelpunkt des Weltverkehrs lag, hätte dann das Christentum die Möglichkeit gehabt, sich weiter nach Indien und dem Fernen Osten auszubreiten, wie es dann mit dem Islam geschah. Aber bald nach jenem Abraha trat Mohammed auf und verdrängte das Christentum aus Arabien und sogar aus seinem Geburtsland Palästina.

In San'a sollen noch unter einer Moschee die Reste einer christlichen Kirche vorhanden sein. Aber da das Betreten der islamischen Gotteshäuser streng verboten ist, konnte ich darüber nichts Näheres feststellen. Der König besitzt auch eine Sammlung von Altertümern, die in San'a und Umgebung gefunden wurden. Darunter soll sich eine kleine Holzstatuette der Madonna befinden. Ob sie aber aus jener frühchristlichen, so bald versunkenen Zeit stammt, erscheint mir sehr zweifelhaft. Wahrscheinlich ist sie erst später aus Abessinien herübergebracht worden.

Seit vielen hundert Jahren aber ist San'a das östliche Bollwerk des Islam, dem auf dem anderen Flügel der zusammenhängenden mohammedanischen Ländermasse Fez in Nordwestafrika entspricht. Die zahllosen Moscheen mit ihren zum Himmel weisenden Minaretten überragen all die vielstöckigen Häuser und Paläste und bestimmen das Bild der Stadt (Abb. 76). Sie sind das Symbol der noch unverändert bestehenden Alleinherrschaft des religiösen Gedankens. Das ganze Leben bis in seine kleinsten Einzelheiten und täglichen Verrichtungen, ja in seinem ganzen Zusammenhang mit Vergangenheit und Zukunft ist dort bestimmt von der einheitlichen, in Gott, dem Schöpfer des Alls gipfelnden Weltanschauung, fast ganz so, wie es auch in dem viel größeren Reich Ibn Sa'uds der Fall ist. Darin liegt eine Größe, unter Umständen eine Kraft, sicher aber auch eine Gefahr. Denn da die Welt nicht stillsteht, liegt das Problem so: wie weit und in welcher Form muß man sich den Forderungen des weiterschreitenden Lebens anpassen, ohne dabei die eigenen, in der Seele verankerten Grundlagen des Daseins einzubüßen? Ob die Lösung in ähnlich glücklicher Weise gelingen wird wie in Japan, das ist für Arabien die große Zukunftsfrage.

Einen starken Eindruck macht, wie hier der Tag des Herrn, wenn ich so sagen darf, begangen wird; das ist für die Mohammedaner der Freitag. Von seinem Palast aus, der mit seinen Nebengebäuden, der Moschee und dem Begräbnisplatz der königlichen Familie ein kleines, festungsartiges Stadtviertel für sich bildet, zieht der Imâm, als das geistige Oberhaupt, regelmäßig zur bestimmten Stunde aus zu dem großen und gewissermaßen öffentlichen Gebet. In pomphaftem Aufzug, umgeben von Würdenträgern in buntfarbigen Gewändern und begleitet von singenden Soldaten, nimmt der Imâm seinen Weg über den weiten Platz, der das eigentliche San'a, die heilige Stadt, von dem Ghetto, dem Judenviertel, trennt, und durch die von Menschen erfüllten Straßen zu der großen Moschee al Kebir im Mittelpunkt von San'a. Die ganze Stadt ist zu dieser Stunde unterwegs. Nur ein Teil der Menge findet in der Moschee selbst Raum, die übrigen harren dichtgedrängt auf dem Platz und den angrenzenden Straßen in feierlichem Schweigen, während der Vertreter ihres Propheten das Gebet verrichtet. Das äußere Bild dieses Aufzugs trägt, der Natur des Islam entsprechend, kriegerischen Charakter. Der Imâm und seine Umgebung sind zu Pferde, und alle tragen ihre reichen, oft mit Edelsteinen besetzten und in der Sonne funkelnden Waffen – ein schroffer Gegensatz zu den feierlichen Umzügen der katholischen Kirche an hohen Festtagen, die ganz und gar jenes ›Friede den Menschen‹ präsentieren.

Al Kebir, die Hauptmoschee von San'a, soll schon zur Zeit Mohammeds, also im 7. Jahrhundert, erbaut worden sein. Sie ist verhältnismäßig einfach und schmucklos und wirkt fast wie ein Fremdkörper inmitten der reichen und kunstvollen Werke südarabischen Baustils. Auf der Innenseite des ummauerten Hofes zieht sich eine deutlich abgesetzte Linie an den Wänden hin, unterhalb der das Weiß des Kalkbewurfs etwas verwaschen ist. An die Entstehung dieser Linie knüpft sich eine kleine Geschichte, die hier erzählt werden soll, weil sie bezeichnend ist für die naive Lebensfreude wenigstens des früheren Islam. Als der mächtige Stammesfürst der Karmathions, Ibn Fadl mit Namen, im Jahre 911 n. Chr. San'a erobert hatte, ließ er den ummauerten Hof der Moschee al Kebir etwa zwei bis drei Fuß hoch mit Wasser füllen, und darauf wurden alle jüngeren Frauen San'as im Evakostüm in dieses improvisierte Bassin hineingetrieben. Ibn Fadl soll nun, wie es heißt, sich dieses gewiß erfreuliche Schauspiel vom Turm des Minaretts aus betrachtet und sich mit dem Recht des Eroberers die Schönsten unter den Herumplätschernden für seinen Harem ausgesucht haben.

Die zahlreichen Gotteshäuser von San'a sind zugleich Unterrichtsanstalten für die Jugend. Von den Türken waren, nachdem sie im Jemen festen Fuß gefaßt hatten, einige weltliche Schulen eingerichtet worden, die aber nach ihrem Abzug wieder geschlossen wurden. Die Heranbildung der jungen Generation des Jemen geschieht ganz im Sinne einer einheitlichen Weltanschauung. Der Koran und die heiligen Bücher bilden die ausschließliche Grundlage des Unterrichts, an ihnen formt und bildet sich der junge Geist. Eine Trennung zwischen Glauben und Wissen hat dort noch nicht stattgefunden. (Übrigens wird dabei die körperliche Ausbildung nicht vernachlässigt.) Der Imâm selbst gilt als großer Gelehrter und vortrefflicher Kenner der religiös-historischen Tradition. Denn nach dortiger Anschauung darf der Herrscher auch dem gelehrtesten seiner Untertanen an Wissen nicht nachstehen. Berühmt ist auch die Bibliothek des Imâm, die eine der größten in Arabien sein soll. Er ist ein eifriger Sammler alter arabischer Handschriften, und es sollen sich ungemein wertvolle Stücke in seinem Besitz befinden, so unter anderem sämtliche zehn Bände der berühmten Geschichte des alten Jemen von Al-Iklil. Aber noch nie hat ein fremdes Auge diese Schätze zu sehen bekommen.

Wie das bei der inneren Geschlossenheit des Lebens nicht anders sein kann, bildet auch für das Recht die Religion die einzige Grundlage. Der Koran mit seinen Kommentaren ist das alleinige Gesetzbuch, und das geistliche Haupt ist zugleich oberster Richter. Das Verfahren der Justiz ist denkbar einfach, ohne alle Formalitäten oder weitläufige Aktenschreiberei. An bestimmten Tagen hält der Imâm Gericht, entweder im Hof seines Palastes oder unter einem Baum auf einem Platz der Stadt. Er hat nur ein oder zwei Sekretäre neben sich, während ein paar Soldaten die herandrängende Menge einigermaßen in Ordnung halten. Jeder kann seinen Streitfall vorbringen, und nach Anhören der Parteien trifft der Imâm sozusagen ad hoc mit ein paar Worten die Entscheidung, wozu gewiß eine große Erfahrung und Einsicht gehört, da es außer den allgemeinen Grundsätzen des Korans schriftlich niedergelegte Gesetze nicht gibt.

Die Strafen für schwere Vergehen sind allerdings keineswegs milde zu nennen. Verleumdung wird mit Zungenabschneiden gebüßt und Diebstahl mit Abhacken einer Hand (wie übrigens auch im Reich Ibn Sa'uds). Ehebruch gilt als ein todeswürdiges Verbrechen und wird mit Eingraben bis zum Kopf und darauffolgender Steinigung bestraft. Kurz vor meiner Ankunft geschah es, daß ein Grieche, der ausnahmsweise die Erlaubnis zu einer Reise nach San'a erhalten hatte, so unvorsichtig war, dort mit einer Araberin unerlaubte Beziehungen anzuknüpfen. Die Sache wurde ruchbar und der Missetäter, an Händen und Füßen mit eisernen Ketten gefesselt, auf einem Maultier umgehend nach Hodeida zurücktransportiert und für immer aus dem Lande gewiesen. Was mit der unglücklichen Frau geschah, ist mir nicht bekannt geworden.

Noch eine Merkwürdigkeit der Rechtsauffassung sei erwähnt. In San'a hatte ein Mann vor den Augen des Imâm einen anderen, der ihn beleidigt hatte, im Zorn erschossen, dabei aber noch zwei hinter dem Beleidiger stehende Soldaten schwer verletzt. Der Schuldige wurde überraschenderweise freigesprochen, und zwar deshalb, weil er mit dem einen Schuß gleich drei getroffen hatte. Nach alter Anschauung gilt der, der mit einem Streich – also ins Moderne übersetzt: einem Schuß – zugleich mehrere niederzustrecken vermag, für derart von Allah begünstigt, daß man dieses Zeichen der Bevorzugung zu respektieren hat.

Wie bereits angedeutet, hat der Islam in der Zeit zwischen den beiden Weltkriegen einen strengeren, fast asketischen Zug angenommen, wie er ihm früher in dem Maße nicht eigen war. Das ist wohl als eine Abwehrbewegung gegen die fremden, von außen andrängenden Einflüsse zu erklären. Das gleiche zeigt sich im großen Reich Ibn Sa'uds wie in Südarabien, seitdem dort der Imâm die Alleinherrschaft angetreten hat. So verhinderte der König im Jemen die Anlage von Telefonen, von Eisenbahnen, Wasserleitungen und Druckereien. Auch die Einfuhr von Automobilen verbot er. Im ganzen Jemen gab es damals nur zwei oder drei Autos, und die gehörten dem König und durften nur in ganz besonderen Fällen benutzt werden. Er selbst fuhr niemals damit, sondern bediente sich der königlichen Pferdekutsche. Überall waren dort die bis zur Bevormundung gehenden Eingriffe in das tägliche Leben zu spüren. Um nur ein Beispiel zu erwähnen: Ein Jude hatte nach vielen Mühen vom König die Erlaubnis erhalten, ein paar Grammophone nach San'a einzuführen. Allerdings nur mit arabischen Platten. Er verkaufte die Grammophone an einige wohlhabende Moslemim. Diese nun ließen ihren Apparat den ganzen Tag bis tief in die Nacht fast ununterbrochen laufen und waren so vertieft in das neuartige Spielzeug, daß sie sogar das Beten darüber vergaßen. Als dies dem König zu Ohren kam, verbot er kurzerhand diese moderne Seelenzerstörer, und die Grammophone verschwanden wieder.

Diese strenge Zucht trifft alle Teile des Volkes, ganz gleich, ob hoch oder niedrig, arm oder reich. Es besteht noch eine ziemlich scharfe Trennung zwischen dem Adel und dem gewöhnlichen Mann, der in den Städten ›Arab‹ genannt wird. Während der Adlige typisch arabische Züge trägt, ist das bei dem ›Arab‹, entgegen seiner Bezeichnung, nicht in dem Maße der Fall, und man hat oft den Eindruck, daß diese Schicht der Bevölkerung, zum Teil wenigstens, von den ursprünglichen Einwohnern aus vorarabischer Zeit abstammen mag. Jedenfalls ist ein deutlicher Unterschied zwischen beiden Schichten wahrzunehmen. Die Adligen führen den Titel Scherif oder Sayed, je nachdem sie ihre Herkunft von Hassan oder Hussein, den beiden Enkeln Mohammeds, ableiten. Aber diese Zurückführung auf die unmittelbare Verwandtschaft des Propheten ist meist nur aus religiösen Gründen erfolgt. Ein großer Teil des Adels mag wohl auf die zahllosen großen und kleinen Stammesfürsten zurückgehen, die schon vor Mohammed in Südarabien waren und, wie aus der Geschichte bekannt ist, als Feudaladel große Macht besaßen und die Geschicke des Landes bestimmten.

Heute freilich wird dieser Adel kurzgehalten und darf vor allem keine Reichtümer erwerben, um dadurch etwa Macht zu gewinnen. Was er tun und lassen darf, ist ihm genau vorgeschrieben. So zum Beispiel ist ihm verboten, zu singen oder zu tanzen. Nur Soldatenlieder sind erlaubt. Der Adlige hat Kriegsdienste zu leisten, zu Friedenszeiten aber sich im Waffenhandwerk zu üben und die heiligen Schriften zu studieren. Auch dichten darf er. Die Fertigkeit darin wird sogar als unerläßlich für jeden über der Masse Stehenden angesehen. Natürlich ist auch dem Adligen wie jedem Moslem das Weintrinken untersagt. Aber die Juden von San'a stellen aus den dort wachsenden Trauben einen sehr guten, ziemlich schweren Wein her, der auch von dem Moslem nicht ganz verschmäht wird. Während meines Aufenthalts in San'a diente ich auch sozusagen als Alkoholschmuggler, da ich gebeten wurde, einem vornehmen Sayed eine geheimnisvolle Flasche mir unbekannten Inhalts zu überbringen, die mit großer Freude in Empfang genommen wurde und, wie ich dann erfuhr, den geächteten Rebensaft enthielt. Das Verbot des Weintrinkens verfehlt wenigstens in Südarabien seine Wirkung, da das allgemein gebräuchliche Kat-Essen auf die Dauer für die Gesundheit viel schädlicher ist als ein bißchen Alkohol.

Es ist nicht zu verkennen, daß der ›Arab‹, also die große Masse der städtischen Bevölkerung, in sehr dürftigen, ja ärmlichen Verhältnissen lebt. Man darf freilich nicht unsere gewohnten Maßstäbe anlegen, denn der Orientale ist auf uns kaum vorstellbare Weise bedürfnislos; aber man hat nicht den Eindruck, daß er weniger glücklich ist, weil er vieles entbehrt, was uns zum Leben unerläßlich dünkt. Ich habe kaum in einer Stadt so viele Bettler gesehen wie in San'a. Aber das Almosensammeln ist dortzulande ein Gewerbe wie jedes andere, und der so Berufstätige ist darum keineswegs in seinem Ansehen gemindert. Es gibt unter ihnen natürlich auch viele Krüppel und Erwerbsunfähige, die auf diese etwas sehr in die Augen fallende, aber durchaus zureichende Art von der öffentlichen Fürsorge ernährt werden.

Dabei ist der ›Arab‹ fleißig und regsam und schafft vom frühen Morgen bis zum späten Abend. Da alles, Bekleidung, Geräte, Waffen, Schmuck vom Rohstoff an im Lande selbst hergestellt wird (eingeführt in großem Maßstab wird eigentlich nur modernes Kriegsgerät), sind die Gewerbe sehr entwickelt, freilich noch ganz im handwerklichen Sinne und mit einer strengen künstlerischen Tradition. Was zum Beispiel an Silberschmiedearbeit für Schmuck und Waffen geleistet wird, würde bei uns schon in das Fach des Kunsthandwerks schlagen; dort verrichtet es jeder kleine Handwerker mit den einfachsten Werkzeugen. Auch die Halbedelsteinindustrie steht in hoher Blüte.

Kleines Messer, das zum Schneiden von Fleisch, Brot usw. verwendet wird

Diese Steine werden in den Bergen in der Nähe von San'a gefunden; meist ist es Achat, Mondstein und ein milchweißer Stein, der Muschedja genannt wird, bei dem durch Abschleifen kleine braune versteinerte Moosblättchen von wunderbaren Formen zutage treten. Zum Schleifen werden die rohen Stücke an den beiden Enden eines etwa zwanzig Zentimeter langen Stabes mit Pech befestigt, dann wird dieser Stab mit den flachen Händen sehr rasch auf dem Schleifstein gedreht. Gewiß eine sehr primitive Art; aber bei diesem Verfahren ist immerhin dem künstlerischen Blick des Schleifers Spielraum gelassen, und er kann der besonderen Form oder Färbung eines jeden Stückes gerecht werden.

Dieses San'a, die Araberstadt, von der ich eben einiges erzählt habe, ist von einer Ringmauer umgeben, die acht Tore hat. An jedem Tore steht eine Wache, die alle Ein- und Ausgehenden kontrolliert. Mit Einbruch der Dunkelheit werden sämtliche Tore geschlossen, und niemand mehr darf die Stadt betreten oder verlassen. Die etwa noch später eintreffenden Karawanen müssen draußen übernachten. Auch die umfangreichen Kasernen, ›Ordi‹ genannt, liegen außerhalb der Mauern. Unmittelbar im Osten erhebt sich auf halber Höhe des Dschebel Nukum eine wehrhafte Zitadelle, unter der wahrscheinlich eine alte sabäische Burg begraben liegt. Diese Zitadelle wurde von den Türken ausgebaut und mit Geschützen bestückt, da sie die Stadt völlig beherrscht. Der Imâm hat nach seiner Machtübernahme die türkischen Geschütze nicht ungern stehenlassen.

Rings um die Mauern der Stadt ziehen sich blühende Gärten hin, in deren Anlage die Araber von jeher Meister waren. Vielerlei Früchte gedeihen dort, und fast stets sieht man eine Fülle farbiger Blüten, überragt von den dunkelgrünen Säulen der hohen Zypressen. Oft auch sprudeln und springen kunstvolle Wasserspiele, die die Orientalen so lieben. Aber diese Fruchtbarkeit kann nur bei künstlicher Bewässerung gedeihen, und das eintönige Quietschen der Schöpfräder, die von einem Mann und einem Kamel fast ununterbrochen in Gang gehalten werden, ist untrennbar mit San'a verknüpft. Bei einem dieser Gärten liegen auch die einsamen Gräber der beiden deutschen Flieger, die vor wenigen Jahren bei San'a abgestürzt sind.

Streng abgesondert von der Araberstadt, jenseits des erwähnten weiten Platzes mit dem Königspalast, ebenfalls von einer Ringmauer umschlossen und nur durch ein besonderes Tor zugänglich, erstreckt sich nach Westen hin das Ghetto, das Judenviertel. Es gab im Jemen etwa fünfzigtausend Juden, die nach den geschichtlichen Zeugnissen schon lange vor Mohammed in Südarabien ansässig waren. Davon lebten rund sechstausend im Ghetto von San'a.

Der Südaraber sieht in dem Juden einen Menschen minderen Grades und achtet ihn gering, obwohl beide dem semitischen Stamm angehören. Daher war der Jude im Jemen in seinen Rechten stark beschränkt und strengen Vorschriften unterworfen. Anscheinend wollte man ihn nicht hochkommen lassen. Daß man ihn nicht für vollwertig ansieht, kommt besonders dadurch zum Ausdruck, daß er nicht auf einem Kamel oder Maultier reiten darf, nur der Esel ist ihm zur Fortbewegung gestattet. Auch darf er keine Waffen tragen und ist nicht zum Heeresdienst zugelassen, sondern muß statt dessen eine ziemlich hohe Abgabe an den Imâm zahlen, der ihm dafür – wie einst unsere Fürsten – seinen Schutz angedeihen läßt. Er wird zu den niedrigsten Diensten herangezogen, darf auch in der Araberstadt Handel treiben, aber sich niemals unter den Rechtgläubigen niederlassen. Im Ghetto, der »Ka'a el Jahud« (Stadt der Juden), dürfen die Häuser höchstens zwei Stockwerk hoch sein, und auch die Synagogen dürfen sich äußerlich in nichts von den Wohnhäusern unterscheiden. Daher machen die Straßen des Ghettos im Gegensatz zur Araberstadt einen unansehnlichen und gleichförmigen Eindruck. Aber im Innern sind die Häuser sehr sauber gehalten. »Die Jüdischen müssen Tribut zahlen«, sagte ein vornehmer Sayed, »damit sie nie ihre Abstammung vergessen und sich stets die Duldsamkeit und das Wohlwollen des Propheten vor Augen halten.«

Die Juden des Jemen nennen sich Timonim, rechnen also zu den Sephardim. Sie sind schon äußerlich leicht kenntlich, da sie keine seidenen Kleider tragen dürfen, dagegen haben sie Ohrlöckchen, »damit man sie nicht aus Versehen zu Kriegszeiten erschlägt«, erklärte eben jener Sayed. Die Männer tragen einen etwa zweieinhalb Zentimeter dicken eisernen Ring um den Hals, an dem ein Amulett in einem Lederbeutel hängt. Die Frauen gehen unverschleiert, halten aber das Haar bedeckt. Sie tragen schwarze

Gewänder, unter denen rot- und silbergestickte Hosen hervorsehen. Über dem Kopf haben sie ein schwarzes, mit buntem Kreismuster versehenes Tuch; darunter kommt ein silbernes, mit kleinen Kugeln behängtes Stirnband hervor. Auch die Kinder tragen an ihren Mützchen ein ähnliches mit Kugeln besetztes Band.

Diese Messing-Pinzette benützen die Beduinen zum Dornaus-ziehen; Dornen treten sie sich oft beim Gehen ein. Mit dem Stab kämmt man sich die Haare

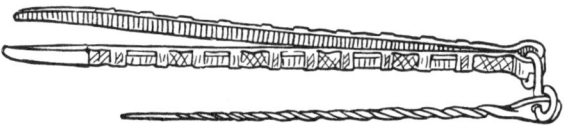

Außer dem schon erwähnten Wein bereiteten die Juden aus den getrockneten Trau-ben einen recht kräftigen Likör, zumeist für den eigenen Bedarf. An den Festtagen ver-sammelte sich die ganze Sippe in einem Raum. Man hockte im großen Kreise um Berge von Nüssen und Süßigkeiten herum, die am Boden aufgehäuft waren, sang alte jüdi-sche Lieder und trank massenweise den selbstgebrauten Branntwein.

Der Imâm duldete niemals, daß seine Juden das Land verließen; auch durften sie sich nicht mit ihren Stammesgenossen in Palästina und mit der zionistischen Bewegung in Verbindung setzen, noch Lehrer oder Propagandisten von dort kommen lassen. Viele von ihnen sind schon damals heimlich über die Landesgrenzen geflüchtet; ihr ganzer Besitz fiel dann dem Imâm zu. Aber man hatte den Eindruck, daß es ein großer Teil der Juden von San'a, trotz aller Beschränkungen und der verachteten Stellung, zu er-heblichem Wohlstand gebracht hatte.

Als ich einen alten Rabbiner fragte, ob seine Rassenangehörigen hier zufrieden lebten, gab er mir zur Antwort: »Wir leben in Sicherheit und hoffen auf einen König der Juden, der Jemen regieren wird; darum beten wir täglich.«

Nun, es sollte anders kommen. Nachdem nach dem Zweiten Weltkrieg der neue Staat Israel gegründet worden ist, gibt es keinen Juden im Jemen mehr. Nach dem Tode des Imâm Jahya hat die neue jemenitische Regierung die Juden freigegeben. Unter dem Verlust ihres Vermögens wanderten sie aus. Und so hat sich eine andere jüdische Prophezeiung bewahrheitet, nämlich die, daß die jemenitischen Juden einst »auf einem fliegenden Teppich« ins Gelobte Land getragen würden. Und tatsächlich, der orientalische Wunschtraum des fliegenden Teppichs erschien eines Tages in der Form von modernen Transportflugzeugen am Wüstenhorizont und trug nacheinander alle Töchter und Söhne des Stammes Sephardim ins Gelobte Land ihrer Väter, auf daß sie in die Gemeinschaft ihres Volkes am Jordan aufgenommen würden. So ganz ohne praktischen Grund hat man sich im Staate Israel für die Rückwanderung der jemeni-tischen Juden nicht eingesetzt. Man brauchte tüchtige Handwerker, und das waren die jemenitischen Juden, denn gerade zu handwerklicher Arbeit wurden sie in jahrhunderte-langer Unterdrückung im Jemen angehalten. Waren doch bis dahin die besten Silber-schmiede, die besten Schuster und Schneider die jemenitischen Juden.

Während ich, am Fenster des Polizeigefängnisses sitzend, an die Zeit meines ersten Aufenthalts in San'a, da mir der König noch gnädig war, zurückdachte und all die Bilder der Erinnerung an mir vorüberzogen, waren die vielfältigen Lichter des jüngsten Siegesfestes heruntergebrannt, und nur die Sterne funkelten in südlicher Pracht vom nächtlichen Himmel. In tiefem Schweigen lag die mauerumschlossene heilige Stadt, die zu betreten mir jetzt verwehrt war. Nicht so sehr die Gefangenschaft bedrückte mich als die Ungewißheit meiner Lage, da doch das heimliche Eindringen in das verbotene Land in den Augen des Königs ein ernstes Vergehen bedeuten mußte. Auch gab es keine Vertretung des Deutschen Reichs in San'a, an die ich mich um Hilfe hätte wenden können, wie überhaupt keinerlei Konsul oder Gesandten irgendeiner Macht, da der Imâm so wenig Verbindung wie möglich mit der Außenwelt wünschte. Die Ungewißheit, in der man mich hielt, sollte jedoch ein rascheres Ende nehmen, als ich eigentlich vermutet hatte.

Eine geheimnisvolle Sekte

Da der Imâm zur Zeit krank war, hatte er die Erledigung meiner Angelegenheit in die Hände Kadi Abdullas, eines hohen Richters, gelegt. Nach fünf Tagen strenger Klausur wurde das mich umgebende Schweigen zum erstenmal durch eine amtliche Botschaft unterbrochen, und die lautete, daß ich am nächsten Morgen unverzüglich und auf dem schnellsten Weg nach Hodeida, der Hafenstadt am Roten Meer, abtransportiert werden würde. Da weitere Unternehmungen im Jemen für dieses Mal nicht in Frage kamen, war mir das ganz recht. Mein Plan, in unbekannte Gebiete des Jemen vorzustoßen, war ohnehin gelungen.

Ungefähr zur festgesetzten Zeit – auf ein oder zwei Stunden kommt es dortzulande nicht an – standen Maultiere und Maultiertreiber und die mir zur Bewachung mitgegebenen Soldaten bereit, und mein Gepäck wurde aufgeladen. Wie jeden Tag hatte sich vor der Polizeistation eine stattliche Menschenmenge eingefunden, diesmal sogar gewaltiger denn je, um den letzten Akt des Schauspiels mitanzusehen. War doch ›der geheimnisvolle Fremde‹ Stadtgespräch geworden.

Als letzte Gnade hatte man mir gestattet, meinen deutschen Landsleuten in San'a Lebewohl zu sagen. Dieses Abschiednehmen dehnte sich bis zum nächsten Morgen aus. Sobald wir bei dem ehemaligen Prinzenpalais, das Herr Hansen und sein Vertreter bewohnten, eingetroffen waren, wurden meine Begleitsoldaten erst ordentlich abgefüttert, und zwar so gründlich, daß sie sich für den Rest des Tages von dieser Strapaze ausruhen und schlafen mußten. So konnte ich nach vielen Wochen zum erstenmal wieder in einem richtigen Bett schlafen und mich der außerordentlichen Gastfreundschaft meiner Landsleute wie der heimatlichen Atmosphäre ihres Hauses sowie aller damit verknüpften leiblichen Genüsse erfreuen.

Herr Hansen wollte in einigen Tagen mit dem Auto nach Hodeida zurückfahren und hatte trotz aller Bemühungen vergeblich versucht, die Erlaubnis zu erhalten, mich mitzunehmen. Aber eine Verabredung wurde noch getroffen. In fünf bis sechs Tagen konnte ich in dem kleinen Ort Obal in der Tahama sein, wo die sogenannte Auto-straße an meinen Weg herankam. Ungefähr zur gleichen Zeit würde auch Hansen dort eintreffen, und er wollte mich dann mitnehmen, so daß ich den letzten und an-strengendsten Teil der Reise durch das fieberheiße Tiefland im Auto fahren könnte. Mit vierundzwanzig Stunden Verspätung, trotz aller strengen Weisung, verließ unser kleiner Trupp das westliche Tor der Stadt. Wir durchschritten die weite, fruchtbare Ebene, die San'a rings umgibt, und kamen nach wenigen Kilometern an eine große Zisterne, ein gemauertes Becken, fast schon ein kleiner See, in dem das zu Regenzeiten meist reichlich fallende Wasser für die langen Trockenzeiten aufgespart wird. Ein reges Treiben herrschte dort, wie stets an solchen Wasserstellen. Zwar sind die Plätze für Tiere und Menschen getrennt, aber beide stillen doch ihren Durst mit dem gleichen Wasser. Ein paar Stufen führen vom Rande hinunter, und dort verrichtet ein frommer Muselmann die vorgeschriebenen Waschungen, die sich auf die verschiedensten Körper-teile beziehen, während sein Nachbar, unmittelbar neben ihm, tief hinabgebeugt mit beiden Händen eifrig das kostbare Naß schlürft. Dem Europäer würde es wohl schlecht bekommen, wenn er von dieser gelblichbraunen, verseuchten Brühe tränke. Aber die Einwohner scheinen dagegen immun zu sein.

Auch wir hielten kurze Rast. Meine Begleiter und die Tiere labten sich an dem zweifelhaften Trank; rasch wurden ein paar Worte mit den von Hodeida kommenden Beduinen ausgetauscht. Dann ging es weiter.

»Schedda, schedda, mi, mi, mi!«, mit diesem Ruf trieben die Maultierführer uner-müdlich ihre Tiere an.

Von nun an ging es dauernd bergauf. Am Spätnachmittag hatten wir die Höhe er-reicht, von der aus man einen letzten Blick auf die herrliche San'a-Ebene werfen kann. Am Dschebel Nukum stieg gerade ein Gewitter auf und belebte das anmutige Bild. Kurze Regenfälle sind zu dieser Jahreszeit nicht selten. Inmitten des vollen Grüns der Gärten baut sich mit ihren Palästen und hochgekuppelten Moscheen die heilige Stadt auf, die uralte Stadt, die allen Stürmen der Zeit getrotzt, ja über die Zeit triumphiert hat. Die verschiedenen Zivilisationen, Religionen und Traditionen, die dort Wurzel faßten, haben wohl der Zeit ihren Tribut gezollt, aber sind nicht ganz untergegangen. Der Geist der Sabäer, die Kultur der Perser, das vorwärtsdrängende Christentum der Abessinier, all das hat seine Spuren in den Steinen hinterlassen, webt noch durch die Straßen und ist noch lebendig im Blut seiner Bewohner. Etwas zur Rechten leuchtet vor dem dunklen Hintergrund der heraufziehenden Gewitterwolken Rhaudha, die weiße Sommerresidenz des Königs (Abb. 77). Und ganz von fern klingen die mir nun so vertrauten Weisen der Beduinenlieder herauf.

Die reiche Ebene von San'a war hinter uns versunken, und wir zogen durch eine kahle Hochgebirgslandschaft. Nur an den tieferen Stellen breiten sich Flecken von Grün aus, »gleich Tätowierungen im Antlitz der Erde«, wie der arabische Dichter sagen würde. Wir folgten einer alten, ziemlich verfallenen Straße, auf der zahlreiche Karawanen unter dem leisen Geklingel des Leittiers und dem summenden Gesang der Beduinen dahinziehen. Die Straße war von den Türken zu militärischen Zwecken gebaut worden, hörte aber schon in Metne plötzlich auf.

Gegen Abend erreichten wir Metne. Der Name muß einst für die türkischen Soldaten einen besonderen Klang gehabt haben, denn Metne war die letzte Station auf ihrem todbringenden Marsch von Hodeida nach der Hauptstadt des Jemen. Wenn die türkischen Bataillone – oder das Wenige, was von ihnen übriggeblieben war, nach ihrem Weg durch Glut und Fieber des Tieflandes und die engen Schluchten und tiefen Täler des Gebirges, wo aus jedem Hinterhalt Verderben auf sie herabstürzte –, wenn diese Reste Metne glücklich erreicht hatten, dann erfüllten ihre Freudenrufe die Luft, denn San'a, das ersehnte Ziel, lag nur noch wenige Marschstunden entfernt. Den türkischen Heereszügen erging es oft nicht anders als einst jener großen Armee der Römer, die vom Norden her auf San'a heranrückte, um Südarabien zu unterwerfen, und die in der nördlichen Wüste des Jemen buchstäblich versickert, versunken ist; nur wenige blieben übrig, um dem großen Rom das Unheil zu verkünden.

In Metne übernachteten wir in einer der landesüblichen Karawansereien, Moqhaya genannt, die dort die Stelle von Hotels vertreten und überall an den großen Reisewegen zu finden sind. Meist bestehen sie nur aus einem rohen Steinhaus, in dessen unteren Räumen Mensch und Tier gemeinsam schlafen. Im ersten Stockwerk befindet sich gewöhnlich ein kleiner Raum mit einem winzigen Fenster für bevorzugte Reisende, aber ohne jede Einrichtung. Dort konnte ich mich mit meinen Soldaten, die mir auch nachts nicht von der Seite wichen, häuslich einrichten. Der Wirt stellte ein offenes, metallenes Kohlenbecken in den Raum, das war alles, was er zu bieten hatte. Den Tee mußten wir uns selbst bereiten; auch die Verpflegung führt jeder Reisende mit sich.

Der Ort Boan, durch den wir am nächsten Tage kamen, ist dadurch merkwürdig, daß er nur ein Markt ist ohne ständige Bewohner. Zweimal in der Woche kommen aus der ganzen Umgegend Käufer und Verkäufer mit ihren Waren und lebendem Vieh zusammen und beziehen die in den Berghängen eingebauten primitiven Steinhäuser. Ist der Markt vorüber, dann steht der Ort wieder für mehrere Tage gänzlich verlassen da.

Von Boan ging es auf beschwerlichem Gebirgspfad steil bergauf, bis wir gegen Mittag Suk el Chamis erreichten. Auf meiner ersten Reise nach San'a hatte ich ein kleines Intermezzo mit dem Postdirektor von Suk el Chamis gehabt. Von Hodeida nach San'a läuft nämlich eine Telegraphenleitung, die von den Türken erbaut worden ist und dann auch weiter in Betrieb gehalten wurde. In Suk el Chamis gab es eins der ›Telegraphenämter‹ der Strecke: in dem einzigen Wohnraum des Beamten befindet sich ein kleiner Tastapparat auf einer Holzkiste, die die Stelle des Schreibtisches vertritt.

als ich damals, von Hodeida kommend, spät abends im Ort eintraf, war ich Gast dieses hohen Beamten, mußte aber alles bezahlen. Der Postdirektor, eine lange hagere Gestalt mit bleichem Gesicht und durch langen Kat-Genuß entstellten Zügen, hielt mir eine lange und blumenreiche Rede und erklärte, ich müßte unbedingt ein Telegramm an den Imâm absenden, das erfordere die Sitte des Landes, und der Imâm würde mir dann sicher sein Auto entgegensenden, den damals einzigen alten Ford, der hohen Gästen bisweilen für den letzten Teil der Reise zur Verfügung gestellt wurde. Außerdem koste das ganze Telegramm nur vier Maria-Theresia-Taler (etwa vier Mark). Damals mit den Sitten des Landes noch weniger bekannt, ließ ich mich darauf ein. Natürlich kam kein Ford, und ich zweifelte stark, ob das Telegramm den Imâm jemals erreicht hat. Nebenbei kostete es, wie ich später erfuhr, nur einen Viertelreal (fünfundzwanzig Pfennige), den beträchtlichen Überschuß hatte der Beamte in seine Tasche gesteckt. Nun, man nimmt dergleichen Dinge nicht sehr tragisch, und sie geschehen im Jemen so gut wie in anderen orientalischen Gegenden (womit ich keinem der Länder zu nahe treten will). Aber ich konnte doch nicht unterlassen, bei meiner damaligen Rückkehr von San'a, nun als ›Freund des Imâm‹, dem alten Kat-Genießer ein wenig Angst zu machen, daß er seine Stelle verlieren würde, wenn er weiter derart arglose Fremde neppte.

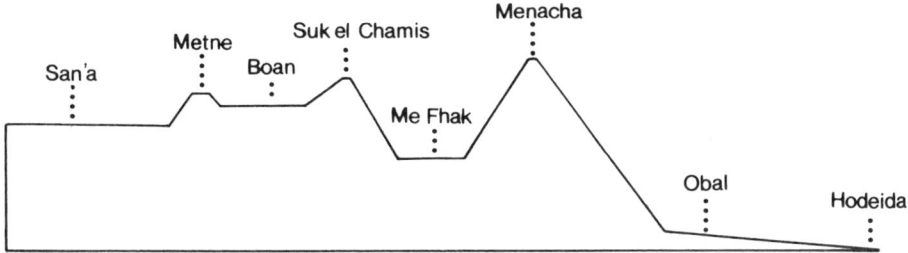

Suk el Chamis heißt auf deutsch der ›Sonnenmarkt‹. Aber die armseligen Stein- oder Lehmbauten hatten nichts Sonnenhaftes an sich. Außerdem konnte man sich in nordische Regionen versetzt glauben. Die Bewohner des Ortes und die Beduinen gehen meist in langen Schafpelzen, das Fell ist nach innen gedreht, und die ursprüngliche gelbe Außenhaut ist durch die Sonne dunkelbraun gebrannt. Seltsam ist es, wenn man in diesen Himmelsstrichen die pelzverhüllten Karawanenführer vorbeiziehen sieht, die oft noch eine Öllampe in der Hand tragen, um sie abends am Lagerplatz zu benutzen.

Suk el Chamis liegt auf etwa zweitausendachthundert Meter Höhe, kommt also der Höhe der Zugspitze nahe. Und als wir den höchsten Punkt erreicht hatten und ich umherblickte, da hielt ich unwillkürlich den Atem an vor Staunen über das, was ich sah. Es war, als ob ein dämonischer Riese einen gewaltigen Hammer genommen und blindlings rechts und links zugeschlagen hätte, um nur eine wirre, übereinandergetürmte Masse zurückzulassen – ein Durcheinander von Spitzen und Zacken, von kreuz und quer laufenden Schründen und Rissen, von jäh aufragenden Felstrümmern über gähnenden Abgründen. Noch nie habe ich von einer Gegend der Welt derart den Eindruck des Unzugänglichen, Abwehrenden gehabt wie an dieser Stelle, die den Hauptzugangsweg zum Inneren des Jemen bildet.

Fast noch großartiger sind die schroffen Gegensätze, die hier aufeinanderprallen. Bei Suk el Chamis fällt die Gebirgswand plötzlich viele Hunderte von Metern steil ab. Und während hier oben oft eine fast nordisch kühle Luft herrscht und die Menschen vermummt umhergehen, ist das tiefe Tal unmittelbar vor den Füßen mit brodelnd heißer Luft erfüllt und dschungelartig bedeckt mit einer üppigen, tropischen Vegetation. Jenseits aber steigt die Wand ebenso jäh wieder auf fast dreitausend Meter hinauf, und hoch oben auf dem schmalen Grat sieht man Menacha liegen, den größten Ort auf dem Wege zwischen San'a und Hodeida. Dieser tiefe Einschnitt zwischen schroffen Felswänden ist den Türken zu einem großen Grab geworden, zu Hekatomben sind sie in dem Tal dahingesunken. Kein Gegner kommt hier durch, wenn es die Bergbewohner nicht wollen; auch mit den modernsten Waffen scheint er machtlos. Es ist, als verwehre schon die Natur ein Eindringen in das verbotene Land.

Am Nachmittag begannen wir den Abstieg von Stufe zu Stufe, von Hang zu Hang, als ginge es ein Amphitheater hinab. Man wählt dazu immer die Stunden, da die Sonne nicht mehr allzu stark brennt, sonst würde die Hitze unten im Kessel unerträglich. Je tiefer man hinabkommt, desto üppiger blüht und wuchert das Leben in diesem Tal des Todes. Man sieht riesige Wolfsmilchgewächse, Euphorbien, Flaschenbäume und die hohen Kandelaber der Kakteen. Überall flattern bunte Vögel, in den Büschen schreien die Papageien, und von den hohen Felsen blicken Affen neugierig und anmaßend auf die Vorüberziehenden herab.

Gegen Abend erreichten wir Me Fhak im Grunde des Tales. Es besteht nur aus einer alten Burg, wie es deren unzählige im Lande gibt, und aus einer vielbesuchten Karawanserei, in der wir übernachten mußten.

Wir brauchten einen ganzen Tag, um wieder auf die etwa dreitausend Meter bis Menacha hinaufzukommen. Eine prachtvolle, aber nicht befahrbare Gebirgsstraße zog sich in endlosen Kehren und Windungen an steilabfallenden Wänden dahin. Als wir am Abend Menacha (Abb. 81) erreicht hatten, fanden wir alle Straßen dicht erfüllt von rastenden Karawanen. Überall lagen Kisten und Ballen herum, so daß man sich kaum einen Weg bahnen konnte, und immer wieder hörte man das scharfe, tief aus der Kehle gestoßene ›Sch, sch‹ der Beduinen, womit sie ihre Kamele zum Niederlegen auffordern. Auch die Karawansereien waren bis zum letzten Platz besetzt, und erst nach langem Suchen fanden meine Soldaten ein Privathaus, wo unser kleiner Trupp unterkommen konnte.

Schon ein Jahr zuvor war ich nach meinem ersten Aufenthalt in San'a des gleichen Wegs gekommen, war in Menacha als ›Gast des Imâm‹ vom Gouverneur der Stadt empfangen und in dem für königliche Gäste bestimmten Haus untergebracht worden. Doch hatte ich mir damals die Gunst des Gouverneurs gründlich verscherzt. Wie das gekommen war, will ich erzählen.

Bei meiner ersten Reise nach San'a hatte ich die Absicht gehabt, wenn irgendmöglich Marib, das alte Saba, aufzusuchen. Aber auch mir, wie allen anderen vorher, erlaubte der Imâm nicht, wie bereits erwähnt, auch nur in die Nähe von Marib zu reisen. Da ich die Unmöglichkeit voraussah, gegen den Willen des Königs die geheimnisvolle Stadt zu erreichen, und das traurige Ende Borchards, der 1909 in der Nähe Mokkas von fanatischen Beduinen ermordet worden war, zeigte, wie gefährlich ein solches Unternehmen war, bat ich den Imâm nur, mir einen Ausreisepaß aus San'a auszustellen, den ich auch bekam. Ich hatte jedoch die Absicht, auf eigene Faust etwas anderes zu wagen, was mir auch gelang.

In San'a lernte ich einen Ismaeliten kennen, Mitglied einer mohammedanischen Geheimsekte, die hoch oben in den Bergen von Menacha ihren Ursprungsort haben soll. Mit ihm trat ich die Reise dorthin an.

Um in das Gebiet der Ismaeliten vordringen zu können, hatte ich mir einen Bart wachsen lassen und Beduinenkleidung angelegt, einen Schafpelz und die jemenitische Pelzmütze, denn in den Bergen ist es recht kalt im Winter. In Menacha fanden wir einen Führer, der uns in die Städte der Ismaeliten bringen wollte. Es war gerade Ramadan, der Fastenmonat. Zu dieser Zeit darf man von Sonnenaufgang bis Sonnenuntergang nichts essen. Doch auch die Mohammedaner wissen aus der Not eine Tugend zu machen, sie kehren die gewöhnliche Ordnung einfach um, essen und feiern am Abend und in der Nacht und schlafen am Tag. Deshalb konnten wir früh am Morgen unbemerkt die Stadt verlassen, denn Gouverneur, Soldaten und Bürger, alles war in festem Schlaf.

Auf ganz schmalen Saumpfaden mußten wir an den Felswänden entlangkriechen, und bald tauchten im Dschebel Harraz die ersten ismaelitischen Felsennester auf. Das Gebirge ist hier in zahlreiche Gipfel gegliedert, auf dessen obersten Spitzen uneinnehmbare, befestigte Dörfer stehen. Naht irgendeine Gefahr oder kommen Fremde, so benachrichtigen sich die Bewohner von Bergfeste zu Bergfeste in einer eigentümlichen Rufsprache – das sind anderen unverständliche Laute. Sie warnen sich dadurch gegenseitig, verrammeln dann ihre Fenster und Türen, und keiner kann ihnen etwas anhaben. Dreitausend Ismaeliten leben im Gebiet von Menacha als ›Urzelle‹ dieses schiitischen Geheimbundes, der in Indien, Mesopotamien, Syrien und Palästina weit verbreitet ist und dessen Priester fast göttliches Ansehen genießen. Sie haben von jeher aus religiösen Gründen dem Imâm feindlich gegenübergestanden, und ihr Gebiet ist bisher von keinem Weißen besucht worden, weil der Imâm es niemals erlaubt hat.

Dank meinem Führer, der ihre Sprache verstand und zwischen uns vermittelte, konnte ich als erster Europäer Zutritt zu einigen ihrer Städte erlangen. Die interessanteste war Hatib (Abb. 79). Hier befindet sich die Grabmoschee des Gründers der Ismaeliten, und da man mich anscheinend für einen Mohammedaner hielt, erlaubte man mir sogar, die Moschee zu betreten. Als Nichtmohammedaner in die Geheimnisse dieses Kultes einzudringen, ist natürlich sehr schwer, ihren Sitzungen beizuwohnen, unmöglich. Besonders bei den Waschungen gibt es ganz bestimmte zeremonielle Vorschriften. So darf man die Arme und Füße nur bis zu einer ganz bestimmten Höhe waschen, der Bart muß einen bestimmten Schnitt haben, einzelne tägliche Gewohnheiten müssen mit bestimmten Redewendungen eingeleitet werden.

Die Moschee, die sich über dem Grab des Gründers der Ismaeliten, Hatmi bin Ibrahim al Hamidi, erhebt, hat eine Kuppel, innen ganz einfach gehalten und weiß getüncht. Im Hintergrund steht der große Sarkophag des Gründers, von einem Gitterwerk umgeben.

Der damalige Führer der Ismaeliten im Jemen war Schech Abdulla al Musri.

Soweit war alles ganz gut gegangen. Aber schließlich hatte man in Menacha mein heimliches Verschwinden doch bemerkt und war in heller Aufregung. Der Imâm hatte ausdrücklich den Gouverneur von Menacha benachrichtigt, daß ich auf dem direkten Wege nach Hodeida reisen sollte. Wir wurden bei unserer Rückkehr nicht gerade sehr liebenswürdig empfangen und zuerst einmal eingesperrt. Schließlich aber drückte der Gouverneur ein Auge zu und ließ mich am nächsten Tage, jetzt allerdings unter sicherem Geleit, weiterreisen.

Aber eine Strafe wurde mir doch zuteil, wenn das auch vielleicht nicht in der Absicht des Gouverneurs gelegen hatte. Denn diese vierundzwanzig Stunden Arrest waren fürchterlich. Kaum hatte sich die Tür hinter mir geschlossen, als es plötzlich in dem engen Raum lebendig wurde. Ganze Schwärme, ja Wolken von Flöhen stürzten sich auf mich, heißhungrig und mit einer Gier, die erkennen ließ, daß ihnen das ewige Beduinenblut reichlich über geworden war. Ein Ankämpfen dagegen war unmöglich, und heraus konnte ich auch nicht, da ich eingesperrt war. So führte ich denn zwischen den engen vier Wänden die wildesten Indianertänze auf, sprang und hopste kaum minder als meine freundlichen Zellengenossen und kam mir vor wie Gulliver bei den Zwergen. Eine Folterung im Mittelalter kann kaum schlimmer gewesen sein; und noch weitere vierundzwanzig Stunden hätten wohl genügt, einen Menschen um den Verstand zu bringen.

Nun, ich fand mich schließlich damit ab, nahm das als gerechte Buße für meinen geheimen Abstecher und erachtete sie auch als nicht zu hoch für meine Bekanntschaft mit jener geheimnisvollen Sekte.

Der Dschebel Harraz und die Tahama

Menacha liegt auf einem schmalen Rücken zwischen zwei hohen Bergmassiven (Abb. 81). So eng zieht sich die Stadt auf dem gratartigen Rücken hin, daß man in ihren Straßen gleichzeitig die Abgründe sehen kann, die auf beiden Seiten zu tiefen Schluchten abstürzen. Menacha ist eine Festung, wie sie die Natur nicht besser schaffen konnte, und wer sie besitzt, hat auch den Eingang zum Jemen in der Hand. Durch eine starke Garnison und eine Zitadelle, die weithin das Land und die Zugangsstraßen beherrscht, sichert der Imâm dieses Tor zu seinem Reiche.

Die Bergmassive an beiden Enden des Rückens türmen sich steil empor; das im Osten gliedert sich in drei lange, allmählich sich verjüngende Pfeiler, wie die Säulen einer riesigen Kathedrale. Etwas weiter weg gewahrt man auf der äußersten Spitze eines Gipfels die vielstöckigen Häuser einer Ortschaft. Aus dem Fels aufwachsend und zu einer harmonischen Einheit mit ihm verbunden, ragen die hohen Häuser weit in den Himmel hinein. Dort wetteifert der Mensch mit dem Adler und wohnt geruhsam zwischen den Wolken.

Jenseits Menacha, nach kurzem Abstieg auf unserem Wege nach dem Roten Meer zu, trafen wir wieder auf einen jener schroffen Gegensätze, an denen der vielgestaltige Jemen so reich ist. Nach den kahlen, zerklüfteten Bergen mit den fast senkrechten Wänden und den tiefen, von beinahe undurchdringlicher Wildnis erfüllten Schluchten sah man sich plötzlich in einer lieblichen Gebirgslandschaft. Es ist der Dschebel Harraz, der schönste und beglückteste Teil des ›glücklichen Arabien‹.

Was aber das Merkwürdigste war: zwischen den kahlen Gipfeln und den üppig fruchtbaren Tälern hatte man, so wenigstens erschien es auf den ersten Blick, überall Amphitheater angelegt. Beim Näherkommen entdeckte man, daß es die terrassenförmigen und mit Randmauern umgebenen Felder waren, die man an den Hängen der Berge oft Hunderte von Metern hoch angelegt hat und auf denen vor allem der berühmte arabische Kaffee wächst (Abb. 80, 82). Man macht sich keinen Begriff von dem Aufwand an Arbeit, Mühe und zähem Fleiß, welche die Unterhaltung solcher Kulturen erfordert. Die Terrassen sind in den unteren Lagen etwa einen Meter hoch, nach dem Gipfel zu werden sie ständig höher, meist bis zwei und drei Meter. Dabei sind die Felder nur klein, oft nicht größer als das Zweifache ihrer Höhe, und dazu in steilem Anstieg eins über dem anderen gelegen. Die Mauern bestehen aus roh behauenen Steinen, mit Mörtel befestigt, und sind in bester Verfassung. Jede Bruchstelle hat man sorgfältig ausgebessert. Dazu kommt eine, man kann sagen, raffinierte Kunst der Bewässerung unter geschickter Ausnützung des natürlichen Gefälles, während die Erde für die Felder erst aus dem Tal hinaufgeschafft werden mußte. Später sah ich, wie die Bewohner in der Frühe des Morgens von ihren Bergnestern zu ihren Feldern herabstiegen und dort unermüdlich bis zum Abend tätig waren. Meist arbeiten sie zwischen den etwa mannshohen, tief dunkelgrünen Kaffeebäumen mit den orangenartigen Blüten. Zwischen diesen Bäumchen hat man wohlriechende Sträucher angepflanzt, wie Myrrhen oder Weihrauch; auch hohe Bäume, wie Palmen, Akazien oder die prächtigen Dornbäume schützen die kostbaren Kulturen vor den allzu sengenden Strahlen der Sonne. Ohne diese Schattenbäume würden die Kaffeepflanzen keine Früchte erzeugen und bald in der Sonne verbrennen.

Wenn auch der Kaffeebaum höchstwahrscheinlich nicht in Arabien beheimatet ist, sondern, wie vielfach angenommen wird, aus dem nahen Äthiopien erst nach Arabien herübergekommen ist, so ist Europa und die übrige Welt mit dem ›cave‹ genannten Getränk überhaupt erst durch den Jemen in Berührung gekommen. In dem reich bebilderten Werk ›Voyage de l'Arabie Heureuse, par l'Océan Oriental et le Détroit de la Mer Rouge: Fait par les François pour la première fois, dans les années 1708, 1709 et 1710‹ berichtet Jean de la Roque, wie eine französische Handelsgesellschaft eine Expedition ausgerüstet hatte, um sich über den Anbau des Kaffees im Jemen auf das genaueste zu unterrichten und um Handelsbeziehungen zwischen den beiden Ländern herzustellen. Und so hören wir schon in diesem äußerst interessanten Bericht über die Kaffeepflanzungen im Jemen, daß die Kaffeebäume, und zwar immer mehrere zugleich, von einer Art Pappel beschattet werden. Wir hören, »daß in Arabien Kaffeesamen in Keimbeete ausgelegt wurden, damit man später die jungen Bäumchen dort pflanzen könne, wo man sie am liebsten haben möchte. Die Fußregionen der Berge und sanften Hügel in schattigen und feuchten Bezirken seien die geeignetsten für die Kaffeepflanzungen. Die Hauptsache aber sei die Bewässerung, und zwar müsse das Wasser bis zum Fuß der Berge geleitet werden. Wenn der Kaffee aber zu reifen beginne, müsse das Wasser wieder abgeleitet werden«. Damit ist eigentlich schon alles gesagt, was auch heute noch für den Anbau des Kaffees in Arabien gilt. Auch davon berichtet Jean de la Roque, daß es in Jemen mehrere Ernten gibt, da der Kaffee zu verschiedenen Zeiten reift. Doch die Haupternte findet im Mai statt. Die Kaffeebohnen werden hier nicht gepflückt, sondern man schüttelt die Bäume, so daß die Früchte auf Tücher fallen, die man unter den Bäumen ausgebreitet hat. Man läßt sie dann noch an der Sonne so lange trocknen, bis die äußere Schale so hart geworden ist, daß man sie nur ›mit Hilfe von schweren Walzen‹ öffnen kann.

Die zum ersten Mal in Java gepflanzten Kaffeebäume stammten aus Arabien. Mit der ersten Kaffeeladung, die die ›Ostindische Kompanie‹ in Amsterdam aus Java empfing, kam auch ein Kaffeebäumchen dorthin. Es wurde im dortigen Gewächshaus des Botanischen Gartens sorgfältig gepflegt und gehegt, blühte und trug Früchte. Abkömmlinge von diesem Amsterdamer Kaffeebaum gelangten nach Südamerika, und so steht fest, daß heute alle Coffea-arabica-Bäume in der ganzen Welt ein und desselben Ursprungs sind. Die vielen Unterschiede im Geschmack des Kaffees, der heute in der Welt verkauft wird, sind nicht auf ›botanische Varietäten‹ zurückzuführen, sondern rühren von der Verschiedenartigkeit der Zubereitung der Bohnen auf den Plantagen und nicht zuletzt von der Verschiedenheit des Klimas und des Bodens her, auf dem der Kaffee wächst.

Das größte Rätsel bleibt jedoch immer noch ungelöst. Ist der arabische Kaffee ursprünglich wirklich eine Pflanze des afrikanischen Waldes gewesen? Und wie hat er sich dann an das völlig andersgeartete Klima Südarabiens gewöhnen können?

Dieses Land ist wie ein einziger großer Garten, und die Luft ist erfüllt von dem Duft der vielen üppig wuchernden Blumen: Bergrose, wilder Flieder, Balsam und Basilikum, daneben der Liebes- oder Judasbaum, so genannt, weil sich Judas an einem solchen Baum erhängt haben soll, und die Jatropha (Brechnuß) mit ihren verlockend saftigen Früchten. Arabisch heißt sie ›Wached we nus‹, das heißt: anderthalb, womit die Anzahl der Körner bezeichnet ist, die man zum Abführen nehmen muß.

Die Vogelwelt ist besonders reich: Nashornvögel, Webervögel und kleine buntfarbige Honigsauger. Leider hausen in diesem gesegneten Landstrich auch Affen in großer Zahl, die den Kulturen viel Schaden machen. Es ist eine ziemlich große Pavianart, die in Herden zusammenlebt. Dem Vorbeiziehenden wäre nicht zu raten, die Affen zu ärgern oder gar auf sie zu schießen; er würde sofort von unsichtbaren Gegnern mit einem Steinhagel bombardiert werden, dem er sich nur durch schleunige Flucht entziehen könnte. Auch Leoparden kommen nicht selten vor. Der Leopard ist übrigens das einzige Tier, das der Imâm zu erlegen erlaubt. Schlangen sind weniger häufig, dafür gibt es aber bösartige Skorpione in Menge und eine große Art von Tausendfüßlern, die sehr giftig und von Europäern äußerst gefürchtet ist. Von den Arabern werden sie merkwürdigerweise ›Siebenundsiebzigfüßler‹ genannt, nämlich ›Um saba we sabain‹.

Nachdem wir einen Tag lang durch diesen Garten gewandert waren, fanden wir in dem kleinen Ort Wussil, wo wir übernachten sollten, nur ein Haus mit einem einzigen niedrigen Raum, der schon gedrängt voll war von rastenden Karawanen. Mitten zwischen dem Gewimmel von Menschen, Tieren und Lasten lag ein malariakranker arabischer Reisender, dem ich schon in Menacha Chinin gegeben hatte und der von neuem von schwerem Fieberanfall gepackt wurde. In die vielfachen und sehr heftigen Ausdünstungen mischte sich der stickige, penetrante Geruch und beißende Rauch des getrockneten Kameldungs, der als Feuerungsmaterial benutzt wird. Außerdem haben die Araber die Gewohnheit, des Nachts alle Türen und Fenster hermetisch abzuschließen. Entgegen allen unseren Gesundheitsregeln bekommt ihnen das anscheinend sehr gut, sie schlafen herrlich in dieser Atmosphäre und lassen sich auch nicht stören durch den die ganze Nacht anhaltenden Lärm der ankommenden oder aufbrechenden Karawanen.

Mir war das doch etwas zu viel, und ich zog es vor, mein Feldbett im Freien auf einem Hang aufzuschlagen. Das brachte meine Wachsoldaten in die größte Verlegenheit. Sie hatten strengen Befehl, mich keine Minute aus den Augen zu lassen; andererseits mit mir etwa im Freien zu schlafen, war ihnen ein Gedanke des Schreckens. Allerdings wird durch das Tropenklima das Blut verdünnt, und die Bewohner leiden sehr unter der nächtlichen Abkühlung. Übrigens geht es dem Europäer nach einer gewissen Zeit ähnlich.

Ich ließ mich durch ihren heftigen Widerspruch in meinem Vorhaben nicht stören. Aber immer wieder kam einer der Soldaten zu mir und hielt mir vor, das Übernachten im Freien wäre wirklich zu gefährlich. Der Leopard würde sicher kommen, ja, und dann ließe sich gerade hier bei diesem Gestrüpp sehr oft eine große Schlange sehen. Als alle diese Vorstellungen nichts nützten, begann der besorgte Soldat zu Allah zu beten, er möge die Sache zum Guten wenden. Dann ließ er mich eine merkwürdige Formel mehrmals hersagen und auf ein Stück Papier schreiben, das ich die Nacht über bei mir tragen mußte. Dieses Amulett sollte mich vor den wilden Tieren der Berge schützen. Das Stückchen Papier habe ich mir aufgehoben, aber den Sinn der Formel konnte ich nie herausbekommen.

Dank diesem Zauberspruch fand mich der Soldat am anderen Morgen unversehrt in friedlichem Schlummer. Aber aufgeregt erzählte er mir, daß doch ein Unglück geschehen wäre. Das Maultier des an Malaria erkrankten Arabers, der sich schon in der Frühe aufgemacht hatte, wäre ganz in der Nähe des Rastplatzes einen etwa zwanzig Meter hohen Abhang hinabgestürzt. Zum Glück hatte der Reiter nicht draufgesessen. Das Tier hatte sich mehrmals überschlagen und war dann auf einer der Biegungen der Straße gelandet, wunderbarerweise, ohne sich ernstlich zu verletzen. Vielleicht hatte ihm sein vorsorglicher Herr auch so ein zauberkräftiges Amulett umgehängt.

Der Weg, der uns jetzt mehr und mehr zur Ebene hinabführte, war aber auch der schlimmste, den ich bisher erlebt hatte. Er ging in steilen Kehren hinunter und sah aus, als ob alle zehn Meter ein großer Felsblock gesprengt worden wäre, dessen Stücke nun kreuz und quer herumlagen. Auf solchen Straßen den Maultieren anvertraut zu sein, ist immer eine eigenartige Sache, denn diese Wesen besitzen – wenigstens im Jemen – eine unausgeglichene Gemütsart. Zunächst haben sie die unsympathische Angewohnheit, immer hart am äußersten Rande des Gebirgspfades entlangzuschreiten, und sie sind durch keinen freundlichen Zuspruch, erst recht aber nicht durch energische Belehrungen mit dem Stock von dieser Eigenart abzubringen. Da das Gestein oft bröckelig ist, geschieht es nicht selten, daß eins der Tiere mitsamt dem lockeren Boden abrutscht und in die Tiefe stürzt. Manchmal auch wird ihnen die Sache zu langweilig und sie denken, der Reiter könnte nun mal eine Weile zu Fuß gehen, anstatt sich immer von ihnen tragen zu lassen. Sobald ihnen diese Eingebung kommt, bleiben sie plötzlich wie angewurzelt stehen und fangen im gleichen Augenblick wie wild zu bocken an, so daß der Reiter unversehens im hohen Bogen zur Erde fliegt. Und das tun sie mit Vorliebe dann, wenn gerade zur Seite ein großer Abgrund gähnt. Merkwürdigerweise können sie das Bergabgehen durchaus nicht leiden, was doch eigentlich leichter für sie ist als Bergaufgehen. Dann machen sie allerlei Einwendungen, tun so, als ob sie immerzu stolperten (wenn sie wollen, können sie über das wackelige Geröll sicher wie Ziegen klettern) und überhaupt der abschüssige Weg ihnen furchtbare Angst machte, bis dann in diesem stummen Kampf der Mensch als der Klügere nachgibt, absitzt und das brave Tier am Zügel nachführt, das dann auf einmal sehr zufrieden hinterdrein trottet. Immerhin ist es in diesen wilden Gebirgsgegenden noch angenehmer, auf einem Maultier zu reisen als auf einem Kamel. Maultiere werden in Arabien auch nur in den Gebirgen des Jemen verwendet, sie werden dort selbst nicht gezüchtet, sondern müssen stets neu aus Abessinien eingeführt werden.

In Hadjele, wo wir Rast machten, befanden wir uns schon an den letzten Ausläufern des Gebirges. Der Ort wurde in den Kämpfen vom Jahre 1921 um den Besitz des

Küstenlandes fast vollständig zerstört, wird auch wohl bei dem ständigen Rückgang der Bevölkerung des Niederlandes kaum wieder aufgebaut werden. Ich hätte gern den Amel von Hadjele, den königlichen Präfekten, begrüßt, der mich vor einem Jahr bei meiner ersten Reise nach San'a sehr freundlich aufgenommen hatte. Ich hatte ihm damals von Hodeida ein gebratenes Huhn mitgebracht, worüber er hocherfreut gewesen war, denn hier beginnt das Land schon sehr arm zu werden. Aber dieser kleine Besuch wurde mir von meiner Bewachung nicht gestattet. Ich blieb trotz allem ein verdächtiger Europäer, und mit Beamten des Königs zu sprechen, konnte anscheinend den Staat gefährden.

Wenn man von dem gesegneten Hochland des Jemen in die Tiefebene hinausreitet, dann ist das etwa so, als wäre man plötzlich aus der Schweiz an den Rand der Sahara versetzt worden. Wieder trifft man auf einen jener grellen Kontraste des Landes. Der Küstenstrich, der auf durchschnittlich achtzig Kilometer den jemenitischen Bergen vorgelagert ist, wird die Tahama genannt. Die Bezeichnung enthält das arabische Wurzelwort ›thm‹, was große Hitze und Gestank bedeutet, und damit ist schon vieles gesagt. Nach Eduard Glaser, dem verdienstvollen Sammler sabäischer und hymjaritischer Inschriften, hat sich dieser Gürtel hauptsächlich aus Korallenriffen gebildet und ist erst spät aus dem Meer aufgestiegen, wie überhaupt die arabische Küste des Roten Meeres sich ständig zu heben scheint. Die Tahama, oder auch Tihama genannt, ist eine sandige, zum Teil steppenartige Ebene mit dürftiger Vegetation und spärlicher Weide. An den feuchten Stellen wird etwas Durrha, eine Hirseart, angebaut. Die Palmen, die dort wachsen, sind unfruchtbar. In der Tat ist die Tahama berüchtigt wegen ihrer fürchterlichen Hitze. Tagsüber bleibt die Temperatur ständig auf fünfzig Grad im Schatten, und selbst die Beduinen, die doch allerlei gewohnt sind, wagen sich durch diese wahrhafte Hölle zwischen dem Roten Meer und dem jemenitischen Hochland nur nach Sonnenuntergang. Während der Regenzeit, in den Wintermonaten Januar und Februar, sinkt das Thermometer auf durchschnittlich zwanzig Grad über Null, immer noch eine ganz anständige Wärme, aber die Bewohner schlottern vor Kälte. Das wenige Grundwasser der Tahama ist stark salzhaltig und daher, wenigstens für den Europäer, ungenießbar. So muß zum Beispiel das gesamte Trinkwasser für die Hafenstadt Hodeida auf Eseln von dem achtzig Kilometer entfernten Gebirge herangeschafft werden. Die Tahama hat das ungesündeste Klima ganz Arabiens; es herrscht dort ständig eine schwere Form der Malaria, an der die Bevölkerung langsam zugrunde geht. Auch die italienischen Ärzte in Hodeida konnten nicht viel dagegen machen. Chinin ist teuer, und der Imâm hält nicht viel von diesen europäischen Erzeugnissen, er glaubt nicht an die Wirkung von Medikamenten.

Nichts ist mehr zu sehen von der reichen Kultur des Hochlandes mit seinen stolzen hochgetürmten Städten. Die Siedlungen bestehen nur aus ärmlichen Strohhütten in Bienenkorbform und machen einen ganz afrikanischen Eindruck. Auch die Bewohner sind, im Gegensatz zu denen des Hochlandes, von tiefschwarzer Hautfarbe mit stark negroidem Einschlag.

Trostlos ist es, durch die Tahama zu wandern. Man sieht nur von der Sonne verdorrte Steppen und Stunde um Stunde immer Sand und wieder Sand und die bestaubten Büschel kleiner Dornsträucher. Bis dann irgendwo am Horizont der trockne Wedel einer Fächerpalme auftaucht wie eine gespreizte Hand, die zum Himmel ragt. Dort gibt es zwei oder drei Strohhütten, eine Einzäunung für Tiere, und in den Hütten außer dem wenigen Gerät nur die aus Palmstroh geflochtenen Ruhelager. Ein paar Schwarze nehmen dem Reisenden die Maultiere ab. Für kurze Zeit wird gerastet, man bringt Kaffeeschalenaufguß, stark mit Ingwer vermischt, dann geht es weiter in die Dunkelheit. Das Leben spielt sich fast nur in der Nacht ab, aber auch diese Nächte sind grausam, sind stickig und heiß wie die Tage.

Ich hatte diesmal Gelegenheit, die Annehmlichkeiten der Tahama besonders gründlich auszukosten, obwohl ich schon ziemlich am Ende meiner Kräfte war und mich die Durchquerung der Rub' al Khali und das sich daran anschließende fortwährende Gefangensitzen stark heruntergebracht hatten. Bei der Abreise von Hodeida wog ich nur noch achtundneunzig Pfund.

In Obal, einem kleinen Strohhüttendorf, machten wir halt, denn dort sollte mich verabredungsgemäß das von San'a kommende Auto aufnehmen. Zwischen zwei Hütten war über vier Pfählen ein flaches Strohdach errichtet. Dort lag ich tagsüber, kaum fähig, mich zu bewegen, und nur ängstlich darauf bedacht, auch dem kleinsten Strahl der verderbenbringenden Sonne zu entgehen, der etwa durch das Strohdach drang. Aber bei jedem Geräusch fuhr ich hoch, immer in der Hoffnung, daß der ersehnte Wagen einträfe und mich aus dem Glutofen erlöste. Doch zwei Tage hatte ich zu warten.

Diese Gegend der Tahama ist von den dunkelfarbigen Zaraniqs (Abb. 83–85) bewohnt, deren Gebiet sich an der Küste entlang bis nach Beit el Fakih und Zebid erstreckt (Abb. 86, 87). Es ist ein im Grunde gutartiges, gastfreies Volk, ohne Fanatismus gegen die Fremden, das seine armselige, ungesunde Heimat liebt und mit wilder Zähigkeit seine Freiheit verteidigt. Nur mit größter Mühe hat der Imâm sie seiner Herrschaft unterwerfen können, und immer wieder lehnten sie sich dagegen auf. Daher werden diese unglücklichen Zaraniqs auch von den Soldaten des Königs besonders drangsaliert, man nimmt ihnen ihr spärliches Vieh und beschlagnahmt ihre Hütten. In Hodeida sah ich vierhundert Zaraniqs im Gefängnis, Männer und Kinder, die Bewohner eines ganzen Dorfes, alle mit schweren eisernen Ketten gefesselt. Sie hatten eine Abteilung Soldaten, die in das Dorf gelegt war und die Bewohner schwer bedrückte, in einer Nacht bis auf den letzten Mann niedergemacht.

In der Frühe des dritten Tages gab es für das Volk ein großes Schauspiel. Das langersehnte Auto war gekommen. Aber leider war der Wagen schon reichlich besetzt. Außer Herrn Hansen war noch ein Verwandter des Imâm, ein Kaufmann, mitgekommen; und den Platz neben dem Führer hatte der ›Wasseraufgießer‹ inne. Ein arabischer Autolenker fährt niemals ohne einen solchen Helfer zur Seite, dessen Haupttätigkeit darin besteht, unterwegs immer Wasser auf den Kühler aufzugießen, das manchmal erst weither geholt werden muß. Anscheinend ist auch eine Autoreise in Arabien anstrengend, denn der Verwandte des Imâm zum Beispiel war in einem recht elenden Zustand, und ich mußte erst meine Apotheke zu Hilfe nehmen, um ihn etwas aufzufrischen.

Aber weder die sehr notwendige Arzneigabe noch die inständigen Bitten Herrn Hansens konnten den Fahrer bewegen, uns auch noch mitzunehmen. Der Motor hatte schon mehrfach gestreikt, und der Fahrer erklärte, er werde froh sein, wenn er noch gerade bis Hodeida käme, eine stärkere Belastung vertrüge der Wagen nicht. Immerhin waren es bis zur Küste nur noch etwa siebzig Kilometer, und außerdem ging es ständig bergab.

Wie bereits erwähnt, machte die Autostraße von San'a aus einen riesigen U-förmigen Bogen nach Süden und benutzte dabei die von Aden herauskommende Paßstraße, da der direkte Weg durch das tiefeingeschnittene Gebirge für Wagen unpassierbar ist.

Ein paar kurze Angaben über die Straße mögen hier angebracht sein. Von San'a geht es etwa sechzig Kilometer südwärts nach Maber über ein gleichmäßiges, flaches Hochplateau mit einem einzigen Bergrand, dem Gebiet der Beni Moslem, der etwa dreihundert Meter über das Plateau hinausragt. Die ganze Hochebene ist von Hügelketten strichweise durchsetzt, steht überall unter Kultur und ist stark bevölkert. Von Maber geht es noch vierzehn Meilen südwärts zum Rand des Plateaus; dann in sechs Kilometer langem Abstieg vom Dschebel Masna am Ort Masna vorbei, etwa zwölfhundert Meter ins Tal hinunter. Durch dieses fährt man noch etwa zehn Meilen nach Süden, dann nach Westnordwest abbiegend über Medina el Abiad nach der Landschaft Anis. Vor Medina el Abiad ist der Badeort Hamam mit heißen Quellen von Bedeutung, der regelmäßig vom Imâm besucht wird. Der Weg geht teils durch die Täler, teils am halben Hange hin. Nachdem man etwa fünfzig bis siebzig Kilometer nach Westen gefahren ist, biegt man allmählich nach Norden um und gelangt unter Durchquerung einer Reihe von Wadis nach Obal.

Nach langem Hinundherreden ließ sich der Chauffeur zuletzt erweichen, wenigstens mich noch bis Hodeida mitzunehmen. Rasch wurde mein Gepäck hinten aufgebunden, ich hatte mich irgendwo eingezwängt, und schon wollten wir abbrausen. Da legten im letzten Augenblick die Soldaten ihr Veto ein; allein dürfte ich auf keinen Fall weiter, erklärten sie, wenigstens einer von der Bewachung müßte mitkommen. Aber das war nun beim besten Willen nicht mehr möglich, denn dann wäre der alte Klapperkasten unweigerlich zusammengebrochen. Nun erfolgte etwa eine halbe Stunde lang ein recht erhebliches Schreien hinüber und herüber, doch auch das führte zu keinem Erfolg. Das Ende vom Liede war, daß ich aus dem Wagen förmlich herausgezogen wurde und ziemlich belämmert zwischen meinen Gepäckstücken stand, während das Auto ohne mich davonfuhr und sehr bald meinen betrübten Blicken entschwunden war.

In nicht eben bester Laune kroch ich wieder unter mein Strohdach und mußte dort noch den ganzen Tag über in der Bruthitze liegen. Gegen Abend setzten wir dann in gewohnter Weise unseren Weg fort.

Das Rote Meer erreicht

Finsternis liegt über der Wüste.

Unendlich lang erscheint einem die Nacht, wenn man müde und abgespannt auf dem Maultier hängt, das unentwegt einhertrappt und seinen Weg selbst in der größten Dunkelheit findet. Der Mond ist noch nicht aufgegangen, nur schwach erkennbar sind die Konturen der Berge, die immer mehr zurücktreten; man ahnt sie nur noch, und dann liegen sie hinter uns. Lautlose Stille umgibt uns, nur von Zeit zu Zeit dringt von fern der klagende Ruf eines Steppenvogels zu uns herüber. Wir durchquerten das Wadi Siham und bald darauf das Wadi Hajile, das – eine Seltenheit im arabischen Sommer – sogar etwas Wasser führte. Um Mitternacht kamen wir in das Hüttendorf Behei, aber nach kurzer Rast schon ging es weiter.

Kurz vor Morgengrauen war das Ziel unseres Nachtmarsches erreicht: Badjil, eine der wenigen großen Ortschaften der Tahama und ein vielbesuchter Markt. In einer Strohhüttte mit vier Lagern aus Palmstroh fanden wir gemeinsame Unterkunft, und völlig erschöpft sank ich sofort in tiefen Schlaf. Aber die so heiß ersehnte Ruhe wurde bald wieder gestört. Die Hähne begannen zu krähen, Schafe spazierten laut blökend zwischen unseren Betten umher, und der Besitzer der Hütte entzündete mitten im Raum ein beträchtliches Feuer, so daß man vor Rauch kaum mehr atmen konnte.

Ich sprang auf und faßte, nun schon ziemlich fertig mit meinen Nerven, einen großen Entschluß: ich wollte mir von Hodeida mit dem Rest meines Geldes ein Auto kommen lassen. Der Postmeister von Badjil mußte allerdings erst aus dem Bett geholt werden; anscheinend hatte er besser geruht als ich, und es dauerte eine ganze Weile, bis er endlich erschien. Das abgesandte Telegramm ging an den Prinzen Hussein, den Beherrscher der Tahama, der als ein Sohn des Imâm gewissermaßen das Monopol auf die wenigen Wagen in Hodeida hatte. Die Sache klappte. Nach einiger Zeit kam die Antwort, daß man einen Wagen schicken würde. Außerdem erfuhr ich, daß gerade ein Dampfer auf der Reede von Hodeida lag; wenn ich mich sehr beeilte, konnte ich ihn noch erreichen.

Ich machte einen Gang durch die kleine Stadt. Badjil hat eine klobige Festung mit dicken, wuchtigen Wachttürmen und einer hohen Mauer aus Lehmziegeln (Abb. 88). Diese stark besetzte Festung ist der äußerste Fühler, den die Macht des Imâm in die Tahama vorstreckt. Auf dem Markt traf ich Bekannte von meiner ersten Reise, zwei Soldaten, die ich früher einmal in San'a photographiert hatte, und meinen alten Maultiertreiber Meluki, der mir vor Wiedersehensfreude fast um den Hals fiel.

Um ein Uhr mittags kam auch wirklich ein alter Fordwagen angewackelt. Mit einiger Mühe wurde mein Gepäck verstaut; ich setzte mich ins Auto und wartete freudig darauf, daß es losgehen sollte. Aber o weh! Da vorn der Chauffeur und sein Beifahrer saßen, hatte der kleine Wagen außer mir nur noch für einen der Begleitsoldaten Platz, doch es waren drei, und jeder legte den größten Wert darauf, auch einmal in seinem Leben eine Autofahrt zu machen. Und nun entspann sich eine echt arabische Komödie. Sobald sich einer der Soldaten in den Wagen geschwungen hatte, packten ihn die beiden anderen unter wildem Geschrei und zogen ihn wieder heraus. Das Getümmel benutzte der zweite, um rasch den Platz neben mir zu gewinnen. Darauf verbündete der erste sich mit dem dritten, um über den zweiten herzufallen und ihn wieder herauszubugsieren. Dem dritten erging es auch nicht anders, und darauf begann der Reigen unter immer mehr tobendem Lärm von neuem. So ging das eine ganze Weile weiter zum Vergnügen der ständig wachsenden Zuschauermenge.

Ich glaube, das Auto stünde heute noch dort, wenn nicht schließlich dem Fahrer die Sache zu bunt geworden wäre. Er gab Gas, während sein Begleiter, als gerade einer der Soldaten den Platz neben mir erobert hatte, die beiden anderen, die auf das Trittbrett gesprungen waren, um ihren Kameraden wieder herauszuholen, mit ein paar leichten Boxhieben in den Sand stieß. Im nächsten Augenblick fuhren wir los. Gleich darauf hörten wir ein wütendes Gebrüll in unserem Rücken und sahen, wie die beiden zurückgebliebenen und in ihrer Ehre gekränkten Soldaten mit gezückten Dolchen hinter dem Wagen herrannten. Aber bald mußten sie das Rennen aufgeben. Diesmal also zeigte sich deutlich die Weisheit des arabischen Chauffeurs, stets einen Begleiter mitzunehmen, sonst hätte ich wahrscheinlich wieder auf die Fahrt verzichten müssen. Aber leider hatten wir bei diesem gewaltsamen Eingriff doch nicht den richtigen Moment abgepaßt und unglücklicherweise den falschen von meinen drei Wächtern erwischt, wie sich bald herausstellen sollte.

Nach dem gravitätischen Schritt des Kamels und dem gemächlichen Gezottel der Maultiere ging es nun in einem mir ganz ungewohnt gewordenen Tempo weiter. Ein feuriger Wind schlug uns entgegen, als käme er direkt aus dem Rachen der Hölle, und brannte mit tausend Nadelstichen auf der Haut. Aber was machte das alles, wenn wir nur den Dampfer noch erreichten. Etwa fünfzig Kilometer fuhren wir durch Sand und niederes Buschwerk. Zweimal stießen wir auf menschliche Behausungen, wo jedesmal neues Wasser in den Kühler gefüllt werden mußte. Daß der alte asthmatische Motor überhaupt durchhielt, war fast ein Wunder zu nennen. Aber anscheinend ist Allah in seinen Landen diesen klugen Erfindungen des Menschengeistes besonders gnädig gesinnt.

Schon lange sahen wir vor uns am Horizont einen fahl schimmernden Dunst, aus dem sich nach dreistündiger Fahrt langsam etwas blendendweiß Getürmtes herausschälte. Schwere salzige Seeluft umwehte uns; wir fuhren ein Stück die Küste entlang; weiße Häuserfronten, ein paar dürftige Palmen tauchten auf. Wir waren in Hodeida am Roten Meer, das ich nun nach einer Reise von rund zweitausend Kilometern quer durch das südliche Arabien, von einem anderen Meer, dem Indischen Ozean, ausgehend, erreicht hatte.

Ich fuhr zunächst bei meinen alten Bekannten, den Griechen Livierato, vor, bei denen ich schon das letztemal freundliche Aufnahme gefunden hatte. Der Dampfer lag wirklich noch auf der Reede, sollte aber schon eine Stunde später abgehen. Ich hatte gerade noch Zeit, mich für den Wiedereintritt in die abendländische Welt etwas herzurichten und meine Gastgeber von einst zu begrüßen und mich zugleich von ihnen zu verabschieden. Dann eilte ich zum Hafen hinunter, immer noch begleitet von der unvermeidlichen Wache, die nun allerdings auf einen Soldaten zusammengeschmolzen war.

Ausreisepaß des Autors aus San'a, vom Imân Jahya ausgestellt

Am Hafeneingang wurde ich angehalten. Wo die Ausreiseerlaubnis des Imâm wäre, fragte man mich, ohne die keiner das Land verlassen darf. Ja, wo war das fatale Schreiben? Es stellte sich heraus, daß es einer der in Badjil zurückgebliebenen Soldaten bei sich hatte. Da halfen keine Vorstellungen und Bitten. Die Befehle des Imâm sind heilig. Bekümmerten Herzens mußte ich zusehen, wie das Schiff in stolzem Bogen den Kurs nach Norden nahm und entschwand. Der nächste Dampfer kam erst in zehn Tagen vorbei. Also kurz vor dem Ziel nochmals gefangen! Zwar erlaubte man mir, bei Livierato zu wohnen, aber ich durfte das Haus nie ohne Bewachung verlassen.

Tags darauf kamen auch die zurückgebliebenen Soldaten gemächlich angetrottet, die ihren Groll gänzlich vergessen hatten, und brachten den Brief des Königs mit. Darin stand zu lesen, daß ich so schnell wie möglich und mit dem nächsten Schiff Hodeida zu verlassen hätte. Aber Allah hatte es anders gewollt.

In Hodeida leben nur wenige Europäer; einige Italiener, Griechen und Russen. Sowjetrußland war damals sehr eifrig um die Anknüpfung von Handelsbeziehungen mit Südarabien bemüht, und Rußland war merkwürdigerweise so ziemlich das einzige fremde Land, dem der Imâm vorübergehend seine Gunst zeigte. Viel Bewegungsfreiheit hatten die Europäer in Hodeida nicht. Der damalige Gouverneur der Küstengebiete, Prinz Hussein, war ein Fremdenhasser, und er erließ immer neue Verordnungen, die den Europäern das Dasein verleiden konnten. Verboten sind ihnen Spaziergänge außerhalb der Stadt, verboten ist, nach Sonnenuntergang auf das Meer hinauszufahren, verboten sogar auch das Grammophonspielen. Gegen diese Musikinstrumente müssen die Araber einen ganz besonderen Abscheu haben, denn auch Ibn Sa'ud duldet sie aus religiösen Gründen nicht in seinem Reich. Als einzige Abwechslung ist den Europäern nur der Tennisplatz geblieben; aber bei dem Klima ist dieses bewegte Spiel nicht immer ein ungetrübtes Vergnügen.

Hodeida ist der Hauptumschlagplatz des arabischen Kaffees.

Die Kaffeeausfuhr des Jemen liegt heute zum größten Teil in Händen griechischer Kaufleute. Es gibt zwei große Häuser: die Firma Livierato, die schon seit Eröffnung des Suezkanals, also seit dem Jahre 1869 besteht, ein Sortier- und Exporthaus in Hodeida und mehrere Niederlassungen an der afrikanischen Küste und in Abessinien hat, und die Firma Athanassacopulo, deren Hauptsitz in Aden ist. Beide griechischen Kaufmannsfamilien haben sich meiner, eines ihnen unbekannten Deutschen, auf die freundlichste Weise angenommen und mir geholfen, wo sie konnten.

Schon zu Mohammeds Zeiten war Kaffee in Arabien bekannt. Er kam aber damals als ziemliche Seltenheit von Jemen nach Mekka. Die Kaffeebohne heißt bei den Arabern ›Bun‹, der Aufguß von den Schalen oder Bohnen ›Gachwa‹. Mit Gachwa bezeichnet man auch gegorenen Trauben- oder Dattelsaft, also Alkohol. Alkohol ist aber den Mohammedanern nach dem Koran verboten. Ganz strenge Mohammedaner, die das Wort ›Gachwa‹ genau nehmen, verschmähen deshalb auch den Kaffee. Und so entstanden und entstehen immer noch dicke Bücher über den Kaffee, Abhandlungen und auch ellenlange Gedichte über die Frage, ob der Moslem Kaffee trinken dürfe oder nicht. Meist fällt die Entscheidung im bejahenden Sinne aus, denn der Araber trinkt den Kaffee genau so gern wie der Abendländer. Der duftende Trank ist immerhin ein Gegenstand, über den man sich des längeren ergehen könnte. Aber das Diskutieren, namentlich über religiöse Fragen, ist bei den Arabern eine Leidenschaft, die dann in umfangreichen Büchern ihren Niederschlag findet. Dabei werden oft die merkwürdigsten und für uns sicher recht ungewöhnlichen Themen gewählt. So gibt es zum Beispiel eine dickbändige Abhandlung, bei der mit allem Aufwand menschlichen Scharfsinns die Frage erwogen wird, ob es nach Wortlaut oder Sinn des Korans erlaubt ist, innerhalb der Ka'aba in Mekka einen Floh zu töten oder nicht.

Der Jemen mit der alten Hafenstadt Mokka (arabisch: Mocha) ist die Urheimat des Kaffees. Gewiß wird heute die Welt zum allergrößten Teil mit den billigen südamerikanischen Sorten versorgt, doch erreichen alle Produkte anderer Länder nicht annähernd die Güte und das Aroma des echten arabischen Kaffees, auch nicht die des benachbarten Äthiopien.

Das Hochland von Jemen ist das einzige arabische Land, das Regen kennt, wirklichen Regen, nicht nur zu bestimmten Jahreszeiten, sondern das ganze Jahr hindurch. Nur unter solchen Umständen ist es möglich, dort Kaffee zu pflanzen. Besonders an den südlichen Hängen der jemenitischen Berge, die Höhen über dreitausend Meter aufweisen, hat man seit Jahrhunderten jene kunstvollen Terrassenkulturen angelegt. Die besten arabischen Sorten findet man in der Gegend von San'a in zweitausendvierhundert Metern Höhe und im Dschebel Harraz. Geerntet wird zu jeder Jahreszeit, doch sind die Ernten in der Qualität etwas verschieden; die beste wird, wie schon erwähnt, im Mai erzielt. Die Bohnen, in Strohkörbe und Ballen verpackt, gelangen als Kamellasten hinab in die Tahama und zu der Hafenstadt Hodeida am Roten Meer. Nicht Mokka, das ja der besten aller Kaffeesorten den Namen gegeben hat, ist heute der Ausfuhrhafen Jemens, sondern Hodeida.

Noch in der Türkenzeit, bis in den Ersten Weltkrieg hinein, war Mokka eine blühende Stadt, die eigentlich den gesamten Handel des Landes an sich zog. Doch heute sind ihre Frischwasserquellen versiegt, die einstigen Bewohner der Stadt sind fast alle ausgewandert, und die weißleuchtenden Häuser und Paläste zerfallen in der feuchtsalzigen Meeresluft und den glühenden Sandstürmen. So ist als einziger brauchbarer Hafen Hodeida geblieben.

Geht man durch die Straßen Hodeidas, so hört man aus vielen Häusern ein eigentümliches Zischen und Rascheln. Auf großen, runden Strohtellern schütteln Frauen den Kaffee, um ihn zu entstäuben und um die schlechten Bohnen auszusondern. Diese Frauen gehören der niedrigsten Klasse an, den ›Chaddami‹, gehen unverschleiert und sind fast hübscher als die Araberinnen, werden aber von der übrigen Bevölkerung verachtet. Für geringen Lohn arbeiten solche ›Chaddami‹, Frauen und auch Männer, in den großen Lagerhäusern, sortieren den Kaffee nach der Herkunft – der vom Dschebel Bora und vom Dschebel Rema gilt als nicht so gut – und nach der Größe der Bohnen und verpacken ihn in Ballen zu je achtzig Kilo. Von diesen Ballen exportiert Hodeida im Jahre rund achtzigtausend Stück. Der größte Teil geht nach Amerika, der Rest wird von Italien, Frankreich und Ägypten eingeführt und dort zum Mischen verwendet. In Deutschland und England dagegen wird fast nur amerikanischer Kaffee getrunken.

Ich liege auf dem Dach des Kaffeesortierhauses Livierato, das gleichzeitig Wohnhaus ist. Es ist Abend. Das ewige Rascheln der Kaffeesortiererinnen mit ihren Sieben ist nun vorüber, aber immer noch steigt der betäubende Geruch von dem mit Strohmatten überdachten Hofe auf. Salzige und niemals kühle Luft kommt vom Meer herüber. Still liegen wir in unseren Liegestühlen, gesprochen wird kaum. Hunderte und aberhunderte von Fledermäusen ziehen an uns vorüber, alle in derselben Richtung, jeden Abend das gleiche. Ich denke an meinen letzten Aufenthalt in Hodeida zurück. Auch damals kam ich von San'a und wartete auf ein Schiff. Doch war ich frei, und noch lebte der jugendliche Kronprinz Seif el Islam Mohammed, ein Freund des Abendlandes. Er gab ein großes Fest, von dem ich nun noch einiges erzählen will.

Ein Fest in Hodeida

Prinz Seif el Islam Mohammed, der später auf so tragische Weise ums Leben kam, sollte seinen feierlichen Einzug in Hodeida halten. Ich hatte den Prinzen schon vorher in San'a kennengelernt, reiste dann aber vor ihm nach Hodeida und konnte noch die Vorbereitungen in der Stadt miterleben.

Ich mache einen Gang durch die Stadt, komme vom Hause Livierato durch eine enge Straße zum Meer. Dort in langer, weißer Front stehen die Häuser verschiedener Kaufleute, das Haus der Russen, des indischen Schiffsvertreters und auch der ansehnliche Palast des Amels von Hodeida (Abb. 89). Das Haus macht einen recht guten Eindruck, etwas vorspringend gebaut mit Zinnen und einer runden Kuppel über dem Eingang, neben dem sich zwei lehmgemauerte Schilderhäuschen befinden. Das Haus ist wie die andern weiß gekalkt, und die Fassade ist schon weit draußen vom Meer aus zu sehen. Gleich hinter dem Gebäude des Amels befindet sich das Gefängnis, das immer überfüllt ist von gefangenen Zaraniqs, die gegen Abend einmal herausgeführt werden zum Strand. An ihre eisernen Ketten gefesselt sieht man sie dann am Strand entlanghumpeln; für sanitäre Einrichtungen ist natürlich in einem Gefängnis nicht gesorgt.

Hodeida besteht aus zwei ganz verschiedenen Bezirken, aus der eigentlichen Stadt mit ihren festen Bauten, Häusern, Moscheen und Suks, und aus dem Fischerdorf, das sich südlich direkt an die Stadt anschließt. Das Fischerdorf ist nur aus Strohhütten gebaut, die denen der Beduinen in der Tahama ähnlich sind. Der Fischfang im Roten Meer ist sehr ertragreich. Wenn man des Morgens am Strand entlanggeht, begegnet man den vom nächtlichen Fang heimkehrenden Fischern mit ihren schweren Lasten, die sie aus den Booten nach Hause schleppen. Fische in allen Größen und in den phantastischsten Formen kann man dort sehen. Thunfische, kleine und große Rochen in ihren platten Formen, Zitterrochen und Rochen, die mit ihrer langen Schwanzrute elektrische Schläge versetzen können. Am meisten aber werden Haifische gefangen, auch diese in allen Größen. Haifischfleisch wird überall an der arabischen Küste von den Eingeborenen gegessen. Die Fischer tragen diese Reichtümer des Meeres meist an einer langen Stange, die sie sich über die Schulter gelegt haben. Die ganz schweren Fische werden von zwei Männern an einer Stange getragen. Einer der größten und gefährlichsten Fische des Roten Meeres ist der Sägefisch, der auch öfter gefangen wird.

Zwischen der eigentlichen Stadt Hodeida und dem Fischerdorf führt, vom Meere ausgehend, eine breite Straße zum alten Stadttor und weiter durch allerlei Vorbauten

zum Haus des Prinzen Seif el Islam. Diese Straße ist umgestaltet in einen Triumph-
weg. Überall sind Masten und Bogen mit Palmzweigen errichtet, die jemenitische
Fahne weht von den Gerüsten und Häusern herab (rotes Feld mit liegendem Schwert
und drei Sternen in Weiß).

Am Freitag, zur Zeit des Selamlik, der großen Freitagsparade, hält der Prinz seinen
Einzug. Soldaten sind ihm zu Fuß und zu Pferd weit in die Tahama entgegengezogen
und holen ihn, der auf einem prachtvollen Schimmel reitet, in die Stadt ein. Die Soldaten singen ihre jemenitischen Kriegsgesänge, ein ganzer Trupp umtanzt in wilden
pantomimischen Sprüngen das Pferd des Prinzen, alle Augenblicke fliegen in wirbeln-
dem Stoß die Gewehre der Soldaten in die Luft und werden kunstgerecht wieder aufgefangen.

Der Tag des Selamlik beginnt: Früh am Morgen sammeln sich in einer engen Seiten-
gasse der Stadt die tapferen jemenitischen Krieger in ihren merkwürdigen Kostümen.
Ein ehemals weißes Hemd bis zu den Knien, kurzes Jäckchen bis zum Gürtel, buntes
Kopftuch und duftende Kräuter aus den Bergen in den langen schwarzen Locken. Die
Musikkapelle mit alten türkischen Messinginstrumenten spielt einen türkischen Marsch,
vorläufig nur zur allgemeinen Unterhaltung, man sitzt gemütlich am Boden und kaut
Kat. Doch bald ertönen Trompetensignale, der Amel erscheint und begibt sich mit
seinen Soldaten zur Moschee, um das Freitagsgebet abzuhalten.

Dann folgt die eigentliche Parade, der Festzug durch die geschmückte Stadt, zuerst
die Kamelreitertruppe, dann kommen die tanzenden Mameluken, Sklaven, hinter diesen der Amel mit seiner Leibgarde und zuletzt die übrigen Truppen. Das Ganze bewegt
sich in einem Schneckentempo vorwärts, denn die Soldaten singen. Sie singen in der
dem Orient so eigentümlichen Art, die selbst einen jemenitischen Krieger dermaßen
anstrengt, daß er nur sehr langsam dabei gehen kann. Die eine Hand wird gegen den
Kehlkopf gepreßt, die Nase und Oberlippe in die Höhe gezogen, so daß ein ganz
näselnder Ton entsteht. Der Gesang wechselt zwischen allerhöchsten Kopftönen und
tiefen Brusttönen und wird mit den größten Anstrengungen hervorgebracht. Die Musik
der wilden Beduinen aus den jemenitischen Bergen, die hier im Militärdienst stehen,
ist von solcher Unmittelbarkeit und einer solchen Glut der Empfindung, daß sie auch
auf unsere Ohren eine überzeugende Wirkung ausübt. Sie ist der Ausdruck eines wahren
Naturvolkes. Die Ausführung dieser Musik ist so vielseitig in den Effekten, daß diese
Chöre, in denen auch Brummstimmen verwendet werden, eine gewisse Ähnlichkeit mit
dem Gesang der Donkosaken haben.

Es ist Abend, eine jener immer gleichen tropischen Nächte mit unendlich klarem
Sternhimmel. Aber es herrscht nicht die Frische der Wüste, die Luft ist feucht und
schwül, kein Lüftchen regt sich.

Vor dem Haus des Seif el Islam findet eine Phantasia statt bei Fackelbeleuchtung.
Dort auf dem großen freien Platz hat sich alles eingefunden. Die Soldaten ziehen durch
die Stadt, immerfort tanzend ziehen sie ein und ordnen sich auf dem für sie bestimmten Platz. Einen großen Aufzug veranstalten die Leute aus Nordostarabien, die augen-

45 Hymjaritische Inschrift an einer Stele von Behân ▷

48 Stilisierte Alabasterstatue eines Königs von Ausan. (Museum in Aden) ▷

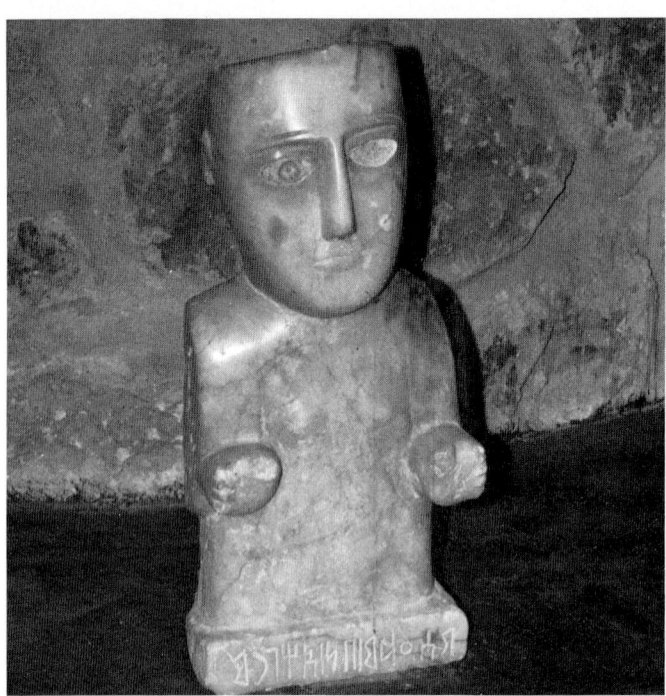

46 Alabasterfigur mit dem Stifternamen, als Votivgabe für eine Gottheit gedacht. (Museum von Aden)

47 Geflügelter Löwe im Relief auf einer Alabasterplatte, ein Motiv, das an die assyrische Kunst erinnert. (Museum in Aden)

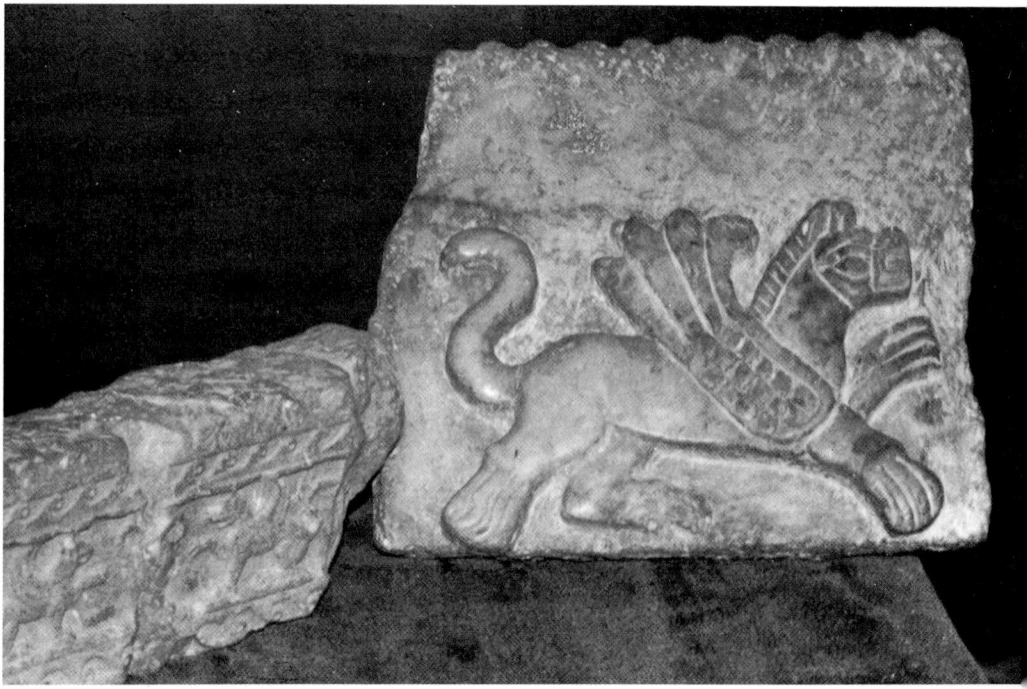

50, 51 Shabwa. Nur ein Teil des Mauerwerkes hymjaritischer Bauwerke ragt aus den Schutthalden heraus
◁ 49 Steinböcke im Relief auf einem Stein in Behan. Der Steinbock ist das Sinnbild des hymjaritischen Mondgottes Sin oder Ilumquh

52 Wir werden aus Shabwa vertrieben

53 Beduinen in Shabwa

54 Einwohner eines Dorfes im Grenzgebiet des inneren Jemen ▷

55, 56 Harib an der jemenitischen Grenze. In dem Festungsturm wurde ich drei Wochen gefangengehalten

57 An den Füßen gefesselter Sträfling in Harib ▷

58 Meine katsüchtigen Gefängniswärter

59 Der Kommandant der Festung von Harib zur ›Kat-Stunde‹ im Gefängnishof

60 Die Bewohner Haribs sind seßhafte Beduinen

61, 62 Die Zubereitung des blauen Farbstoffes aus dem Indigo-Strauch ist eine der Hauptbeschäftigungen der Bewohner Haribs. Mit Indigo färben sie sich ihre Kleidung

64   Jemenitische Soldaten singen den Samel, das jemenitische Kriegslied
◁ 63   Jemenitischer Beduine mit Krummdolch und einem Kat-Strauß im Turban

66   Selbst Kinder tragen neben dem Fleischmesser schon den Krummdolch

65   Soldaten singen das Kriegslied

68 Straßenszene in San'a

◁ 67 Blick auf San'a mit der zum Teil noch erhaltenen alten Stadtmauer

blicklich in großer Anzahl in Hodeida sind; es liegen viele Daus aus dem Persischen Golf im Hafen, die sie hergebracht haben. Sie sind ganz schwarz, aber ein viel gröberer Menschenschlag als die Jemeniten, nicht schön, von gedrungenen Körperformen, nur mit einem dunkelbraunen Kittel bekleidet, der lange Ärmel hat und ihnen bis zu den Füßen reicht. Sie tragen lange Säbel und führen im Vorwärtsschreiten pantomimische Tänze auf. Einige tragen auch Schilde und markieren erregte Zweikämpfe. Einer sinkt in die Knie, er scheint getroffen, erhebt sich wieder, fällt ganz auf den Boden, wird von den anderen aufgehoben, von einem dritten verteidigt. Und all dieses, in ganz bestimmtem Tanzrhythmus, begleitet von dem Spiel mehrerer Trommeln.

Das eigentliche Fest beginnt.

In einer langen Reihe sind Stühle aufgestellt für die Ehrengäste, in der Mitte steht ein Sessel, davor ein kleiner Tisch. Hier nimmt der Prinz Seif el Islam Mohammed Platz, in prachtvolle Seidengewänder gehüllt, auf dem Kopf den Turban mit den breit herabhängenden Enden, dem Zeichen seiner prinzlichen Würde. Über seinem Haupt hält ein großer Negersklave das ›Schwert des Islam‹ in einer silbernen Scheide in waagerechter Haltung.

Zuerst zeigen die Omaner wieder ihre Tanzspiele. Dann kommen Soldaten, die eines ihrer Kriegslieder singen und dabei eine Art Reigentanz vorführen. Inzwischen haben die Zaraniqs in einer langen Reihe Aufstellung genommen. Sie tragen nichts als ein Lendentuch, einen silbernen Armreif und eine spitze Tüte aus Stroh auf dem Kopf, die mit einem silbernen Reif befestigt ist. Diese lange Reihe der Zaraniqs gerät jetzt ganz allmählich in gleichmäßige rhythmische Tanzbewegungen. Es ist nur ein leises Wippen des Oberkörpers. Sie haben gegenseitig ihre Arme verschränkt. Immer erregter werden die Bewegungen. Das Wippen wird stärker, sie gehen alle gemeinsam mehrmals in halbe Höhe nieder, dann plötzlich mit einem Ruck ganz in die Knie und schnell wieder herauf. Diese Bewegungen der schönen braunen Körper im Scheine der Fackelbeleuchtung bieten einen ganz wunderbaren Anblick. Auch der Gesang ist schön. Es liegt überhaupt eine wie entrückte und ungemein feierliche Stimmung über dem Ganzen, die von einem bezaubernden Rhythmus getragen wird.

Zwei Zaraniqs springen heraus aus der Reihe, vier silberne, reichverzierte, blitzende Dolche zucken auf, jeder hält in beiden Händen einen. Beide Beduinen stehen sich gegenüber, halten die Dolche über ihre Köpfe erhoben und gehen tanzend und wippend ebenso in die Knie hinab. Während dieser Bewegungen nehmen sie langsam die Arme mit den Dolchen vor die Brust und bewegen erst langsam, dann immer schneller werdend, die Arme gegeneinander, so daß die Dolche ganz schnell hin und her blitzen.

Unbegrenzt erscheint hier jede Zeit. Man wird hineingezogen in diesen wunderbaren Rhythmus, es ist eine große Entspannung, diesen primitiven Menschen und ihren schönen gleichmäßigen Bewegungen zusehen zu dürfen. Aber allmählich verebbt die Musik; wie sie gekommen sind, verlassen die Reihen tanzend den Festplatz. Nur das dumpfe Dröhnen der Trommeln und der jähe Auftrieb der Stimmen tönt noch zu uns herüber, immer schwächer werdend, bis er ganz erstirbt.

Der Traum des Festes ist vorüber und auch die Erinnerung an ihn. Ich bin ja gefangen, verbringe meine Tage auf dem Dach des Hauses Livierato, über mir Strohmatten zum Schutz gegen die unerträgliche Sonne. Gegen Abend mache ich wieder einen Spaziergang durch die Stadt in Begleitung meiner Soldaten. Die Stadt ist nicht festlich geschmückt, brütend liegt sie da im Glanz der niedergehenden Sonne. Ich besuche die einzige Sehenswürdigkeit der Stadt, den kleinen ›Zoologischen Garten‹, eine einfache Einzäumung, bewacht von ein paar Soldaten. Einer von ihnen bewaffnet sich mit einer langen Eisenstange und übernimmt die Führung. Der Tierpark von Hodeida ist eine Enttäuschung. Es gibt einige Schakale und eine Hyäne – der Leopard lebt nur noch in der Erinnerung der Einwohner Hodeidas. Denn dieses Tier fand es in seinem Käfig nicht bequem genug, suchte sich einen Ausgang und ging ein bißchen in der Stadt spazieren, zum Entsetzen der Bevölkerung, bis man seinem Leben durch einen gutgezielten Schuß ein Ende machte.

Es bleiben also noch die Schakale und die Hyäne. Sie nur so in ihren Käfigen zu betrachten, ist den Jemeniten nicht interessant genug, man soll doch den Raubtiercharakter kennenlernen. Und jetzt tritt die lange Eisenstange in Tätigkeit. Mit furchtbarem Gebrüll wird sie immer wieder in den Käfig hineingestoßen. Fauchend und voller Angst versuchen die armen Tiere sich gegen das Instrument zu wehren. Das ist den jementischen Soldaten ein Hauptvergnügen, man bekommt ja dafür auch einen Bakschisch.

Ich gelange wieder zum Hafen (Hafen kann man dieses kleine Bassin eigentlich nicht nennen). Man hat eine Längsmole und eine Quermole im Meer errichtet, aber beide stehen nicht miteinander in Verbindung. Kommt ein Dampfer nach Hodeida, was nicht gerade sehr häufig geschieht, so liegt er weit draußen vor den Korallenriffen auf der Reede, manchmal zehn Kilometer weit entfernt, so daß man ihn kaum vom Lande aus erkennen kann. Es fahren dann zunächst große Segelboote hinaus, arabische Daus. Die Frachten an Reis oder Mehl oder was man sonst einführt, werden umgeladen. Die Daus fahren aber nicht etwa in den Hafen hinein, sondern ankern draußen vor der Mole. Dann kommen kleine Segler, und die Frachten werden wieder umgeladen. Die kleinen Segler fahren zwar hinter die Mole, legen aber auch nicht an. Nun kommen Ruderboote, sogenannte Zambuks, die die Säcke aufnehmen. Aber auch die Ruderboote legen nicht an der Mole an, sondern fahren mit der Nase auf den Sand. Es kommen Träger, Sklaven, die Sack für Sack auf den Schultern durch das seichte Meerwasser tragen, erst dann sind die Lasten geborgen. Man nimmt einen so umständlichen Weg, damit keiner der vielen Stände der Träger, Sklaven oder Bootsleute, ausgeschaltet wird, sonst gibt es eine Revolution, und das möchte man vermeiden.

Nach zehn Tagen traf der erwartete Dampfer ein. Unter dem schwerbewaffneten Ehrengeleit meiner drei Getreuen wurde ich zum Hafen gebracht. Als ich den Fuß in das Boot, das mich zum Schiff bringen sollte, gesetzt hatte, waren sie ihrer Aufgabe ledig, und ich war frei. Die drei standen aufgereiht am Ufer und salutierten – ein letzter Gruß aus diesem seltsamen, wunderreichen Lande, das mich so manche Woche bei der Durchquerung von einem Ende bis zum anderen in Bann gehalten hatte und in dem es noch so vieles zu entdecken gibt, wenn erst die Schranken seiner feindlichen Abgeschlossenheit gefallen sind. Dieses einzigartige Land »zwischen dem Teufel und dem Roten Meer« lag nun hinter mir.

Der Augenblick der Abreise war gekommen.

Bald setzte sich die ›Afrika‹, ein kleiner, klappriger Kasten, heftig schaukelnd in Bewegung. Mehr und mehr sank das Land in den Dunst zurück. Und zuletzt schwebte der gelbe Küstenstrich mit den weißen Häusern der Stadt in der flimmernden Luft wie eine täuschende Fata Morgana am fernen Horizont. Aber die Wirklichkeit Südarabiens lag wohlgeborgen in einer reichen Ausbeute an Filmaufnahmen und Kamerabildern, mit der ich nun Europa zusteuerte.

II Geheimnis um Shabwa. Reise ins Land der Sabäer (1935)

»Wer nach dem Jemen reist, kommt dort um.«
Arabisches Sprichwort

Spannungen am Roten Meer

Wer einmal die Wüste erlebt hat, der findet immer wieder den Weg zu ihr zurück.

Wer einmal unter den freien Wüstenstämmen Südarabiens gelebt hat, mit ihnen gereist ist, ihre kärgliche Nahrung teilte und zu Tode ermüdet nachts am Lagerfeuer im Kreise froher Naturmenschen Entspannung suchte und fand, der ist der Wüste verfallen.

Nicht nur die Wüsten, die Sandmeere und Felsschründe, die wenigen Steppen und die gewaltigen Wadis, nein, das ganze Südarabien, in dessen Geheimnis wir für kurze Zeit einzudringen versuchen, ist abgeschlossen von der übrigen Welt, abgeschlossen von den benachbarten Kulturen Afrikas und Indiens, heute noch eins der unberührtesten Gebiete unserer Erde.

Gerade jetzt, da die ganze mohammedanische Welt um das Schicksal Abessiniens zittert, um das Schicksal eines der wenigen letzten Staaten, die völlig unabhängig von einem eingeborenen Fürsten regiert werden, wird man sich bewußt, daß es auch auf der anderen Seite des Roten Meeres heute noch ein ähnlich freies Land gibt: das Imâmat Jemen, dessen alter König, der Imâm Jahya, sich in diesen Tagen zugunsten seines Sohnes von seinem Herrscheramt zurückgezogen hat.

Mit ihm verliert Arabien eine seiner eindrucksvollsten Persönlichkeiten. Als oberster geistlicher Fürst, als Imâm des Jemen, sah er es als eine seiner höchsten Aufgaben an, einen möglichst großen Kriegsschatz für den kommenden Propheten des Islam zu erwerben, um die Lehren Mohammeds bis zum äußersten verteidigen zu können. Ob dieser erhebliche Kriegsschatz auch in dem zu erwartenden abessinischen Krieg eine Rolle spielen wird?

Mit Jemen ist das Geschick noch einmal gnädig gewesen. Gewiß war Jemen vor einem Jahr in einen Krieg mit seinem großen arabischen Nachbarn Ibn Sa'ud verwickelt, aus dem aber schließlich beide Mächte als eine gefestigte Einheit unter den besten Freundschaftsbezeugungen gleich einem Vogel Phönix neu erstanden sind. Den Annäherungsversuchen Italiens, die noch vor gar nicht langer Zeit rege betrieben wurden, wußte der kluge König geschickt zu begegnen. Italien machte dem Imâm seit

Jahren Geschenke. Maschinen wanderten, ordentlich in Kisten verpackt, auf dem Rücken der Kamele von Hodeida in die hohen Gebirge des Jemen, gelangten jedoch niemals an ihr Ziel; am Wege blieben sie liegen, der König beachtete sie nicht. Italienische Flugzeuge kamen nach der Hauptstadt San'a, sie stehen heute noch in Kisten verpackt dort, wo man sie abgesetzt hat. Auch Ärzte schickte Italien nach Jemen, gut ausgerüstet mit Medikamenten, um der Bevölkerung des durch Malaria verseuchten Küstengebietes, der Tahama, zu helfen. Aber auch das rührte den König wenig. Er ließ sie die erste Zeit gewähren, dann aber, als Italien hohe Offiziere aus Massaua nach San'a schickte, um zum mindesten einen Handelsvertrag zustande zu bringen, wurde dem König die ganze Geschichte zu bunt; er setzte kurzer Hand die Ärzte vor die Tür. Von einem Tag zum anderen mußten sie das Land verlassen. Das Interesse Italiens wurde auf andere Bahnen gelenkt, die Absichten in Jemen sind vorläufig aus dem Programm gestrichen. Schließlich hatten ja auch seinerzeit die Türken zu große Schwierigkeiten mit diesem Land gehabt.

Abessinien ist Trumpf. Italien rüstet am Roten Meer. Der Teufel ist wieder einmal losgelassen in diesem mörderisch heißen Klima.

Das drittemal trete ich die Reise nach Südarabien an. Ich befinde mich an Bord des italienischen Schnelldampfers ›Victoria‹, des schönsten Schiffes, das die Italiener zwischen Europa und Indien laufen lassen. Es ist noch früh im Jahre 1935. Die ersten Vorbereitungen zu einem Krieg mit Abessinien werden getroffen, aber man glaubt noch nicht so recht daran, daß Italien wirklich Ernst machen wird. Hauptsächlich Material wird in Genua an Bord genommen, um in Erythräa beim Straßenbau Verwendung zu finden. Auch die großen Passagierdampfer der Lloyd Triestino, die im Ostasiendienst stehen, müssen auf ihrem Weg durch das Rote Meer Massaua anlaufen, um dort auf offener Reede italienisches Kriegsmaterial zu löschen. Doch den Passagieren ist nicht gestattet, an Land zu gehen.

Überaus reich an Korallenriffen, an größeren und kleineren Inseln ist der südliche Teil des Roten Meeres. Die Dahlak-Inseln bilden zusammen mit den Farsan-Inseln eine Inselbrücke von Erythräa hinüber nach Jemen. Berühmt sind sie geworden in der Geschichte des Sklavenhandels. Denn durch das Labyrinth unzähliger Riffe und durch heimtückische Strömungen, in die sich kein Unkundiger hineinwagen würde, bringen arabische Sklavenhändler ihr ›schwarzes Elfenbein‹ von Afrika nach Arabien hinüber. Noch heute sollen in Arabien nach den Berechnungen Lady Simons mindestens 700 000 Negersklaven leben, vielleicht sogar eine Million, während Abessinien nach denselben Berechnungen zwei Millionen schwarzer Sklaven erfaßt.

Das ist ja entsetzlich, werden viele sagen und werden sich entrüsten, daß es so etwas in der Welt noch gibt. Vielleicht werden sie denken, wenn es so ist, tut Italien recht daran, diesem schrecklich grausamen Land Abessinien Zügel anzulegen. Schon im Jahre 1922 schickte der Völkerbund eine Untersuchungskommission nach Abessinien, Lord Sugard fertigte eine Denkschrift an, die damals jedoch nicht veröffentlicht wurde.

Ich selbst bin Sklaven in den Ländern des Roten Meeres begegnet. Auf meinen Reisen durch Südarabien habe ich viele dieser Schwarzen von der anderen Seite des Roten Meeres kennengelernt. Manche von ihnen wußten nicht einmal, von wo sie herstammten; sie hatten ihre Heimatplätze vergessen, würden auch nie wieder zurückfinden. Keinen von ihnen habe ich getroffen, der auch nur im geringsten mit seinem Los unzufrieden war. Und was ist aus ihnen geworden, deren Heimat vielleicht ein trostloser, wasserarmer Landstrich Afrikas gewesen ist? Diener sind sie geworden von Kaufleuten und adligen Herren, führen ein geregeltes Leben, haben satt zu essen, sind jeglicher Sorge enthoben und werden gut behandelt. Soldaten sind sie geworden an den Fürstenhöfen arabischer Sultane. Sie bilden die Leibwache der Herrscher, auf diese treuen schwarzen Kerle können sich die Fürsten verlassen; sie geben ihnen satt zu essen, während viele Neger früher, als sie noch frei waren, kaum wußten, wovon sie leben sollten. Selbst zu den höchsten Ehrenstellen sind sie in Südarabien gelangt. Der Sultan der alten Residenzstadt Hadramauts, der Stadt Schibam (Farbt. I; Abb. 25, 26), ist ein früherer Sklave, Abd genannt, der unter der Oberaufsicht der Fürstenfamilie Al Qa'eti steht, sonst aber ein freier Mann ist, ein herrliches Schloß bewohnt, ein Auto besitzt und unter der Bevölkerung großes Ansehen genießt.

Und wie steht es in anderen Ländern? In Portugiesisch-Ostafrika besteht eine Kontraktarbeit, die Sklavenarbeit gleichzusetzen ist. Und wie ist es im Osten? In China werden heute noch Kinder an die Seidenfabriken reicher Chinesen verkauft. Als ich kürzlich von meinen Reisen, die ich bis nach China und Japan ausgedehnt hatte, auf dem neuen deutschen Lloyddampfer ›Scharnhorst‹ nach Deutschland zurückkehrte, fuhr mit uns eine Engländerin, die sich eine chinesische ›Amah‹ für ihre Hunde mitgebracht hatte. Diese kleine Chinesin, fünfzehn Jahre war sie alt, hatte die Dame für dreizehn chinesische Dollar in Shanghai gekauft. Ich bin gewiß, daß diese kleine Chinesin aus elendesten Verhältnissen von der Dame in ein geordnetes Leben hinübergerettet ist. Und wie steht es im modernen Japan? Ein Beispiel: Ein Angestellter einer Firma wurde entlassen. Von seinen Freunden bedauert und befragt, was er jetzt beginnen werde, erwiderte er: oh, ich habe eine sehr schöne Tochter, für sie kann ich einen guten Preis erzielen; mir kann es nicht schlecht gehen, ich werde sie nächstens verkaufen.

Aber es gibt ja so grausame Strafen in Abessinien und in Arabien. Diebstahl wird heute noch in Jemen und im Lande Ibn Sa'uds mit Handabhacken bestraft. Früher, als Mekka und Medina noch nicht unter der Herrschaft des Wahabiten-Fürsten stand, war Mittelarabien besonders zur Pilgerzeit eine wahre Diebeshölle. Heute, nachdem der große arabische König mit aller Strenge durchgegriffen hat, und keine Strafe ihm zu grausam erschien, reisen die Pilger nirgends so sicher wie im Hedschas. Kein Araber wird es wagen, einen auf dem Wege verlorenen Gegenstand auch nur anzurühren, um nur nicht in den Verdacht des Diebstahls zu gelangen. Wirklich ausgeübt werden diese strengen Strafen heute nur noch ganz selten. Aber sie stehen jedem als abschreckende Warnung vor Augen. Strafen, die in dem einen Lande als grausam verworfen werden, haben in anderen Erdteilen unter anderen Verhältnissen vielleicht eine Berechtigung.

Wir haben das Rote Meer verlassen. An einem herrlichen Sontagvormittag fahren wir an der zackigen Küste Südarabiens entlang, an der sich große Sandwehen hoch hinauf in die Schluchten des Gebirges erstrecken, und schon mittags liegen wir auf der Reede von Aden. Die Tropensonne ruht glühend heiß über dem Meer. Vor uns der gezackte Kraterrand des Dschebel Scham-Scham, um dessen höchsten Gipfel die Seeadler und Geier ihre ruhigen Kreise ziehen. Ich liebe dieses Aden, wenn es auch in einem noch so schlechten Rufe steht. Diese Stadt ist für mich immer der Schlüssel zu meinen Reisen ins Innere Südarabiens gewesen. In Aden habe ich meine letzten Vorbereitungen getroffen, habe klopfenden Herzens auf die nötige Erlaubnis von englischer Seite gewartet und habe gute Freunde gefunden. In Aden konnte ich nach meinen beschwerlichen Reisen, ausgedörrt von der Tropensonne, die ersten Annehmlichkeiten der Zivilisation genießen, konnte nach langen Wüstenritten zum ersten Male wieder einwandfreies Wasser trinken. Und dann erschien mir Aden jedesmal als ein Paradies. Das wird freilich kaum verstehen können, wer nur auf der Durchreise dieser ausgeglühten Felsenburg einen flüchtigen Besuch abstattet.

An dieser Stelle möchte ich vor allem eines Mannes gedenken, des Political Officer Mr. W. H. Ingrams, der mir in Aden weitgehendes Entgegenkommen gezeigt hat.

Aden gehört der Verwaltung nach zu Indien. In Aden residiert ein Gouverneur, Colonel Reilly, dem der Political Officer zur Seite steht. Mr. Ingrams war erst seit kurzer Zeit von einer erfolgreichen Reise durch Hadramaut zurück, die im Gebiet der Mahara, im sogenannten Mahara-Land oder Mahra-Land nordöstlich von Makalla an der Küste des Indischen Ozeans endete.

Aden ist Freihafen. Zoll wird nur auf Alkohol erhoben. Die Einfuhr von Waffen und Munition ist verboten. Auf diese Weise haben es die Engländer erreicht, daß Aden ähnlich wie Singapore und Hongkong als ein nicht unbedeutender Umschlagplatz aufblühte. Das Hauptgeschäft haben neben einigen großen europäischen Firmen wie E. Besse die Inder in der Hand, und zwar sind es meist Parsi, bekannt durch ihre eigenartige Leichenbestattung; sie legen ihre Toten in die sogenannten ›Türme des Schweigens‹ und lassen sie von den Geiern fressen. Auch in Aden gibt es ›Türme des Schweigens‹. Hoch oben an den kahlen Felsen des inneren Kraterrandes, in dem die eigentliche Stadt Aden liegt, kann man die weißen, runden Türme erkennen. Die Parsi, nicht Parsen, bilden die führende, wohlhabende Klasse unter den Indern in Bombay. Vor Zeiten aus Persien in Indien eingewandert, sind sie allmählich durch ihren außergewöhnlichen Fleiß, verbunden mit einer vorzüglichen Bildung, zu großem Ansehen und Reichtum gelangt. Ich habe Parsi in Aden und später in Bombay kennengelernt und habe bei ihnen ebenso wie in Aden (Mr. Meta ist ein besonderer Kenner und Sammler sabäischer Altertümer) reges Interesse für alle möglichen Geistesgebiete angetroffen. Die Frauen der Parsi sind vielleicht die einzigen modernen Frauen der Welt, die ungeachtet aller modischen Wandlungen ihre schönen Trachten, togaartige Gewänder, bis heute beibehalten haben. Fährt eine Parsi-Frau mit ihrem Mann nach Europa oder Amerika, was nicht selten geschieht, trennt sie sich auch dann nicht von ihrem farbigen Gewand und ihrem leichten Kopftuch. In allen übrigen Dingen ist sie europäischen Neuerungen gegenüber sehr zugänglich. Sie besucht die großen Luxushotels, und in den schönsten amerikanischen Automobilen kann man abends die Parsi in Bombay auf den herrlichen Avenuen entlangfahren sehen, wenn sie es nicht vorziehen, sich vierspännig in eleganten Kutschen mit zwei Lakaien auf dem Trittbrett zu zeigen. Eine solche Eleganz können die Parsi in Aden natürlich nicht betreiben. Im Gegenteil; sie leben hier trotz ihres gewissen Reichtums recht bescheiden, zurückgezogen von der Welt, von der arabischen und europäischen. Neben Mr. Meta gibt es in Aden noch einen Parsi, der die größte geschlossene Sammlung südarabischer Altertümer besitzt, Mr. Kaiky Muncherjee. Sein kleines Museum ist voll der kostbarsten Alabasterstatuen, Inschriftensteine, Bronzeplatten, Münzen und Schriftstücke aus Gold und Silber. Doch nur ein verschwindend kleiner Teil alter Kunstschätze Südarabiens ist geborgen. Ganze Kulturen und Städte sind vom Wüstensand verschüttet. Um auch einen kleinen Teil zur Erforschung dieser verschlossenen Welt beizutragen, habe ich meine dritte Reise nach Südarabien unternommen.

Von arabischen Seefahrern

Aden ist eine einzigartige Stadt. In Urzeiten hat sich dicht vor der südarabischen Küste ein riesiger Krater gebildet. Eine Insel ist entstanden; die Insel war ein Vulkan mit schroffen, gezackten, schwarzen Gesteinsmassen und einem tiefen, grausigen Trichter. Der Feuerberg im südlichen Meer ist erloschen; der Trichter hat einen festen Boden bekommen, Stein- und Erdmassen haben sich abgesetzt, und die ganze Insel ist durch Schwemmland mit der Küste verbunden. Eine schmale flache Landzunge stellt heute eine natürliche Brücke von dem Kraterberg zum Festland her. Wie eine Kirsche an einem Stiel hängt Aden am Festland.

Schon in frühen Zeiten wurde die günstige Lage der Halbinsel erkannt, vor allem, daß die Bucht einen vorzüglichen Hafen abgab. Und es ist sehr wahrscheinlich, daß Aden einst ein gemäßigtes Klima besessen hat, mit heftigen Regenfällen, mit üppiger Vegetation und reichen Pflanzungen. Denn es ist überliefert, daß die Königin von Saba in alten Tagen aus ihrem Reich im Innern Südarabiens hierher an die Gestade des Ozeans kam, um sich an Spielen zu vergnügen.

Doch Zeiten gingen darüber hin.

Um einen Überblick über das Aden von heute zu gewinnen. besteigen wir den Dschebel Scham-Scham, die höchste Erhebung auf dem äußersten Kraterrand. Unsere Blicke folgen den leichtgeschwungenen Küstenlinien des Festlandes, das sich im Wüstensand verläuft. Dort, wo die Sandbrücke ansetzt, liegt noch auf dem Festland Schech

Othman, eine Oasenstadt mit Palmen und grünen Gärten. Die Landzunge heißt Khor Maksar; Flughafen und Funkstation haben hier ihren Platz gefunden.

Aden selbst hat zwei oder eigentlich drei getrennte Siedlungen; Steamer Point, arabisch Tawahi, die Stadt am Hafen, und Crater oder Camp, die Stadt im Krater. Beide Orte sind mit einer Autostraße, die man durch einen künstlichen Durchstich durch die Kraterwand, dem ›Main Pass‹, geführt hat, miteinander verbunden. An diesem Wege, gerade in der Mitte, liegt die dritte Ortschaft, Maala genannt. Maala ist der Dau-Hafen, der Hafen der arabischen Segelschiffe. Indische und arabische Kaufleute unterhalten ganze Flotten arabischer Segelschiffe, die sie in alle Welt hinausschicken. Ein reges Leben herrscht zwischen den Speichern und Schuppen. Es gibt sogar Kai-Anlagen hier, aber die meisten Daus ankern auf freier Reede in der geschützten Bucht von Maala. Aus allen Teilen Arabiens bringen stattliche Segler Waren nach Aden: aus Hodeida und Mokka in Jemen arabischen Kaffee, aus Basra und Oman am Persischen

Lageplan von Aden

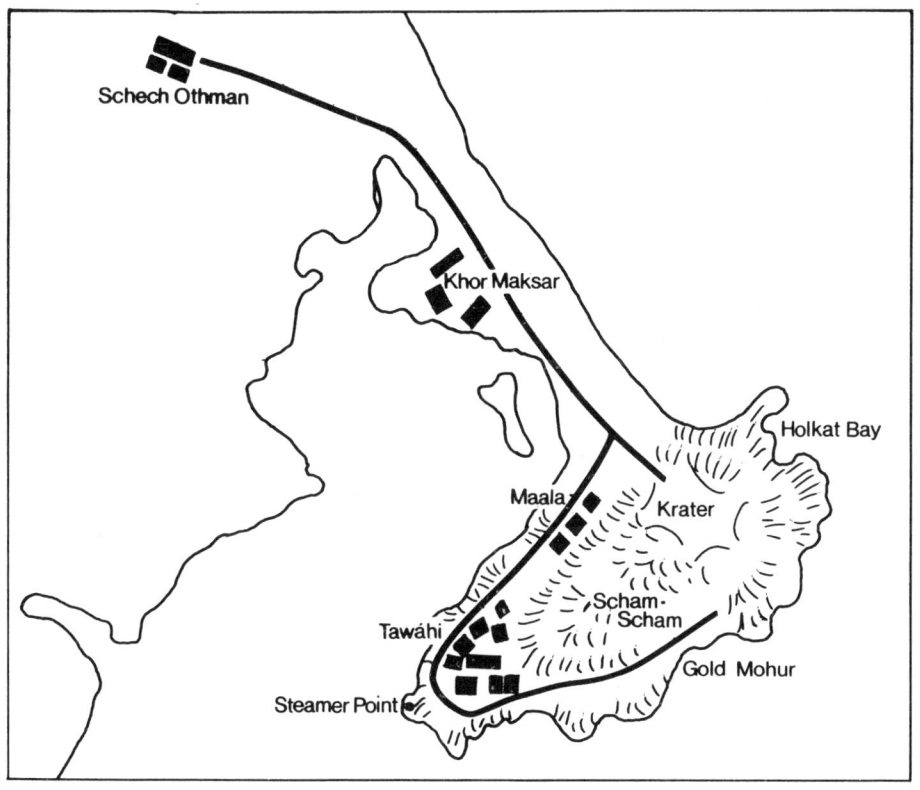

Golf Datteln, aus Dhufar an der Südküste Arabiens und aus Italienisch-Somaliland den Weihrauch, arabisch Luban genannt.

Einen wunderbaren Anblick gewährt die Einfahrt einer Flottille dieser großen Segelboote mit ihren hohen Aufbauten in den Hafen. Fast wie alte Wikingerschiffe sehen diese Boote aus. Das Heck ist mit einem hohen Aufbau versehen, nach außen hin reich mit Schnitzereien und gemalten Ornamenten geschmückt. Dieser Teil des Schiffes dient hauptsächlich als Kommandobrücke. Viele der Daus haben recht lange Bugspriete, an denen mehrere Focksegel befestigt sind. Trinkwasser müssen die Seefahrer oft für lange Zeit mit sich führen, denn eine Reise dauert Wochen und Monate. Auch ein kleines Badehäuschen hat eine Dau. An der äußeren Bordwand ist ein balkonartiger hölzerner Verschlag befestigt, der im Boden über dem Meere eine Öffnung zeigt und auch noch zu anderen notdürftigen Verrichtungen außer dem Waschen Verwendung findet. Ein lederner Beutel, der an einem Seil neben dem Balkon hängt, ermöglicht dem Seefahrer, sich Waschwasser aus dem Meere zu schöpfen.

Abgesehen von den künstlich angelegten Kais hat Maala ganz flachen Strand. Ebbe und Flut machen sich hier sehr stark bemerkbar. Zur Zeit der Ebbe tritt das Meer weit zurück und der schwarze Schlickboden wimmelt dann von allerlei Getier. Hauptsächlich große und kleine Taschenkrebse beleben das weite Ufer. In der Nähe des Strandes außerhalb der Ortschaft befinden sich arabische Werften. Wie die Gerippe vorsintflutlicher Ungeheuer ragen im Bau befindliche Segelschiffe in den tiefblauen Himmel von Aden. Früher stellte man den Schiffskörper einer Dau nur aus Holz und Palmfaserseilen her; kein Eisen wurde verwendet, die Schiffsplanken waren kunstvoll mit Seilen am Gerüst befestigt. Doch heute haben Nägel und Krampen auch beim arabischen Schiffsbau Eingang gefunden. Und trotzdem ist der primitive arabische Segelschiffsbau noch nicht ausgestorben. Weithin sichtbar durch lange Stangen gestützt stehen aufrecht einige Daus am Strand von Maala. Zur Flutzeit sind sie hierher gefahren, während die Ebbe es den Seeleuten jetzt ermöglicht, den Schiffsrumpf von Muscheln und Tang zu reinigen und schadhafte Stellen auszubessern.

Auf der Hauptstraße von Maala herrscht rastloses Treiben. Träger schleppen riesige Lasten, Kisten und Ballen von den Anlegeplätzen zu den Schuppen. Automobile, schwerbeladene Kamelkarren, Karawanen, die aus dem Hinterland kommen, schieben sich durch die staubigen Straßen. An den Wänden der Häuser haben Seeleute große Strohmatten aufgehängt, die von Somali aus Afrika ausgebessert werden. Auch Garküchen und primitive Kaffeehäuser finden überall eine berechtigte Existenz, von Kulis und Negern werden sie viel besucht. Andere wiederum unterhalten an freien Plätzen ein offenes Feuer und braten sich selber kleine Fische. Eine Dau aus Italienisch-Somaliland ist soeben eingetroffen. Das Manöver des Festmachens ist noch nicht beendet. Aus etwa dreißig Meter Entfernung wird ein Tau herübergebracht, festgebunden, und halbnackte Somali, die sich an Bord des Schiffes befinden, ziehen in gleichmäßigen Bewegungen unter rhythmischen Gesängen die Dau an die Kaimauer. An Bord steht aufrecht und unbeweglich der Eigentümer des Schiffes, eine stolze Erscheinung, ein

Abessinier. Kaum ist er an Land, tritt er sofort mit dem Proker, einem Aufkäufer einer Adener Firma in Verbindung. Denn dieser Schiffseigentümer und Kaufmann aus Afrika ist hierher gekommen, um selbst seine kostbare Ware zu verkaufen, und das ist Weihrauch. Die Weihrauchsträucher werden in Somaliland und an der südarabischen Küste bei Dhufar nicht etwa künstlich angepflanzt oder gepflegt. In den Gebirgen wachsen sie wild. Die kleinen Stämme werden von den Eingeborenen mit einem Messer angeritzt. Nach ein paar Tagen kommen die Männer wieder zu den Sträuchern, der klebrige, harzartige Saft ist inzwischen herausgequollen, ähnlich wie bei unseren Nadelhölzern, und nun kann man den an der Sonne getrockneten Weihrauch direkt vom Stamme ablösen. Zu großen Ballen, in Strohmatten verpackt, kommt er zum Versand. Ein Ballen wird gerade herbeigeschleppt, der Proker hat ihn sich ausgewählt, um die Qualität des Weihrauchs festzustellen, als Probe wird er geöffnet.

Andere Interessenten haben sich inzwischen eingefunden. Der Handel beginnt. Verkäufer und Proker kauern auf dem Boden nieder, sie geben sich unter einem Tuch die Hände, durch Händedruck teilen sie sich gegenseitig Preisangebot und Gegenvorschlag mit. Einmaliger Händedruck bedeutet hundert Rupien, zweimaliger zweihundert Rupien usw. Auf diese Weise verständigt sich der Verkäufer mit jedem der verschiedenen Aufkäufer nur durch eine Zeichensprache, ohne daß Außenstehende und Konkurrenten den Verhandlungen folgen können. Stundenlang dauert das Palawer, im Orient hat man viel Zeit.

Besonders reizvoll wirken die Seefahrer aus Oman und Basra am Persischen Golf. Sie sind ziemlich klein gebaut, aber außerordentlich kräftig mit groben, negroiden Gesichtszügen. Sie gehen in langen hemdartigen Gewändern aus grobem braunen Leinwandstoff, tragen die Koffije, das Kopftuch, und den Agal, den Ziegenhaarring zum Festhalten der Koffije, eine Kleidung, die man sonst in Südarabien nicht kennt, die in Nordarabien aber üblich ist. Dieses kleine seefahrende Völkchen hat sich neben seiner eigentlichen Beschäftigung, Datteln aus den Ländern des Persischen Golfes zu anderen Teilen Arabiens zu bringen, noch einen kleinen Nebenberuf erdacht. In den fremden Häfen müssen die Seeleute oft wochenlang warten, das Laden nimmt Zeit in Anspruch und günstigen Wind zur Rückfahrt will man ja auch haben bei den riesigen Entfernungen. Man gibt also Tanzvorführungen. Große Trommeln, Oboen und Klarinetten werden aus dem Bauch des Schiffes zutage gefördert, und dann beginnt der Tanz.

Überall habe ich diese lustigen Vorführungen gesehen, in Aden, in Makalla, in Hodeida. Zuerst ein Umzug durch die Stadt von zwanzig bis dreißig Mann, dessen Führung die Musik übernimmt. Dann bilden die Leute auf einem freien Platz einen Kreis, die Musikanten stehen an der einen Seite. Zwei Männer, mit langen Schwertern bewaffnet, führen tanzend eine Pantomine auf, einen Kampf, an dem sich bisweilen auch mehrere beteiligen. Tanzend fechten sie miteinander, ein Araber wird getroffen, er sinkt immer im Rhythmus sich bewegend in die Knie, hält sich die Wunde, erholt sich wieder, kämpft von neuem, der andere wird getroffen – ein Spiel, das mit dem gespielten Tod des einen Tänzers endet. Die Tänze werden mit groteskem Ausdruck vollführt, ähnlich wie ich sie bei chinesischen Stelzenläufern während einer Prozession in China gesehen habe.

Die Zeit des Wartens ist vorüber. Heute abend, zehn Tage nach meiner Ankunft in Aden, wird mich die ›Afrika‹, der kleine indische Küstendampfer, hinaus auf das Arabische Meer tragen, zu meinem Ausgangspunkt für die Karawanenreise ins Innere, nach Schechr. Zwei Autos werden mit meinem Gepäck beladen. Herr Dietzmann, ein Deutscher, der erst seit kurzer Zeit in Aden bei der Firma Besse als Kaufmann tätig ist und in dessen Hause ich während meiner Wartezeit mit ihm und seiner Gattin recht angenehme Stunden verbringen durfte, geleitet mich zur Barkasse. Weit draußen in der Bucht liegt die kleine ›Afrika‹. Es ist dunkle Nacht, das Schiff nur schwach erleuchtet. Mehrere Leichter haben festgemacht, es wird geladen. Und was bringt man an Bord? Hammel, lebende Hammel; körbeweise werden sie hinaufgezogen und verstaut. Hammel aus Aden nach Arabien? Eine merkwürdige Angelegenheit; aber das Sultanat Makalla hat einen nicht sehr großen Viehbestand, es muß ihn ständig ergänzen, während Jemen von seinem großen Überschuß an Kleinvieh und Zebu-Rindern jährlich mehrere tausend Stück nach Aden abstoßen kann.

Durch lärmende Kulis und arabische Deckpassagiere bahne ich mir einen Weg und stehe endlich vor dem Kapitän. Ein alter Bekannter, gemütlicher Engländer; seit Jahren fährt er diesen alten Kasten. In der Nacht fahren wir aus dem Hafen. Vier volle Tage arbeiten wir uns von Aden bis Makalla durch die schwere See, normalerweise braucht man zwei. Das besagt alles. Der Dampfer ist etwa sechshundert Tonnen groß, ein uraltes Schiff, hat zwei Kabinen für Passagiere, die aber selten benutzt werden, man schläft besser an Deck auf der freien Kommandobrücke. Kapitän, Offizier, es gibt nur einen, und Passagiere haben dort friedlich nebeneinander ihre Lagerstätte aufgeschlagen. Ich habe früher einmal auf einer anderen Reise im Roten Meer in der Kabine der ›Afrika‹ geschlafen. Jedoch eine Nacht genügte mir. Als ich erwachte, erblickte ich gerade mir gegenüber eine riesige giftige Vogelspinne, deren Körper allein so groß wie eine Faust war. Als ich ihr nachstellte, war sie blitzartig verschwunden. Wir haben sie nie gefunden. Wahrscheinlich fährt sie heute noch auf der ›Afrika‹ spazieren. Sonst ist eine Reise auf den kleinen Küstendampfern im arabischen Meer immer unterhaltsam. Auf dem Mittelschiff befinden sich die Deckpassagiere, heimkehrende Mekka-Pilger, malerisch gruppiert, mit Betten und Eßvorräten gut ausgerüstet. Sie sind glücklich, wenn man sich als Fremder mit ihnen unterhält, und da ich ihr Land kenne, gibt es Stoff genug für eine Unterhaltung. Das Vorderschiff ist ganz für die Ladung bestimmt. Nur am Bug können sich die Deckpassagiere an einer Feuerstelle Reis kochen. Auch Trinkwasser erhalten sie hier. Aber der Weg dorthin führt durch Hammel. Fünfhundert Hammel hat man zum Teil auf dem vorderen Deck, zum Teil im vorderen Laderaum verstaut. Sie verbreiten einen so fürchterlichen Geruch, der sich natürlich über das ganze Schiff ausbreitet, daß mancher schon hierdurch allein seekrank werden könnte.

Ich erinnere mich an eine ähnliche Fahrt auf dem Schwarzen Meer, als es mir auch nicht viel besser ging; jetzt können mich orientalische Gerüche nicht mehr aus dem Gleichgewicht bringen. Ich fuhr von Warna nach Konstantinopel auf einem bulgarischen Frachtdampfer; wir hatten zweitausend lebende Hammel geladen. Auch dort dieselbe Einrichtung. Das Trinkwasser befand sich am Bug, das ganze Vorderschiff war so vollgepfropft mit Hammeln, daß sich die armen Tiere nicht eine Handbreit bewegen konnten. Der Dampfer hatte hohe Aufbauten. Von dem engen Raum am Schornstein, der allein den Passagieren übrigblieb, hatte man ein schmales Brett zum vorderen Mast gelegt, von dort ein zweites zu den hohen Bugaufbauten, hoch über den Rücken der Tiere. Es gehörte schon eine ausgesprochene Balancierkunst dazu, die ziemlich weiten Entfernungen auf dem hölzernen Steg zurückzulegen. Zunächst rollte das Schiff in der See, dann federte bei jedem Schritt das schmale Brett, und zu guter Letzt bewegte sich auch noch die dichtgedrängte Hammelherde. Ein Spaziergang über diese luftige Brücke endete in der Regel mit einem Sturz in die Tiefe auf die schmutzigen, wolligen Hammelrücken unter dem Gelächter der ganzen Besatzung.

Doch jetzt sind wir auf der ›Afrika‹. Einen Speiseraum hat das Schiff nicht. Vor der Kabine des Kapitäns steht an der Reeling ein Tisch; hier essen Kapitän, Offizier, Ingenieur und Passagiere gemeinsam. Das übrige Leben spielt sich auf der Kommandobrücke ab. Auch hier geht es ziemlich primitiv, aber dafür recht gemütlich zu. Keinen Laufsteg, kein Kartenhaus hat die ›Afrika‹. Auf großer, überdachter Plattform ist alles beisammen. Steuerruder, Kartentisch, Feldbetten, ein paar Liegestühle und der Fliegenschrank mit den Speisen für den Kapitäns-Tisch. Der Schrank ist mit Tauen am Geländer festgebunden, die stark genug sein sollten, um ihn beim Schlingern des Schiffes zu halten. Doch auch da denke ich an ein kleines Erlebnis, das sich auf meiner ersten Fahrt nach Hodeida im Roten Meer zutrug. Wir hielten Kurs auf die Hanisch-Inseln, jene öden, schroffen Felseilande, auf denen es keine Vegetation gibt. Schlangen-Inseln, so haben sie die Araber genannt. Das Meer war von einem steifen Südwind mit Schaumkronen bedeckt; mit Rückenwind fuhren wir auf die Inseln zu, um die einsamen Leuchtturmwärter mit Proviant zu versorgen. Der Kapitän gab Befehl beizudrehen, um an eine geschützte Stelle hinter der Insel zu gelangen. Aber der Befehl wurde gar zu heftig ausgeführt. Der kleine Dampfer kam plötzlich quer zum Wind zu liegen und geriet dermaßen ins Schlingern, daß man sich an Deck einfach nicht mehr halten konnte. Alles, was nicht einigermaßen fest lag, sauste gegen die Reeling. Nichtsahnend saß ich gerade in einem Liegestuhl. Mit großer Wucht sauste ich, auf meinem Stuhl sitzend, gegen die scharfe Kante des Kartentisches und knackte mir eine Rippe an. Dort blieb ich liegen und mußte mich bei dem mehrmaligen Ausholen des Schiffes, das mit kräftigen Stößen verbunden war, an den Tischbeinen festklammern, um nicht über Bord zu gehen. Trotzdem wir uns alle in einer recht gefährlichen Situation befanden, mußte ich doch über eine komische Szene, die sich jetzt abspielte, herzlich lachen. Der Kapitän war sofort ans Ruder gestürzt, als der indische Steuermann die Herrschaft über das Schiff verlor. Gerade hatte er das Steuerrad erfaßt, als plötzlich unser schöner Speiseschrank sich losriß und mit lautem Gepolter gegen die Reeling sauste. Schweren Herzens mußte der arme Kapitän zusehen, wie die Haifische alle seine Leckerbissen zu fressen bekamen.

Aufbruch in die Wüste

Es ist zuerst ein sonderbares Gefühl, einsam unter fremden dunkelfarbigen Menschen an der Küste Arabiens zu stehen, in dem Bewußtsein, für Monate in eine vollständig andere Welt unterzutauchen. Ganz auf mich selbst angewiesen, in mein Schicksal ergeben, trete ich den langen beschwerlichen Weg ins Innere Arabiens an. In unbekannte Fernen, zu Menschen einer urwüchsigen, wilden und schönen Rasse will ich zum dritten Male vordringen; hinaus über die gastlichen Stätten Hadramauts, deren Sultane mir schon früher ihre Gunst erwiesen haben. Wie weit werde ich diesmal vorstoßen? Das fragte auch der Kapitän, als ich mich von ihm verabschiedete. Wir kennen uns nun schon manche Jahre, mehrmals sind wir uns begegnet, und an meinen Reisen nimmt er regen Anteil, obgleich er als Seemann keine Vorstellung davon hat, was sich eigentlich hinter diesen kahlen Randgebirgen des südlichen Arabien abspielen mag. Er ist eben ein richtiger alter Seebär und hat es auch, weiß Gott, nicht leicht, seine Nußschale von einem Dampfer durch die Stürme des Südwest-Monsums im Indischen Ozean oder durch die Korallenriffe des Roten Meeres unter tropischer Sonnenglut zu dirigieren. Und doch habe ich ihn manchmal beneidet, vor allem um das Wasser, das kostbarste Gut einer Wüstenreise; er hat doch wenigstens von dem frischen, klaren Naß soviel er haben will. Aber diese Gedanken werden rasch verdrängt durch eine überschäumende Freude, endlich wieder in diesem herrlichen Lande zu sein und bald ein freies Nomadenleben führen zu dürfen, fast selbst schon als Beduine unter Beduinen.

Auch in Schechr gibt es Zollschwierigkeiten. Der Sultan von Makalla und Schechr, der mich früher schon einmal gastlich aufgenommen hatte, befindet sich in Haiderabad in Indien. Mein Gepäck wandert, den Zollbestimmungen des Landes zufolge, den üblichen Weg ins Zollhaus. Und dort liegt es erst einmal sicher. Da sich die Ladung gegen Abend vollzog, waren die Soldaten, die hier den Dienst versehen, längst nicht mehr zur Stelle, man müsse sich auf den nächsten Morgen vertrösten. An und für sich ist das ja nicht so schlimm, denn Zeit darf in Arabien keine Rolle spielen. Aber Schechr ist ein ungemütlicher Platz, unheimliche Moskito-Schwärme überfallen die Stadt des Nachts, während mein Moskitonetz gut verpackt im Zollhaus liegt. Wohl oder übel mußte ich mich in mein Schicksal ergeben und von den kleinen blutsaugenden Geschöpfen peinigen lassen. Sofort nach meiner Ankunft in Schechr nahm ich Verhandlungen mit Beduinen auf, um möglichst schnell ins Innere aufbrechen zu können. Aber einige Tage gingen doch darüber hin, bis wir zu einem Abschluß kamen.

In der Nähe von Schechr gibt es heiße Quellen, die Quellen von Tabale. Ich mietete mir einen Esel und einen Beduinen und unternahm in der Zwischenzeit einen kleinen Ritt nach Tabale. Ähnlich wie in Makalla sind um Schechr herum Wachttürme errichtet worden, die ständig von den Beduinensoldaten der Qa'eti, des Sultangeschlechtes von Makalla, bewohnt werden.

Die Landschaft dieser Gegend ist ein weites, flaches Wüstengebiet, aus dem einige wenige Inselberge herausragen. Einer von ihnen ist der Dschebel Jucalif; an seinem Fuße liegt Tabale. Neugierig und mißtrauisch halten die Turmwächter nach uns Ausschau. Einer von ihnen kommt von seinem hohen Beobachtungsplatz herabgestiegen. Auf halber Höhe des Turmes ist die Einsteigöffnung; ein Tor gibt es nicht. Aus der Öffnung läßt der Beduine ein Seil herab, das oben befestigt ist, und schnell wie ein Affe klettert er, mit dem Fuße sich gegen die Mauer des Turmes stemmend, an dem Stricke herab, der von einem anderen Wächter sofort wieder heraufgezogen wird, sowie der Beduine sich am Boden befindet, damit es ja kein Unbefugter wage, in den Turm einzusteigen; denn trauen mag man einem Fremden doch nie so recht.

Sanft gebettet in einen Palmenhain, umwachsen von frischem Grün, liegt Tabale. Die heißen schwefelhaltigen Quellen lassen es zu, daß sich im Tal des Dschebel Jucalif eine üppige, tropische Vegetation entfaltet. Heilbringend ist die Wirkung des Wassers auch für die Menschen. Von weit her kommen Kranke und Gebrechliche, um in den heißen Wassern zu baden. Tabale gereicht der ganzen Landschaft zum Segen. Täglich in den frühen Morgenstunden kommen kleine Eselkarawanen aus entfernten Dörfern, denen die Natur keine lebenspendenden Wasserader geschenkt hat, um in ledernen Ziegenschläuchen den Wasservorrat für den ganzen Tag zu holen. Ja, man hat sogar eine regelrechte Wasserleitung geschaffen; eine Leitung, die von Tabale nach dem zwanzig Kilometer entfernt liegenden Schechr gelegt ist und die ganze Stadt mit Trinkwasser versorgt. Geringes natürliches Gefälle ist vorhanden, so daß sich die Voraussetzung für eine primitive Leitung ergab. Die Anlage besteht aus einer gemauerten Rinne, welche nach oben offen ist. Erst etwa drei Kilometer vor der Stadt Schechr ist die Leitung mit steinernen Platten abgedeckt, damit das Wasser nicht von den Menschen und Tieren der vor der Stadt wartenden Karawanen verunreinigt wird. Aber an vielen Stellen haben Beduinen die Steinplatten entfernt, lassen ihre Kamele saufen, füllen ihre Wassersäcke und waschen sich gemütlich ihre Füße in der Rinne.

Vor den Toren von Schechr sind mehrere Lagerplätze entstanden. Beduinen haben sich aus Stroh und Holz ein paar dürftige Hütten errichtet. Frauen, Kinder und allerhand Viehzeug wimmelt durcheinander; es sind kleine Siedlungen halb seßhaft gewordener Beduinen. Etwas abseits gelegen, in einer breiten Mulde, rastet eine große Karawane; sechzig Beduinen und zweihundert Kamele. Noch heute abend wollen sie die Küste verlassen. Ihnen schließe ich mich an.

Said Schäbe heißt der Führer dieser Karawane, vom Stamme der Ma'ari, einem Unterstamme der großen Beduinengemeinschaft der Homumi, welche das ganze Gebiet zwischen Schechr und Terim ihr eigen nennen, während die Gebirge zwischen Makalla und Schibam mit dem 2400 Meter hohen Berge El Kor von den Se'iban durchwandert werden. Said Schäbe also erscheint am Nachmittag um vier Uhr vor dem Hause des arabischen Agenten Mohammed Baschrahin der Hadramauter Adelsfamilie al Kaf, in dem ich ein Unterkommen gefunden habe, bepackt zusammen mit anderen Beduinen in größter Eile zwei Kamele mit meinem Gepäck, wobei er immer wieder zum Aufbruch mahnt. Aber als wir dann endlich um fünf Uhr vor die Stadt kommen, ist es mit einem Male gar nicht mehr so eilig. Wir kommen zu den anderen Beduinen, die mit uns ziehen wollen, meine beiden Kamele werden wieder abgepackt, der gute Said fordert mich auf, mein Feldbett aufzuschlagen. Diese Nacht würde es noch nichts mit der Abreise, erst bei Sonnenaufgang wollten wir uns auf den Weg machen. Deshalb diese maßlose Eile, um die Nacht über in einem Gewühl von Menschen, Kamelen und Gepäck dicht unter den Toren der Stadt unter der Plage der Moskitos zubringen zu müssen!

Allmählich kommen auch meine anderen Reisegefährten, zwei arabische Kaufleute aus Hadramaut, die längere Zeit in Mombassa gewesen waren, und ein mohammedanischer Geistlicher. Alle drei hatten sich ebenso wie ich bei dem Karawanenführer eingemietet. In stockdunkler Nacht kommen sie mit Laternen von ihren Freunden geleitet zum Lager. Auch ein Neger nimmt teil an unserer Reise, ein baumlanger Somali, Ali Ismail heißt er. Er will nach Hadramaut, um dort seinen Bruder, der im Dienste des Sultans von Terim steht, zu besuchen. Und da er gerade sonst nichts weiter vor hat, bietet er mir seine Dienste während der Reise nach Terim an. Ich willige ein, so habe ich doch jemanden, der mir unter den unheimlich vielen Beduinen zur Seite stehen kann. Ali stammte aus der Gegend von Berbera in Britisch-Somaliland. Er war viel in der Welt herumgekommen, hatte in der nordarabischen Wüste großen Beduinenfürsten gedient, kannte Syrien und den Irak und hatte als Wagenlenker König Ibn Sa'uds mit dem Kampfwagen des Königs die Halbinsel vom Roten Meer bis zum Persergolf mehrmals durchrast.

Abgesehen von dem Ärger, den ich hatte, daß wir heute Nacht noch am selben Platze blieben, ließ man mich auch noch nicht einmal schlafen. Die vielen Beduinen, Frauen und Kinder, die sich im Lager herumtrieben, wollten alle den komischen weißen Mann sehen, der sich auf einem hochbeinigen Gestell, das sich Feldbett nennt, schlafen legt. Ich stellte mich schlafend, aber sie kamen vorsichtig näher, betasteten mich zaghaft, wie man ein Tier berührt, von dem man nicht weiß, ob es gut oder böse ist, immer ängstlich, daß es beißen könnte. Sowie ich mich aber bewegte und sie ansah, liefen sie mit lautem Geschrei davon. Stundenlang hatten sie ihren Spaß daran, und ich kam um meine Nachtruhe – bis auch meinem neuen Diener Ali die Lust verging und er die ganze Horde kurzer Hand davonjagte, jedenfalls versuchte, sie davonzujagen, denn sie gehorchten ihm natürlich nicht.

Nach kurzer Ruhe setzte sich unsere Karawane, als es noch nicht hell geworden war, in Bewegung (Abb. 5, 6). Man bedenke, ein Aufbruch von zweihundert Kamelen, das will etwas bedeuten. Die Tiere müssen beladen werden, und das muß schnell gehen.

Mit rhythmischen Lauten, halb gesungen, halb gesprochen, ermunterten die Beduinen sich gegenseitig; eine mir so vertraute Ausdrucksweise, die von dem südarabischen Lagerleben mit dem Blubbern und Rülpsen der Kamele nicht zu trennen ist. In ganz bestimmten Reihenfolgen wird marschiert. Jeder Beduine hat eine Anzahl Kamele zugeteilt bekommen; meist gehören sie ihm selbst. Er muß darauf achten, daß er sich richtig eingliedert. Ein Kamel ist mit dem Halfter am Schwanze des anderen festgebunden. In einer nicht endenwollenden Prozession ziehen Kamele schemenhaft dem erwachenden Morgen entgegen. Herrlich wäre dieser Morgen, wenn nur nicht die ständig steigende Sonne allzu umbarmherzige Glutstrahlen auf Mensch und Tier herabschießen wollte. In prachtvoller Plastik steht vor uns die steile Felswand des südarabischen Hochgebirges (Farbt. VII). Jeder Gipfel und jede Faltung ist deutlich zu sehen. Nie habe ich die Berge Südarabiens in einem solchen Glanz erlebt wie in diesen Februartagen. Doch zwischen uns und den Bergen liegt die Wüste, ein Tiefland, ausgedörrt und mit Steinen besät, dem nur noch die Tahama gleichzusetzen ist, jener trostlose Wüstenstrich Jemens am Roten Meer, mit seiner dürftigen, an Malaria fast zugrundegegangenen Bevölkerung.

Menschen und Tiere haben sich beruhigt. Lautlos ziehen wir dem neuen Tag entgegen.

Tarik el Ma'adi

Wir kommen nur langsam voran. Die Kamele haben den gewohnten Trott noch nicht wieder aufgenommen, sie stöhnen zuerst jämmerlich unter dem Gewicht ihrer Lasten. Aber als dann die eigentümlichen Kamelsrufe der Beduinen ertönen, mit ihren überschnappenden Jodlern und langanhaltenden Tönen, spitzen die Tiere die Ohren, sie finden den richtigen Rhythmus wieder und fügen sich in ihr Schicksal.

Der Weg führt zunächst durch sandiges Steppenland mit dürftigem Dorngestrüpp; dann biegen wir westlich in ein ausgetrocknetes Wadi ein, ein altes Flußbett mit großen und kleinen Steinen übersät, das den Eindruck einer Gletschermoräne erweckt. Schon hier, wo es keinen Weg mehr gibt, muß ich absitzen und muß selbst zusehen, wie ich mich durch dieses Steingewirr hindurchwinde, während die Hitze immer unerträglicher wird. Aber eine große Karawane in schwierigem Terrain kann nicht so schnell voran kommen wie eine kleine Karawane. Ein Tier, das stehen bleibt, dessen Last verrutscht ist und wieder festgebunden wird, hält den ganzen Zug auf. Schon mittags rasten wir. Ein paar dürftige Dornsträucher bieten nur wenig Schatten. Ich mache Bekanntschaft mit meinen Beduinen. Erst jetzt, wo sie für kurze Zeit nicht mit ihren Kamelen beschäftigt sind, kommt einer nach dem anderen zu mir, um mich einmal von nahem zu betrachten; manchem war die Begegnung mit einem weißen Mann etwas ganz Neues, andere wiederum hatten mich auf meiner früheren Reise durch Hadramaut gesehen und zwei von ihnen hatten mich damals sogar begleitet. Die Wiedersehensfreude war groß; sie hatte etwas so Herzliches, wie es nur unter alten Freunden sich zuträgt. Sofort war eine völlige Übereinstimmung geschaffen, ich fühlte mich als einer der ihren. Von nun an bilden wir eine Gemeinschaft als freie Naturmenschen, die sich über alle Strapazen einer beschwerlichen Wüstenreise mit Humor und Ausdauer hinwegsetzen. Nur dadurch kommt man überhaupt zu einer erfolgreichen Reise in Südarabien, daß man an allen kleinen und großen Begebenheiten, die diese Menschen bewegen, regen Anteil nimmt, daß man sich ganz in ihre Psyche hineinzuversetzen sucht, daß man auf jeden Fall auch den geringsten Argwohn, den der Beduine von Natur aus gegen jeden Fremden hat, zu beseitigen versucht. Dann sind sie herrlich, diese Beduinen. Man wird für seine Mühe reichlich belohnt, gewinnt sie zu Freunden und genießt ihren unbedingten Schutz. Niemals auf allen meinen Reisen, außer wenn wir von feindlichen Stämmen angegriffen wurden, habe ich mich auch nur eine Sekunde unsicher gefühlt; eine Waffe führe ich niemals bei mir, um von vornherein jeden Argwohn zu vermeiden.

Einer unserer Beduinen ist vor einigen Tagen von seinem Kamel in den Finger gebissen worden. Ich kann ihm helfen, entferne den schmierigen Lappen, den er sich um den Finger gewickelt hat, hole meine Verbandskiste mit den Medikamenten und verbinde ihm die Wunde schön. Auf einer Forschungsreise, auf der monatelang jegliche ärztliche Hilfe fehlt, muß man schon selbst ein wenig von Medizin verstehen, man kann vor allen Dingen viel Gutes tun und manchem armen Kerl behilflich sein. Der Finger heilt, in ein paar Tagen ist er wieder gesund. Aber dann kommt ein anderer Beduine, er hat eine große Narbe am Oberschenkel, sie rührt von einer Verwundung her, die er bei einer Schießerei erhalten hat. Das Bein ist steif geworden. Trotzdem führt er weiter seine Kamele durch die südarabischen Berge wie ehemals. Auch er kommt zu mir und bittet mich, ihn von seinem Leiden zu befreien. Hier wird die Sache schon schwierig, helfen kann ich ihm nicht. Das kann er aber nicht verstehen. Denn habe ich den einen geheilt, so werde ich auch für ihn ein Mittel finden, denkt er. Der weiße Hakim kann es schon, er ist ein mächtiger Mann, wenn er nur will. Derartige Fälle bringen den Fremden in eine äußerst schwierige Lage. Und es erfordert große Überredungskunst, um diesen einfachen Naturmenschen klarzumachen, daß es gewisse Dinge gibt, gegen die selbst der Frengi aus dem Norden machtlos ist.

Wir nähern uns den Bergen Hadramauts. Immer klarer und eindrucksvoller steht die riesige Bergwand vor uns. Ganz sanft, fast unmerklich, nimmt die Steigung zu. Doch unser Weg führt nicht zu jener großen Schlucht, die in östlicher Richtung ihre klotzigen Felsarme öffnet. Dort führt ein anderer Weg nach Hadramaut; wir wählen jenen, der, westlich abbiegend, im weiten Bogen einem bequemen Tal folgend, über Er Redha el Ma'ara geht. Es ist der Tarik el Ma'adi.

Gegen Abend haben wir fast die Felswand erreicht. Aber es geht weiter hinauf in die Ausläufer des Gebirges. Die weite Sicht über das wellige Vorgebirge läßt es zu, daß ich zum ersten Male einen Überblick über die Größe unserer Karawane gewinne, die auf schlängelnden Wegen sich endlos in der Landschaft verliert. Man muß es selbst erlebt haben, um den Zauber, der über dem Ganzen liegt, begreifen zu können. Kamele und wieder Kamele begegnen uns, eine große Karawane, die dem Meere zustrebt; ruhig, ganz langsam gleiten die Tiere in sanften, harmonischen Bewegungen an uns vorüber. Kein Hasten und Jagen gibt es hier. Mit edlen, feinen Bewegungen begrüßen sich die Beduinen, die des gleichen Stammes sind (Abb. 7), doch einen Aufenthalt gibt es nicht; die Karawanen setzen im selben Tempo ihren Marsch fort.

Und dann kommt wieder das Lager für die Nacht. Nicht alle rasten an einem Platz; in großen Abständen finden sich mehrere Gruppen um die Lagerfeuer ein. Alles geht wie selbstverständlich ohne Reibung vonstatten. Schon während die Kamele von ihren Lasten befreit werden, flammen Lagerfeuer auf und werfen lange Zeit ihren gespenstigen Schein auf ermattete Menschen und Tiere. Der nächste Morgen bringt uns den Aufstieg zum Gebirge. Immer tiefer kommen wir in grotesken Windungen an steilen Abstürzen vorüber in die Schluchten der Berge. Bis hierher war der Weg breit und geglättet. Die Sayed al Kaf, jene reiche und angesehene Adelsfamilie Hadramauts, hatten bereits begonnen, hier eine Autostraße nach Hadramaut anlegen zu lassen. Sie hatten den Weg auch von Terim aus begonnen und viele Beduinen der ihnen ergebenen Stämme beim Straßenbau beschäftigt. Beide Wege kamen sich immer näher, der Weg von der Küste und der Weg aus dem Innern. Nur eine kurze Verbindungsstrecke fehlte noch, der große Anstieg zum Hochplateau. Doch da wurde den mächtigen Herren Hadramauts ein Halt geboten. Die Beduinen des Stammes Ma'adi wiesen jeden Vorschlag zu einer Bauerlaubnis der Straße durch ihr Gebiet unweigerlich zurück. Nicht Geld noch gute Worte konnten sie bewegen, den Hadramautern eine Durchfahrt zu gewähren. Selbst die fertigen Teile der Straße werden niemals von den wenigen Wagen benutzt, die in einzelne Teile auf Kamele verpackt einst über die Berge geschleppt wurden; man fürchtet die gereizten Wüstenvölker. Ein Beduinenstamm in den Bergen ist eben noch mächtiger als machtvolle Herrscher der Städte. Die alten Wadis Hadramauts sind noch genau so abgeschlossen wie vor hundert Jahren und vielleicht nicht zum Nachteil der Erhaltung ihrer Kultur. Nachdem das Projekt einer Straße zum Meer fehlgeschlagen ist, trägt man sich augenblicklich in Hadramaut mit dem Gedanken, eine Autostraße zwischen San'a, der Hauptstadt Jemens, und den Städten Hadramauts zu bauen, zumal in der letzten Zeit die Beziehungen zwischen beiden Ländern recht günstig geworden sind. Daß sich dem noch weit schwierigere Hindernisse entgegenstellen, werden wir später sehen.

Jetzt sind wir bei den Ma'adi. Sie gehören wie meine Ma'ari zum großen Stamme der Homumi, während die Beduinen al Kafs den Tamimi angehören.

Eine Oase inmitten schroffer Felspartien. Sanft gebettet liegt sie unter uns. In sattem dunklem Grün wiegen sich die Kronen der Palmen: ein unglaublich wohltuender Anblick; bald werden wir richtigen Schatten genießen. Ein wundervoller Palmenhain nimmt uns auf. Nie zuvor hat ein Weißer ihn betreten. Der Tarik es Ma'adi ist Neuland, erst später in Er Redha el Ma'ara fällt mein Weg teilweise zusammen mit der Reiseroute Leo Hirschs, der im Jahre 1893 Hadramaut bereist hat.

Obwohl es noch früh am Tage ist, wird hier gerastet. Denn fließendes Wasser werden wir, bis wir zum Ziel kommen, nicht mehr antreffen. Besonders für die Tiere ist das wichtig. Hier können sie noch nach Herzenslust trinken, müssen aber dann mehrere Tage ohne Wasser auskommen. Bis jetzt haben wir noch keine Beduinen der Ma'adi zu sehen bekommen. Sie halten sich oberhalb der Tränken auf, an dem kleinen Wasserlauf, der im Fels entspringt und einen so phantastischen Palmengarten hervorgezaubert hat. Bunte Papageien und Webervögel schwirren umher; überall aus dem Boden, der durch kunstvolle Kanäle bewässert wird, sprießen grüne Pflanzen hervor. Doch wo bleiben die Bewohner dieses kleines Paradieses? Geheimnisvoll nimmt mich Said Schäbe, unser Karawanenführer, beiseite und erklärt mir, daß er bereit wäre, mich zu den Ma'adi zu führen, die ihrem Nachbarstamme, den Ma'ari, diese Wasserstelle gegen Abgabe eines Jahreszolles freigegeben hätten. Aber die Ma'adi seien unliebenswürdige Leute, es sei immer gefährlich, ihnen zu begegnen. Trotzdem wolle er mich mit ihnen bekannt machen, wenn ich ihm einen Taler Backschisch gäbe. Ich willige ein, nehme meinen Ali mit und bald befinden wir uns bei den Beduinen dieses Tales (Abb. 13). Sie sind zwar anfangs recht scheu, wie ich das von Beduinen nicht gewohnt bin, aber schon bringen sie Kokosnüsse und Bananen, die sie mir zum Verkauf anbieten. In ganz Hadramaut und auch in den anderen Teilen Südarabiens hatte ich nie eine Kokospalme gesehen; nur Datteln werden gepflanzt. Hier erhält die Landschaft durch den Wechsel von Kokospalmen, Bananen- und Granatapfelstauden einen ganz indischen Charakter. Wir kommen zur Quelle, dort wo ein heller silberner Strahl aus dem Fels hervorsprudelt. Nur wer wochen- und monatelang durch wasserlose Wüsten und Gebirge gereist ist, kann es verstehen, in welche Freude der Anblick fließenden Wassers den Menschen versetzen kann. Ali hat mir vier Feldflaschen mitgenommen, hier bekommen wir einwandfreies Wasser, mit dem wir für einige Tage auskommen können.

Die Karawane hat inzwischen ihren Marsch fortgesetzt. Auf schmalem Zickzackweg windet sie sich immer höher die Berge hinauf. Doch wir drei schlagen eine andere Richtung ein, folgen noch eine Strecke dem scharfen Felseinschnitt, dann klettern wir auf einem schmalen Ziegenpfad hinauf, gelangen zu einer Höhle, in der mehrere Beduinenfamilien mit ihren Schaf- und Ziegenherden am Tage Schutz gegen die Sonne und ein Obdach für die Nacht gefunden haben. Stunden sind vergangen, seit wir unsere Karawane verließen. Ein Weg ist nicht mehr zu finden. Über Felsblöcke und Geröll klettern wir unter unsäglicher Sonnenglut immer höher die steile Wand hinauf. Da, endlich haben wir das Plateau erreicht. Wir sind bereits über tausend Meter hoch, ein frischer Wind bläst uns entgegen, und dort, zwar noch in weiter Ferne, heben sich die hochbepackten Rücken unserer vielen Kamele gegen den sich rötlich-violett färbenden Horizont ab. Und ich bin recht zufrieden, nach einer anstrengenden Bergbesteigung wieder auf dem gleichmäßig wiegenden Rücken des Kamels ausruhen zu dürfen.

Bei den Stammesplätzen meiner Beduinen

Stunden anstrengendsten Marsches vergehen. Dürre rings um uns her. Das ewige Steinmeer spendet uns keine Quelle. In diesen Tagen ist die Hitze noch um einige Grad gestiegen, trotz der großen Höhe, die wir erreicht haben. Ich messe mittags fast 50 Grad im Schatten meines dürftigen Schutzdaches, das ich mit Alis Hilfe aus einer arabischen Ziegenhaardecke und meinem Feldbett errichtet habe. In einiger Entfernung, auch unter einer Ziegenhaardecke, liegen zwei meiner Hadramauter Reisegefährten. Sie sind beide krank. Diese zarten, verweichlichten Gestalten, die immer nur das träge, unsäglich bequeme arabische Leben in den Städten gewohnt sind, haben an und für sich schon an den Strapazen einer Kamelreise gewaltig zu leiden. Dazu liegt der eine im Fieber; er hat die Malaria aus Mombassa mitgebracht. Der andere leidet an chronischer Verstopfung; er hat seit Tagen nichts außer Tee und Kaffee zu sich genommen. Auch verträgt er die weitausholenden Bewegungen des Kamels nicht; er stöhnt und ächzt unablässig. Aber aufhalten können wir uns niemals über die vorgesehene Zeit hinaus. Denn Wassermangel würde die ganze Karawane gefährden. Im übrigen sind die Beduinen Kranken gegenüber außerordentlich hilfsbereit und zartfühlend. Nur der Tod kann den Beduinen von dem ihm anvertrauten Reisenden trennen.

In der Mitte des großen Hochplateaus, Djol oder Meged genannt, das sich von der Küste bis nach Hadramaut erstreckt, liegt das Gebiet Er Redha el Ma'ara: das Stammesland meiner Beduinen. Eine Reihe von Wadis und Seitentälern mit niedrigen Bergwänden und dürftigen Pflanzenwuchs haben die Beduinen veranlaßt, sich hier anzusiedeln. In großen Abständen stehen einfache Lehmbauten und gedrungene Wachttürme. Am vierten Tag unserer Reise treffen wir dort ein, die Karawane löst sich auf, jeder Beduine begibt sich für kurze Zeit zu seiner daheim gebliebenen Familie. Bilad bin Agbar heißt das Dorf meiner Beduinen.

Said Schäbe, dem ich mich als Führer der Karawane anvertraut habe, geleitet uns zu seinem Haus. Kinder kommen uns entgegen, viele von ihnen sind seine eigenen, denn er ist ein alter und reicher Mann, er kann es sich leisten, für reichliche Nachkommenschaft zu sorgen. Vor seinem Hause machen wir Halt. Mein Said geht hinein, seine Frauen küssen ihm die Hand und geleiten ihn zum Tor. Lange warten wir draußen bei den Kamelen, umringt von neugierigen Dorfbewohnern. Endlich kommt er heraus, in würdevoller Haltung, er ist stolz, daß er einen Fremden in sein Dorf einführen darf. Aber seine Stammesgenossen sind noch mißtrauisch; sie wollen sich erst beraten, wollen wissen, mit wem sie es zu tun haben.

Es hilft also nichts: Ali und ich müssen zunächst außerhalb des Dorfes warten. Wir werden unter einen großen Dom-Baum geführt, um Schutz vor der Sonne zu haben; dort schlage ich mein Feldbett auf, Ali kocht uns beiden Reis.

Dom nennen die Araber die Früchte eines großen Dornbaumes, arabisch Dom oder Olb (Zizyphus spina Christi), die wie gelbe, verschrumpelte Kirschen aussehen und einen großen Kern haben. Eine außerordentlich wohlschmeckende Frucht, die frisch und getrocknet genießbar ist. In Hadramaut macht man sogar Kuchen davon. Die getrockneten Früchte werden mit den Kernen zermahlen, mit Wasser vermengt, ein Teig wird geknetet, und von diesem Teig formt man Kuchen, die in der Sonne getrocknet werden. Ich selbst ziehe die frischen Früchte den mit Kernsplittern durchsetzten Dom-Kuchen vor. Aber die Eingeborenen behaupten, dieser steinige Brei wäre außerordentlich gut dazu geeignet, den Magen einmal gründlich zu reinigen.

Wir hatten die Früchte des Dom-Baumes, Wasser hatten wir und Reis, das war zunächst das Wichtigste, und Schatten hatten wir auch. Am späten Nachmittag, als ein heißer Wind eine Menge Staub aufwirbelte und den Aufenthalt unter dem Baume recht ungemütlich machte, wurden wir feierlich in das Dorf eingeholt. Said Schäbe ging voran, führte uns durch einen kleinen Vorhof, in dem sich Ziegen und Schafe tummelten, und durch eine enge Tür gelangten wir in einen großen, niedrigen Raum. Ein paar niedrige Fenster und kleine dreieckige Öffnungen, die als Schießscharten gedacht sind, lassen nur wenig Luft herein. In der Mitte des Raumes wird eine offene Feuerstelle unterhalten. Da die beiden Öffnungen kaum gestatten, daß der Rauch ordentlich abzieht, war jeder Atemzug für mich eine Qual. Aus den Augen liefen mir die hellen Tränen herab. Aber ich durfte mir auf keinen Fall etwas merken lassen. Denn es bedeutet eine große Ehre, von den Beduinen als Gast in ihren Behausungen aufgenommen zu werden. Wir sitzen alle mit untergeschlagenen Beinen im Kreise ums Feuer herum, aber nur die Männer. Die Frauen bedienen wohl die Männer, halten sich aber dann im Hintergrund des Raumes auf.

Zunächst wird mit der Kaffeezeremonie begonnen. Wenige Bohnen und viele Schalen der Kaffeebohnen werden auf einem Tiegel über dem Feuer geröstet und dann auf einen geflochtenen Strohteller geschüttet. Der Teller geht im Kreise herum, jeder nimmt eine Bohne und zerknackt sie zwischen den Zähnen. Dann werden Bohnen und Schalen in einem hölzernen Mörser gestoßen, mit Ingwer vermischt, in einen bauchigen Metallkrug mit langem dünnem Hals geschüttet, der schwarz ist vor Alter und Kaffeesatz, und nachdem man Wasser hineingegossen hat, wird das Ganze auf dem Feuer gekocht. In zwei kleinen Tonschälchen wird der arabische Kaffee, der nicht etwa den gewohnten Geschmack des Kaffees hat, sondern den des starken, scharfen Ingwergewürzes, uns zwölf Mann, die wir hier versammelt sind, herumgereicht. Jeder trinkt ein paar Schluck, worauf er das Schälchen seinem Nachbarn weiterreicht.

Besonders zufrieden ist Ali. Man hat ihn als ebenbürtig anerkannt und läßt ihn nicht draußen vor der Tür sitzen. Unendlich viel hat er zu erzählen; von Afrika, von Ibn Sa'ud, vom Irak. Wie ein König thront er dort, in ein großes buntes Tuch gehüllt, erhaben auf die halbnackten braunen Kerle blickend, und denkt, das sind ja doch nur arme Bedu's. Es ist merkwürdig, jeder Neger, den ich in diesem Lande getroffen habe, fühlt sich über die einfachen Leute der Wüste, die gewöhnlichen Bedu's, hoch erhaben. Selbst die Sklaven in Hadramaut. Wieviel edler ist aber der Beduine, ein Mensch, der mit der Natur verwachsen ist, als alle Städter, die, seßhaft geworden, feste Siedlungen bewohnen. Äußerst dürftig ist die Nahrung des Beduinen. Etwas Brot, etwas Milch, etwas Schafbutter, das ist die gewöhnliche Kost des Bedu. Er ist überaus genügsam, aber auch ewig hungrig. Und deshalb bettelt er. Die Beduinen betteln den ganzen Tag während der Reise, immer wieder kommen andere, wollen etwas von mir haben. Sie wollen Geld, sie wollen meine Feldflaschen und sie wollen schließlich, daß ich ihnen einen Hammel kaufe. Zwei Tage hatten sie schon darum gebettelt. Jetzt sollen sie ihn endlich bekommen, damit ich Ruhe habe. Und nebenbei gesagt, ich bin einem schönen Hammelbraten auch gar nicht so abgeneigt.

Ich gebe also Said drei Taler. Ali meint, dafür bekäme man schon einen sehr fetten Hammel. Doch was geschieht? Aller Augen sind auf Said gerichtet; man erwartet von ihm, daß er einen Jungen beauftrage, er möge einen Hammel bringen. Aber Said nimmt eine würdevolle Haltung an, steckt die drei Taler in den Gürtel und vertröstet die Gesellschaft auf morgen, heute sei es doch schon zu spät, um einen Hammel zu schlachten. Wir zeigten enttäuschte Gesichter, aber wir waren hier zu Gast und mußten mit dem trockenen Reis vorlieb nehmen, der uns gereicht wurde. Den Hammel bekamen wir nie zu sehen, geschweige denn zu schmecken.

Der nächste Morgen brachte uns viele Kranke. Ist der Gesundheitszustand der Beduinen auch gewöhnlich recht gut – das tägliche Leben unter der die Bakterien tötenden Sonne und der ständige Wechsel ihrer Lagerplätze läßt schwere Seuchen kaum aufkommen –, so gibt es in festen Siedlungen, wie hier in Er Redha, schon mehr Krankheiten. Zum Beispiel leben unter den Beduinen des großen Hochplateaus, die ständig starken Witterungsgegensätzen ausgesetzt sind, eine Anzahl Schwindsüchtiger. Die Nächte sind in den Gebirgen oft eisig kalt. Nur mit einer dünnen Baumwolldecke bedeckt, schlafen die armen Kerle auf dem steinigen Boden. Am Tage war es noch so heiß, daß sie sich mit dem Tuch gegen die sengenden Sonnenstrahlen schützen mußten; in der Nacht können sie es vor Kälte kaum aushalten. Krächzend und hustend ziehen sie am nächsten Morgen ihren Weg. Niemals nehmen sie auf sich selber Rücksicht; immer tun sie ihre Pflicht.

Die Bewohner von Er Redha leiden sehr viel an offenen Wunden, meist sogenannten Orientgeschwüren. Die Südaraber haben ihre eigenen Heilmethoden; Schröpfen und Brennen sind die bewährtesten. Fast jede innere Krankheit behandelt der Hakim mit Schröpfen. Äußere und innere Leiden behandelt er mit Brennen, wobei in der Regel recht gute Erfolge erzielt werden. Auf diese einfache Heilmethode der Naturvölker – der Chinese kennt dieselben Mittel – ist man ja in der heutigen Medizin zum Teil auch wieder zurückgekommen. Es ist ein ganz einfaches Verfahren. Ein glühendes Eisen wird an verschiedenen Teilen des Körpers angelegt, so daß eine richtige Brandwunde entsteht, die später vernarbt. Es kann aber auch zu heftig gebrannt werden; die Wunde heilt dann sehr schwer, wie ich es hier erlebte. Ein Kind, noch nicht ein Jahr alt, befand sich in einem jämmerlichen Zustand. Die eine Brustseite war eine einzige Brandwunde. Auch ein größerer Junge hatte ähnliche Verletzungen; Brust und Arm zeigten riesige Brandmale. Zum Glück hatte ich Brandbinden bei mir und konnte ihnen helfen.

Auf den Nachmittag hat man die Weiterreise angesetzt. Endlose Zeit wird für die Vorbereitungen verwendet. Die Kamele sind schon längst bepackt, aber immer fehlt noch etwas. Auch ist man sich noch lange nicht einig über die Verteilung der Lasten. Zwei Beduinen bleiben in Bilad bin Agbar; andere treten an ihre Stelle. Die Sachen werden wieder auf ihre Schwere geprüft, herumgeschleppt, ausgewechselt und von neuem auf die Kamele gebunden. Ewig wird gehandelt. Es ist gewöhnlich so, daß eine große Sendung von Reis oder Zucker, die für Hadramaut bestimmt ist, von einer Karawane zum Transport übernommen wird. Dafür erhält der Karawanenführer eine Pauschalsumme. Die Verteilung an seine Beduinen bleibt ihm überlassen. Nicht alle Lasten sind gleichmäßig verpackt, ein Gepäckstück ist schwerer als das andere, da gibt es schwierige Verhandlungen. Um eine einigermaßen gleichmäßige Geldverteilung zu erwirken, wechseln die Lasten Tag für Tag die Kamele. Auf diese Weise ist es möglich, daß jeder Beduine gleichmäßig an dem Transport der leichten und schweren Lasten beteiligt wird.

Um drei Uhr verlassen wir den Platz. Über bestellte und unbestellte Felder gelangen wir von dem etwas erhöht liegenden Bilad bin Agbar hinab ins Wadi. Allmählich finden sich auch die anderen Teilnehmer der Karawane wieder ein; langsamen Ganges kommen die Kamele die Böschung hinab. Dom-Bäume und Dorngestrüpp beleben die Landschaft, weidende Ziegenherden werden von Kindern gehütet.

Die Beduinen legen augenscheinlich nicht sehr viel Wert darauf, heute noch ihre heimatlichen Gefilde zu verlassen. Hier und dort werden alte Bekannte begrüßt, wir kommen zum Bilad bin Schumêmi und gegen Abend nach Rissib bin Imâni, dort ist unser Nachtlager.

Erst der nächste Tag bringt uns das richtige Karawanentempo wieder, nachdem wir uns aus einem üblen Wasserloch, einem kleinen, tief unter der Oberfläche liegenden Tümpel, reichlich mit Wasser versorgt haben. Die letzten Siedlungen, die wir sahen, unterscheiden sich von den üblichen Bauten durch das Material. An Stelle von Lehm werden hier flache Schieferplatten verwendet, die nur von den Gebirgsschichtungen abzutragen sind. Ohne Verwendung anderen Materials entstehen durch einfaches Aufeinanderpassen der Platten die Gebäude in dieser Gegend.

Der Himmel ist mit leichten Cirruswölkchen besät; das deutet auf einen außerordentlich heißen Tag. Jegliche Möglichkeit auf Schatten ist uns wieder genommen. Ein steinernes Meer breitet sich rings um uns aus, weithin sichtbar ist der schmale Karawanenweg; jahrhundertelange Benutzung derselben Pfade hat ein schmales, helles Band in die dunkelbraune Landschaft gemalt. Wie viele Kamelhufe waren nötig, um auf Straße, ein Tier hinter dem anderen herschlurfend, das Gestein vollständig blank zu scheuern!

Hadramaut ist nahe, das Land der großen Cañons, der grünen Palmenhaine (Abb. 21, 38) und der herrlichen arabischen Bauten (Farbt. I; Abb. 17–19, 25, 26, 31–34). Das Wadi Na'er erreichen wir zuerst, in eine tiefe enge Schlucht steigen wir hinab. Immer breiter wird das Tal, nach rechts mündet der Weg Araf, mir wohlbekannt von der letzten Reise. Das Wadi Na'er mündet in das Wadi Adim. Landleute, Esel-treiber und Beduinen begegnen uns. Unter Palmen, an einem kleinen fließenden Wasser-lauf machen wir Halt. Nach neun Tagen haben wir zum ersten Male die Möglichkeit, uns gründlich zu waschen; das heißt, die beiden arabischen Kaufleute, der mohamme-danische Priester und ich; die Beduinen haben es weniger nötig. Aus den Ballen der Kaufleute kommen prachtvolle Gewänder und phantastische Turbane zum Vorschein. In unseren besten Kleidern, stolz auf Kamelen reitend, halten wir feierlichen Einzug in die Stadt Terim, umringt von einer großen Menschenmenge. Die erste Etappe und Basis für meine weiteren Unternehmungen ist erreicht. Herzlich empfangen von den Fürsten des Landes, bin ich für einige Tage ihr Gast und kann die nötigen Vorbereitun-gen treffen.

In Erwartung des Festes

Sayed Abu Bakr al Kaf hatte ernsthafte Differenzen mit Beduinen gehabt. Nun ist er endgültig nach Saiwun übergesiedelt, zum Segen der Stadt. Denn Abu Bakr ist ein Mäzen; wo er weilt, wirken sich sein großer Reichtum und seine Freigebigkeit weitest-gehend auf seine Umgebung aus. Es hat sich nach meiner letzten Anwesenheit in Saiwun vor etwa zwei Jahren manches verändert. Ein neuer Suk ist entstanden, große Marktgebäude, von Abu Bakr gestiftet, die das Stadtbild wesentlich verändert haben. Auch ein neuer Palast ist im Werden, der in einem halben Jahr vollendet sein soll.

Vor einem Jahr ist es schlimm hergegangen in Terim. Wilde Beduinenstämme ver-suchten größere Zahlungen von den al Kaf zu erhalten; sie drohten mit Krieg. Als schließlich ein Attentat auf Sayed Abu Bakr verübt wurde, zogen es alle fünf Brüder vor, sich mit ihren Familien aus dem Bereich der Tamimi in die Obhut der Ameri-Beduinen zu begeben, unter den Schutz ihres Freundes, des Sultan Ali bin Mansur von Saiwun. Erst als die Zwistigkeiten völlig beigelegt wurden, ging ein Teil der Familie zurück nach Terim.

Da es die Sitte des Landes erfordert, daß ein Fremder möglichst sofort den ältesten Fürsten des Landes begrüßt, hielt ich mich nur ganz kurze Zeit in Terim auf und reise, begleitet von Sayed Said al Kaf, nach Saiwun weiter. Das kleine Sommer-schlößchen des Sultans vor den Toren der Stadt, weißschimmernd in grüne Pflanzun-gen gebettet, wurde mir als Ehrengast zum Aufenthalt bestimmt (Abb. 34). Asidin heißt dieser herrliche Platz. Jeden Morgen kam der Sultan selbst auf einem Pony von seinem großen Schloß in der Stadt (Abb. 31, 32) nach Asidin geritten und machte mir einen Morgenbesuch, während ich den adligen Fürsten al Kaf täglich am Nachmittag in seinem Hause begrüßen mußte. Das sind Pflichtbesuche, die an arabischen Fürsten-höfen üblich sind. Ein gutmütiger Mann in mittleren Jahren ist der Sultan Ali bin Mansur; ich schätze ihn, ebenso wie den Sayed Abu Bakr, außerordentlich. Doch eines

Tages sagte mir Ali, er könne den Sultan nicht leiden. Ob er ihm etwas getan hätte?
Oh nein, aber während ich in der Stadt war, sei er heimlich gekommen und hätte für
meine große Kiste besonderes Interesse gezeigt, die voller Filmrollen war und die
ich noch nicht geöffnet hatte. Was denn dort drin verborgen sei, es sei doch sicher alles
Geld; die vielen Taler, die ich inzwischen in Deutschland verdient hätte. Ali hätte
doch wohl den Schlüssel zur Kiste und solle einmal öffnen, da er sich an dem Anblick des
vielen Geldes erfreuen möchte. Er ist kein Sultan, sagte Ali verächtlich; er ist ein ganz
gewöhnlicher Bedu. Und doch ist er ein Sultan; ein guter Sultan, den seine Feinde
fürchten und den seine Beduinen sehr verehren. Die kleine Neugier verzeihe ich ihm
gern.

El Árafa steht vor der Tür. Dieses Fest, eines der größten der Mohammedaner, durfte
ich schon früher einmal in Hadramaut erleben. Dem diesjährigen Fest in Saiwun werde
ich nicht beiwohnen, ich habe andere Pläne. Die Stadt Shabwa ist mein Ziel, eine der
größten Städte des alten sabäischen Reiches, die nie zuvor ein Europäer betreten hat
(ein Engländer wurde bei einem Versuch, hineinzugelangen, von den Bewohnern zu-
rückgetrieben) und die nach Berichten der Beduinen so sichtbare Spuren einer großen
Vergangenheit zeigen soll.

Was ist dieses Shabwa? Zu welchem der vier Reiche hat diese Stadt gehört? Ein
Rätsel liegt über der Stadt und dem sabäischen Lande. Gewiß, die Inschriften, die aus
Marib und Behan durch Beduinen in Aden zum Verkauf gelangt sind, Inschriften, die
durch Glaser, von Wissmann und andere gesammelt und von Professor Mordtmann und
Professor Mittwoch entziffert wurden, geben uns Aufschluß über die alte Geschichte
Südarabiens. Doch jeder neue Fund wirft neue Schlaglichter und trägt dazu bei, das
Dunkel, daß über dem geheimnisvollen Lande schwebt, allmählich zu erhellen.

Drei Perioden können Mordtmann und Mittwoch* feststellen: die erste beginnt mit
der Gründung des sabäischen Reiches, etwa im 9. Jahrhundert v. Chr. von Marib aus.
Die Könige führen Kriege mit Ma'in, Qataban und Hadramaut, das Reich entwickelt
sich zu einer Großmacht. Um Christi Geburt beginnt die zweite Periode, die Periode
der Könige von Saba und Dhu Raidan. Mit dem Aufkommen der Hymjariten und der
Verschiebung des Machtzentrums vom Innern zur Küste, von Marib nach Zafar, endet
dieser Abschnitt im 3. Jahrhundert n. Chr. Hierauf nannten sich die Könige von Saba
und Dhu Raidan Könige von Hadramaut und Jamanat, das heißt des gesamten Jemens. Im 6. Jahrhundert endlich wird dieser letzte Abschnitt der sabäischen Geschichte
mit der Unterwerfung des Landes durch die Abessinier beendet.

* Sabäische Inschriften bearbeitet von J. H. Mordtmann und Eugen Mittwoch. Hamburg, de Gruyter
1931

Und in welche Zeit haben wir die Gründung Shabwas zu setzen? Ist Shabwa gleichzusetzen mit Saba, während man allgemein annimmt, daß Marib das alte Saba gewesen ist? Oder hat es vielleicht nacheinander mehrere Städte gegeben, die den Namen Saba geführt haben? Schon das Wort in seinen verschiedenen Ablauten besagt vieles: Sabotha – Shabwa – Saba. Wir wissen doch, daß das Machtzentrum, wahrscheinlich klimatischer Veränderungen wegen, sich allmählich immer mehr vom Innern nach der Küste zu verschoben hat.

Das Fest hatte noch nicht begonnen; acht Tage würde es dauern. Zu dieser Zeit wird kein Beduine eine Karawanenreise antreten. Sieben Tage blieben mir noch bis zum Beginn des Festes; sie genügten für den Aufbruch in die verbotene Stadt. Um keine Zeit zu verlieren, hielt ich überall Umschau nach Beduinen, deren Stammesplätze in oder um Shabwa liegen. Salim bin Hassan war der Beduine, den ich für mein Unternehmen gewann. Auf dem Markt von Saiwun fand ich ihn, gerade als er seinen letzten Sack Salz im Suk verkauft hatte. Es war gegen Abend. Er war im Begriff, aufzubrechen, und versprach mir. noch heute Nacht zu Sayed Abu Bakr zu kommen, um in dessen Gegenwart über eine gemeinsame Reise zu beraten. Doch zuerst müsse er zu den Leuten seines Stammes gehen, die außerhalb der Stadt an einem Platz, der sich Makan bin Mácheri nannte, auf ihn warteten.

Stunden vergingen; von Salim hörte ich nichts. Ich sandte einen Boten nach ihm aus, der ihn daran erinnern sollte, daß es einem Beduinen anstehe, sein Versprechen zu halten. Nach einer Weile erschien er dann auch mit Salim bin Hassan vom Stamme der Al Burêk im Hause Abu Bakrs, wo in Anwesenheit der ganzen Familie al Kaf die Verhandlungen für meine Reise geführt wurden. So einfach ging es mit Salim nun doch nicht. Wie jeder andere Beduine seines Stammes hatte er Furcht, einen Fremden mit sich nach Shabwa zu nehmen. Sein Stamm würde ihm auf jeden Fall Vorwürfe machen. Wer es als Fremder auch immer versucht hat, in die verbotene Stadt zu gelangen, ist von den angriffslustigen Beduinen der Al Burêk und der Al Qoráb beschossen und zurückgewiesen worden. Die Al Qoráb sind der zweite Stamm, der mit den Al Burêk das Gebiet um Shabwa beherrscht. Und darin liegt die Hauptschwierigkeit eines Übereinkommens. Kommt man mit Beduinen des einen Stammes, so gibt es Reibereien mit denen des anderen und umgekehrt. Erst kürzlich, während meines Aufenthalts in Hadramaut, war eine Karawane aus Shabwa überfallen worden und zwei Beduinen wurden getötet. Doch nachdem wir Salim eine ganz anständige Summe versprochen hatten, von der die Hälfte im voraus, die andere Hälfte nach Beendigung der Reise gezahlt werden sollte, erklärte er sich bereit, mit mir aufzubrechen, und zwar sogleich; wir wollten noch vor dem Fest in Irma sein, dem Wohnort meines Beduinen, der ganz in der Nähe Shabwas liegt. Noch in derselben Nacht machte sich Salim mit den anderen Beduinen seines Stammes auf den Weg, die ebenfalls vor dem Fest ihre Wohnplätze erreichen wollten. Ich selbst bekam von Abu Bakr am nächsten Morgen ein Auto gestellt, das mich über Schibam nach El Qatn brachte, dem Sitz des Sultans Ali bin Sala (Abb. 18).

Hier treffe ich die letzten Vorbereitungen, während ich Salim mit seinen Kamelen erwarte. Der Sultan stellt mir einen Geleitbrief an den Schech von Shabwa aus – einen Sultan gibt es dort nicht –, des Inhalts, daß den Beduinen aus Shabwa der Zutritt nach El Qatn und Hadramaut untersagt würde, wenn sie dem Fremden den Zutritt in ihre Stadt verweigerten. Sie würden also riskieren, wenn sie Schwierigkeiten machten, auf diese Weise das Hauptabsatzgebiet ihres Salzes zu verlieren. Ein sehr schöner Brief, aber vollständig überflüssig; denn wie sich später herausstellte, gab es überhaupt keinen Menschen in Shabwa, der des Lesens oder Schreibens kundig gewesen wäre.

Eine Nacht brachte ich im Palaste des Sultans Ali bin Sala, des früheren Sultans von Schibam, zu. Am Abend kam auch wirklich Salim mit zwei Kamelen, die mich und meinen Diener Ali Ismail am nächsten Morgen meinem Ziele näherbringen sollten. An Gepäck hatte ich nur das Allernotwendigste mitgenommen, denn ich wußte, wenn man in diesen Ländern mit großem Troß dahergereist kommt, gibt es Mißtrauen. Reis, einige Büchsen Konserven, Kaffee, Tee und Zucker wurden in den Satteltaschen verstaut. Den Kamelsattel, ein prächtiges Stück altarabischer Arbeit, mit einem Leopardenfell darauf, hatte ich vorher in Saiwun einem Beduinen abgekauft. Feldbett, Kochtopf und Wassersäcke waren auf dem zweiten Kamel, das Ali ritt, untergebracht. So verließen wir El Qatn, natürlich nicht ohne Leica und Kinoapparat.

Die versunkene Stadt

Glänzend und klar liegt vor uns die Wüste. Durch leicht gewellte, halbmondförmige Flugsanddünen windet sich der Weg. Noch befinden wir uns im Wadi; in großer Entfernung voneinander ragen rechts und links steile Felswälle mit tiefen Rissen empor. Burgruinen mit zerfallenen Mauern erinnern an kriegerische Zeiten.

Stunden vergehen. Auch Ali, der den neuntägigen Weg von der Küste nach Hadramaut zu Fuß gegangen ist, darf nun reiten. Stolz sitzt er auf seinem Kamel. Bisher hatten wir festen Boden unter den Füßen; wir kletterten über Steine und Felsen, die wild in die Landschaft gewürfelt waren. Doch jetzt beginnt der Sand, der das Gehen auf größere Entfernungen unmöglich macht. Die Wadi-Wände verschwinden allmählich ganz, wir sind wieder in der Wüste.

Drei Arten der Wüste kennen die Beduinen, denen sie auch besondere Namen geben. Eine steppenartige Wüste, die hier und da noch spärliche Vegetation aufweist und mit Steinen besät ist, heißt Sche'ib. Fester Lehmboden, flach wie ein Teller, ohne Steine, ohne Vegetation, wie man ihn in Arabien häufig antrifft, wird Djol genannt. Und Ramla ist die Bezeichnung für Sand, für den Sand, den die Winde Arabiens zu regelmäßigen Dünen aufgeschichtet haben.

Noch gibt es Siedlungen. Sfule heißt der Ort, in dessen Nähe wir uns jetzt befinden. Nur ein kleiner Teil der Stadt ist sichtbar, die vorgelagerten Dünen nehmen uns die

Sicht. Aber in regelmäßigen Abständen tönen einzelne Schüsse zu uns herüber. Ein Kleinkrieg ist hier im Gange, Beduinen belagern die Stadt. Der Streit geht um eine Wasserstelle, denn diese Gegend ist sehr wasserarm. Ein nicht seltener Vorfall in Südarabien. Uns stört es wenig. Wir werden den Ort nicht berühren; wir ziehen ruhig unseres Weges.

Doch der Frieden ist nicht von langer Dauer. Wir sind noch nicht aus Hörweite des Gefechtes, da ereignet sich auch schon der erste Zwischenfall mit einem fremden Beduinen, der recht ungemütlich wird. Wir haben inzwischen einen unserer Reisegefährten eingeholt, mit denen wir für einige Tage gemeinsam wandern. Man reist nicht gern allein in Südarabien, besonders außerhalb der Grenzen Hadramauts. Denn gerade das Gebiet zwischen Hadramaut und Jemen, das ich 1933 auf meiner zweiten Südarabienreise durchquerte und in dem ich mich nun wieder befinde, ist besonders gefährlich. Hier haben allein die Beduinen die Macht; kein Sultan oder König kann ihrer natürlichen Raublust Zügel anlegen. So finden auch wir uns wenigstens für die ersten Tage mit einigen Beduinen zusammen; später sind wir ganz auf uns selbst angewiesen.

Ambârak ist der erste, den wir treffen; ein Mann mittlerer Jahre mit einem schönen langen Bart, von ganz strengem und etwas mißtrauischem Gesichtsausdruck. Um diesen Ambârak geht jetzt der Streit. Und das kam so: Wir ritten gerade durch hohe Sanddünen, in deren Senken so recht die heiße Luft stehenbleibt, kein Lüftchen regt sich. Ein junger Beduine, eine prachtvolle, wilde Gestalt, taucht plötzlich hinter einer Düne auf. Lässig hockt er auf seinem Kamel und reitet eine Weile gemütlich neben uns her, aber sichtlich verstimmt, ohne zu reden. Plötzlich springt er herunter von seinem Kamel, erwidert kaum unseren Gruß, hält unsere Tiere an und verlangt einen Wegezoll. Ambârak, der temperamentvollere von meinen beiden Beduinen, fängt furchtbar an zu fluchen, aber der fremde Beduine redet sich in eine solche Wut, daß er am ganzen Leibe zittert, und verlangt auf der Stelle, hier in den Sand, acht Taler. Beide laden ihre Gewehre. Ambârak gibt nicht nach, auch er brüllt und schreit wie ein Besessener. Salim versucht zu beschwichtigen. Das nächste Mal, wenn wir zurückkämen, sollte er sein Geld bekommen. Ambârak beschwört es bei seinem Gewehr. »Hier, in den Sand«, schreit immer wieder der Beduine. Als jedoch alles nichts nützt, keine guten und keine bösen Worte – eine Stunde lang dauert schon dieser Wortstreit, und gerade in der größten Sonnenglut –, da reißt Ambârak Koffije und Agal vom Kopf und wirft sie seinem Gegner ins Gesicht. Ein Zeichen, daß er jegliche Achtung vor dem Stamme des anderen verloren hat.

Inzwischen reiten wir mit Salim voraus und überlassen die beiden Streitenden sich selbst. Denn uns geht die Sache ja eigentlich nichts an. Wieweit eine rechtliche Forderung an Ambârak bestand, habe ich nie erfahren. Bald darauf, als wir uns wieder in den Sanddünen befinden, hören wir Schüsse fallen und sehen, wie der freche Beduine von den Bewohnern des Ortes Eilanije durch Schüsse vertrieben wird.

Am frühen Nachmittag erreichen wir Guoda und rasten zum letzten Male im Hause eines Sultans alten Stils; ein prächtiger, richtiger alter Beduinenhäuptling, der noch den

Speer als Zeichen seiner Würde und als Waffe trägt. Einfach, aber unglaublich stilvoll, mit geschnitzten Türen und Fenstern und getäfelter Decke ist sein großer Palast, in dem auf altehrwürdige Weise arabische Gastfreundschaft gepflegt wird.

Guoda ist einer jener Kleinstaaten, wie sie in Hadramaut noch häufig anzutreffen sind. Der Sultan herrscht über eine Stadt und eine Anzahl Dörfer. Der ganze Bezirk ist durch Wachttürme, welche die Grenzen bestimmen, gedeckt. Die Beduinen dieses Staates gehören zum Stamme der El Hokman Náhedi.

Nach kurzer Rast geht es weiter. Zwei Soldaten des Sultans von Guoda begleiten uns noch bis zum Abend. Wir kommen nach Scheredjan. Bei Beduinen übernachten wir und gelangen am nächsten Mittag zu unserer letzten Wasserstelle, nach Al Bedúe. Aber das Wasser ist schlecht, für Tage müssen wir uns mit diesem brackigen Wasser versorgen. In Guoda hätten wir noch einwandfreies Wasser erhalten. Doch nun ist es zu spät. Ich hatte meinem Beduinen geglaubt, der behauptete, in Al Bedúe würden wir ausgezeichnetes Wasser finden, so daß wir die Kamele nicht vorher unnötig zu belasten brauchten. Beduinen trinken das trübe Wasser aus der übelsten Pfütze mit genau demselben Wohlbehagen, wie wir das köstlichste Quellwasser genießen. Fast immer sind sie immun gegen infiziertes Wasser. Ich dagegen trank möglichst nur gefiltertes oder abgekochtes Wasser.

Unsere Karawane ist inzwischen vollständig, aus dreißig Kamelen, vier Beduinen, einem Beduinenmädchen, meinem Diener Ali und mir selbst. Wir reiten auf alten Karawanenwegen, auf derselben Straße nach Jemen, die ich auf meiner letzten Reise benutzte, wo ich mich allerdings Shabwa nicht nähern durfte.

Wir befinden uns jetzt im Djol. Flach wie ein Teller ist die Landschaft. Von Zeit zu Zeit können wir unterirdische Wasseradern verfolgen, deutlich sichtbar an einem grauen Vegetationsstreifen, der allen Windungen und Biegungen der unterirdischen Ader folgt. Steinböcke und Gazellen suchen dieses Gebiet auf, um zu äsen. Mehrmals bekamen wir Rudel zu Gesicht, doch niemals hat ein Beduine ein Tier in meiner Gegenwart erlegt, wenn er sich auch noch so große Mühe gab und stundenlang dem Rudel aufspürte, gewaltige Strecken zu Fuß hinter den Tieren herrannte, ihnen den Weg abzuschneiden versuchte und sich dann wieder auf die Lauer legte, während die kleine Karawane ruhig ihres Weges zog.

Der dritte Tag bringt den ersten Fund. Zehn- bis zwölfstündige Märsche haben wir hinter uns. Links, nach Süden gerichtet, liegt die Mündung des Wadi Duchr, das sich gleich einem riesigen Sandstrom mit steilen Uferabstürzen in das Bachr es Sâfi ergießt. Diese Wüste bedeckt eine riesige Fläche, die von den Beduinen gefürchtet und nur in den Randgebieten betreten wird. Nachdem wir des Nachts nur wenige Stunden vor dem Wadi Duchr gerastet hatten, kamen wir am Morgen zu einem kegelförmigen Inselberg, Gar Nilbene genannt, der die Fortsetzung eines Gebirgszuges bildet. Beduinenkinder, die wir am Morgen trafen, sagten mir, daß es dort oben Inschriften im Fels gäbe, von denen aber meine Beduinen nichts wußten. Unser

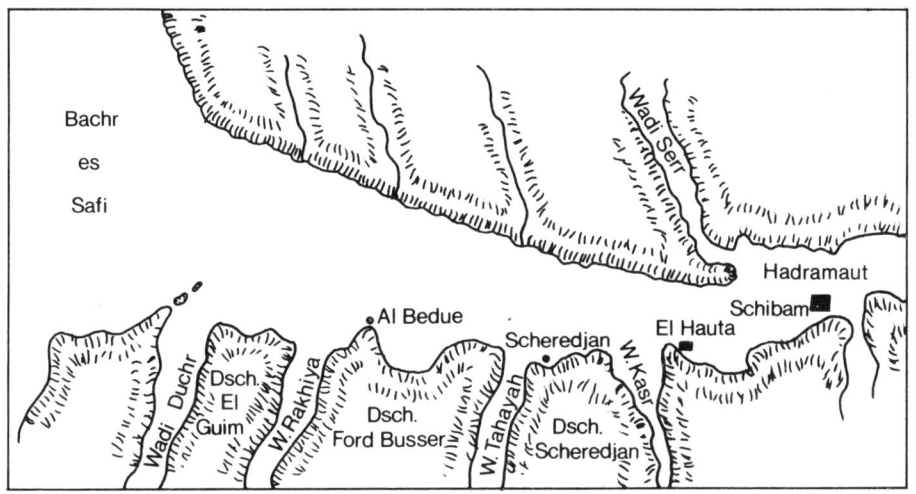

Weg führte auch nicht direkt am Berg vorbei. Ich sonderte mich jedoch von der Karawane ab und bestieg den Berg. Oben fand ich in den zum Teil gut erhaltenen Resten einer alten Stadt Inschriften mit sabäischen Schriftzeichen und am Fuße des Berges eine alte Brunnenanlage, die aber kein Wasser mehr führte.

Es ging weiter. Nach der Mittagsrast trennten sich unsere Wege. Drei Beduinen mit ihren Kamelen nahmen direkten Kurs nach Irma, während Salim, das Beduinenmädchen, Ali und ich mit nur drei Kamelen den Weg direkt nach Shabwa einschlugen (Abb. 43). Noch zwei Tage äußerst anstrengender Reise standen uns bevor. Einen Tag vor Shabwa verließ uns auch das Beduinenmädchen, allein auf ihrem Kamel ritt sie davon zu ihrem Stamm, der irgendwo in den Höhlen des Gebirges haust.

Wir wußten, daß die Bewohner der armseligen Beduinensiedlung, die heute auf den Resten der alten sabäischen Stadt steht, niemals gutwillig einen Fremden in ihre Stadt herein lassen würden. Aberglauben und Armut veranlassen sie zu solcher Haltung. Ungeheure Schätze vermuten sie unter den Trümmern der Stadt und wollen nicht, daß ein Fremder sich ihrer bemächtige. Trotz ihrer großen Armut – ihr einziger Erwerb besteht im Verkauf des Salzes, das sie in den Bergen finden – gewähren sie nicht einmal gegen Geld und große Geschenke den Zutritt zu dieser geheimnisvollen Stadt. Um doch hineinzugelangen, hatten wir einen regelrechten Kriegsplan entworfen. Wir wollten einfach bei Nacht die Stadt überrumpeln. Und das gelang uns auch. Keinem Beduinen begegneten wir, denn es war ja kurz vor dem Fest El Árafa, das jeder Beduine bei seinem Stamm verbringt. Etwa um zwei Uhr nachts näherten wir uns der Stadt, nachdem wir den ganzen vorigen Tag und die halbe Nacht geritten waren. Fast hatte ich es schon aufgegeben, daß wir noch diese Nacht unser Ziel erreichen würden. Da ragen gespenstisch einige Mauerreste aus der Wüste auf, und plötzlich stehen wir dicht vor der Stadt, von der ich einige Befestigungstürme, zerfallene Lehmbauten und eine kleine Moschee mit spitzem, kegelförmigen Dach erkennen kann. An den vier Ecken des quadratischen Baues sind dort, wo der Dachkegel ansetzt, Steinbockgehörne befestigt.

Es bemerkte uns niemand, alles schläft; kein Mensch vermutet unser Kommen. Vorsichtig schleichen wir die Anhöhe hinauf, tasten uns durch eine enge Straße. Keiner von uns spricht einen Ton, lautlos gehen wir weiter. In der Ferne schlägt ein Hund an. Dann ist wieder alles still. Wir stehen vor einem Rasthaus, Salim hat den Schlüssel dazu. In einem kleinen Vorhof lassen wir die Kamele sich niederlegen und nehmen ihnen schnell Sattel und Gepäck ab. Das Haus hat nur einen Wohnraum im Obergeschoß. Darunter befindet sich ein Raum zum Abstellen der Lasten. Eine schmale Stiege führt außen hinauf zu der Tür, die ins Innere des Wohnraums führt. Salim öffnet sie schnell, ängstlich drängt er mich hinein; jetzt in der Nacht darf mich dort niemand entdecken; alles wäre umsonst gewesen. Es ist vollständig dunkel im Raum, die hölzernen Fensterläden sind geschlossen, nur durch die Schießscharten fällt ein matter Schein spärlichen Mondlichts. Salim und Ali bringen schleunigst unsere wenige Habe und schließen sofort das Tor von innen wieder zu. Fürs erste sind wir geborgen. Aber wo befinden wir uns eigentlich? Ich kann es immer noch nicht fassen, daß ich mich wirklich mitten in der geheimnisvollen Stadt aufhalte. Völlig ermattet sinke ich auf mein Feldbett nieder; ein unbeschreibliches Glücksgefühl erfaßt mich, das mich vollständig vergessen läßt, daß ich mich ja eigentlich in einem Wespennest befinde. Noch ist es ruhig, jeden Augenblick jedoch kann eine ungeheure Erregung der Bevölkerung losbrechen, die mir Tod und Verderben bringt. Ich bin zu müde, um mich derartigen Gedanken hinzugeben. Augenblicklich sinke ich in tiefen Schlaf, der jedoch nur von kurzer Dauer ist.

Beim ersten Morgengrauen, noch ist es dunkel in unserem Raum, weckt uns aufgeregtes Stimmengewirr aus dem Schlaf. Rufe werden laut, ich höre deutlich die Stimme Ambâraks. Jetzt lenken Kamelreiter im Trab auf unser Haus zu, ich kann es gerade durch die Schießscharte erkennen. Elf Beduinen klettern schnell die Treppe hinauf, Salim öffnet ihnen die Tür, sie dringen polternd in unseren Raum ein. Es sind Beduinen der Al Burêk, unter ihnen Ambârak, der sie führt. Denn während wir selbst nach Shabwa gingen, hatte Ambârak in seinem Dorf zehn Beduinen seines Stammes für uns gewonnen, die in derselben Nacht auf ihren Rennkamelen, je zwei auf einem Tier, nach Shabwa geeilt waren und nun bei uns eintrafen. Dies Kommen war bei der Bevölkerung Shabwas nicht unbemerkt geblieben. Zuerst kommen ein paar junge Kerle; noch halb verschlafen schiebt einer den anderen in die enge Tür hinein, immer mehr Beduinen füllen den kleinen Raum, unter ihnen auch der Älteste des Ortes. Noch ist es dunkel im Raum, sie können mich nicht erkennen, ich liege in der hintersten Ecke. Bis mich einer entdeckt; plötzlich kommt er auf mich zu, reißt mir die Koffije vom Kopf und schreit: »Frengi, Frengi, ein Fremder ist bei uns eingedrungen!«

69 Das Bab el Jemen, eines der acht Stadttore San'as ▷

71 Die für Jemen typische Bauart. Über den mit hölzernen Läden verschließbaren Fenstern Alabasterscheiben mit Stuckverzierungen

◁ 70 Ein Minister des Imâm Jahya in San'a

72 Kuhmarkt in San'a. Der Rücken der Kuh wird als ›Reklametafel‹ benutzt

74 Das jemenitische Minarett ist aus Lehmziegeln zylindrisch ausgeführt, hat einen Umlauf und ist reich mit Gipsornamenten verziert

◁ 73 Auch in San'a gibt es Hochhäuser, aber ihr Stil unterscheidet sich wesentlich von dem der Hochhäuser Hadramauts

75 Der Unterbau des jemenitischen Hauses besteht aus behauenen Steinblöcken, die oft den sabäischen Ruinen entnommen sind. Darüber wird dann aus Lehmziegeln weitergebaut

76 Moschee und Minarett in San'a ▷

77 Der Sommerpalast des Imâm Jahya im Wadi Dhar
78 Typ der jemenitischen Beduinen, die hellhäutiger sind als die Beduinen Hadramauts ▷

79 Hatib. Jedes Sippendorf im westlichen Randgebirge des Jemen ist eine Festung

80 Terrassenkulturen im Dschebel Harraz

31 Menacha, die größte Ortschaft im Dschebel Harraz

32 Auf den kunstvoll angelegten Terrassen des Dschebel Harraz pflanzen die Jemeniten Kaffee und Kat

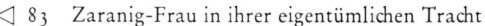

84, 85   Die Zaranig, die eigenständige Bevölkerung der Tahama, des Tieflandgürtels am Roten Meer, wohnen in Strohhütten

◁ 83   Zaranig-Frau in ihrer eigentümlichen Tracht

86, 87　Auch in der Tahama gibt es, wie in Zebid und Beit el Fakih, eine Architektur eigener Prägung

88   Mächtiger Festungsturm in Badjil

89   Der Gouverneurspalast in Hodeida am Roten Meer ▷

Ein wüster Lärm bricht aus, der sich in endloses Palawer ergießt. Aber das wollen wir ja gerade. Wir wollen vor allen Dingen die Leute hinhalten und ablenken. Und hierbei ist mein Diener Ali mir von großem Nutzen. Schnell hat er Kaffee gekocht, er bietet der ganzen Gesellschaft zunächst einmal einen Freundschaftstrunk an. Damit nicht genug. Aus meinen Satteltaschen holt er Reis hervor und kocht in dem letzten Wasser, das wir noch im Ziegenschlauch haben, ein wunderbares Reisgericht. Ein kleiner Rest Trinkwasser bleibt mir noch in meiner Feldflasche. Die Beduinen haben sich von der ersten Überraschung erholt, verfolgen mit gierigen Blicken meinen Ali, der sich mit seinen Kochkünsten die größte Mühe gibt. Und ich – mache mich schleunigst mit Filmkamera und Leica aus dem Staube. Ich versuche so schnell wie möglich die Stadt zu erkunden, die Lage der alten sabäischen Reste festzustellen und so viel wie möglich zu photographieren. Salim und zwei Beduinen begleiten mich, ihre Gewehre sind geladen und entsichert.

Auf drei Hügeln ist die alte Stadt erbaut. Jeder Teil ist ein Trümmerhaufen mächtiger Quadersteine. Der Sand hat den größten Teil der Bauten verschüttet. Über den Trümmern einer Stätte so alter Kultur hat ein armseliges Beduinenvölkchen, das kaum weiß, wovon es leben soll und nur salziges Wasser zu trinken bekommt, primitive Lehmhütten gebaut, deren Mauern von gut erhaltenen Steinen sabäischer Herkunft durchsetzt sind. Häßlich und unfreundlich sind diese Gebäude, verkommen und zerfallen. Wie ein böser Drache liegt ein Gewirr von verkommenen Behausungen über der alten Sabäerstadt. Ängstlich besorgt um die verborgenen Schätze, an die sie selbst nie herankommen können, bedrohen diese wilden Volksstämme jeden, der der Stadt zu nahe kommt, mit dem Tode.

Die drei Hügel sind im Halbkreis angeordnet. Auf einem der äußeren befindet sich das Rasthaus. Eine enge Straße führt von hier an einem zerschossenen Wachtturm vorüber bis auf die Kuppe des Hügels. Von hier gewinne ich den ersten Überblick. Frauen kommen schimpfend und schreiend aus den Häusern, sie werfen mit Steinen und Sand nach mir. Die Kinder sind schon friedlicher. Ich verspreche einem Beduinenjungen eine Belohnung, wenn er mich zu den Inschriften führt, die mit sabäischen Schriftzeichen in große Steinplatten eingeritzt sind. Nach Aussage der Beduinen muß es viele davon geben. Wir kommen zu dem zweiten, dem mittleren Hügel. Immer wieder will ich die Inschriften zu sehen bekommen, doch keiner getraut sich, sie mir zu zeigen. Salim behauptet, er wüßte die Plätze nicht. Fieberhaft suche ich selbst, immer wieder filmend und photographierend. Denn nur eine kurze Frist ist mir gesetzt. Immer lebhafter wird es in der Stadt. Gewaltsam zerren mich meine Beduinen weiter. Doch jetzt habe ich eine Inschrift gefunden. Als Schwelle zu einem Ziegenstall hat man den großen behauenen Stein mit den alten Zeichen darauf verwendet.

Immer weiter geht es, über riesige Quadersteine muß ich klettern und wieder hinauf zum dritten Hügel. Doch jetzt entdecke ich ein prachtvolles Bauwerk, die Reste des alten Königspalastes. In einer Mulde liegt er zwischen den Hügeln, nur zum Teil sehen seine klotzigen Mauerreste aus einem Haufen von Schutt und Geröll hervor (Abb. 50, 51). Ich stürze wieder hinab, meine Beduinen wollen mich zurückhalten, denn aufgeregt gestikulierend kommen drei Shabwa-Beduinen auf uns zu gerannt und wollen mich am Weitergehen hindern. Ich habe gerade noch Zeit, den Palast zu photographieren und ein paar Meter Filmaufnahmen zu machen und sehe ein, daß es höchste Zeit ist, zu unserem Rasthaus zurückzukehren. Im Laufschritt können wir gerade noch, eine andere Richtung einschlagend, unseren Angreifern entkommen. Es fallen Schüsse, unserem Salim ist nicht recht wohl zumute.

Im Rasthaus ist alles in hellster Aufregung. Ali weiß sich nicht mehr zu helfen, den Reis haben die Beduinen ihm vollkommen aufgegessen und machen nun Andeutungen, daß sie uns so leicht nicht wieder laufen lassen werden. Ich finde Ali in einer furchtbaren Verfassung; er packt schleunigst unser Hab und Gut zusammen, stopft es in die Satteltaschen, in den Chorudj; Feldbett und Decken bindet Salim zusammen. Doch ich lasse mich in meiner Ruhe nicht stören, knipse den Menschenauflauf vor unserem Haus aus der Schießscharte heraus (Abb. 53) und kaufe einem Beduinen schleunigst noch einen sabäischen Stein mit einer Skulptur ab. Erst dann verlasse ich das Haus. Es ist aber auch höchste Zeit, die Beduinen geraten jetzt wirklich aneinander. Immer mehr Schüsse fallen, ein Beduine versucht dem anderen das Gewehr zu entreißen. Ich selbst weiß nicht, welches unsere Gegner und welches unsere eigenen Beduinen sind, denn ich hatte sie ja, außer Ambârak, niemals vorher gesehen. Meine beiden Kamele sind schnell bepackt. Überall, auf den Zinnen und Dächern der Häuser verschanzen sich Beduinen (Abb. 52). Aber meine Leute verstehen es gut, die Aufmerksamkeit der Bewohner von Shabwa auf sich selbst zu lenken und die Schlimmsten von Ali und mir abzuhalten. Ich selbst gehe vor dem ersten Kamel, Ali vor dem zweiten. In Deckung der Kamelleiber verlassen wir eiligst die ungastliche Stadt, während Salim und meine elf Beduinen sich noch heftig mit den Einwohnern der Stadt herumschlagen. Immer wieder fallen Schüsse; von den Dächern der Stadt sausen sie hernieder, fahren pfeifend dicht an mir vorbei und schlagen vor mir in den Boden, so daß mir der Sand entgegenspritzt.

Lange dauerte es, bis wir aus der Reichweite der Geschosse sind. Wiederum hat unsere kleine Truppe uns aus einer schwierigen Lage gerettet, indem sie durch anhaltendes Geplänkel die feindlichen Beduinen von unserer Verfolgung abhielten. Etwa drei Kilometer bis an den Rand des Gebirges sind wir gekommen und warten auf unsere Leute. Nicht lange dauert es. Eine Horde Reiter jagt auf uns zu, wir können noch nicht unterscheiden, ob es unsere eigenen Beduinen oder ob es feindliche Reiter sind, die unsere Verfolgung aufnehmen. Erst das freudige Geschrei, mit dem sie ihre Rennkamele aufmuntern, gibt uns die Gewißheit, daß es die Unsrigen sind. Wir sind wieder glücklich vereint und für den Augenblick geborgen. Jetzt gilt es noch zwei Pässe zu überwinden, dann gäbe es keine Schwierigkeiten mehr; nach wenigen Stunden sollten wir in Irma sein unter der gastlichen Obhut Salim bin Hassans.

Abenteuer in der Wüste

Der erste Paß ist glücklich überschritten. Aber wir haben kaum noch Wasser. Mühsam schleppen wir uns den Berg hinauf. Völlig erschöpft durch die Strapazen der letzten Reisetage und die abenteuerliche Erforschung Shabwas kommen wir jetzt zum erstenmal wieder zur Besinnung. Es ist Mittag. Unter einer überstehenden Felswand finden wir für kurze Zeit Schutz vor der Sonne. In einem Ziegenbalg, den Salim in Shabwa unter dem Gepäck verborgen gehalten hatte, finden unsere elf Beduinen noch einen Rest Wasser, sie laben sich daran, aber jeder trinkt nur soviel, daß die übrigen auch noch etwas erhalten, sie haben es nach ihrer heißen Arbeit auch redlich verdient. Es bleibt nur noch ein kleiner Rest in meiner Feldflasche.

Die Beduinen reiten voraus, sie wollen unsere Ankunft in Irma melden. Jetzt hätten wir ja ihre Hilfe nicht mehr nötig, die große Gefahr einer einsetzenden Verfolgung wäre vorüber. Salim, Ali und ich rasten noch für kurze Zeit unter dem Felsen. Dann geht es weiter. Die Kamele schlurfen lässig die weichen Lederpolster ihrer Hufe über das heiße Gestein. Der Weg führt über eine ausgedehnte Hochebene und zieht gerade auf einer Senke zwischen zwei kegelförmigen Bergkuppen hindurch.

Enger, immer enger wird der Pfad. An beiden Seiten türmen sich dunkelbraune Geröllhalden auf. Wir haben die Mitte des Passes erreicht. Plötzlich krachen hintereinander drei Schüsse, deren Echo mehrmals von den Bergwänden zurückgeworfen wird.

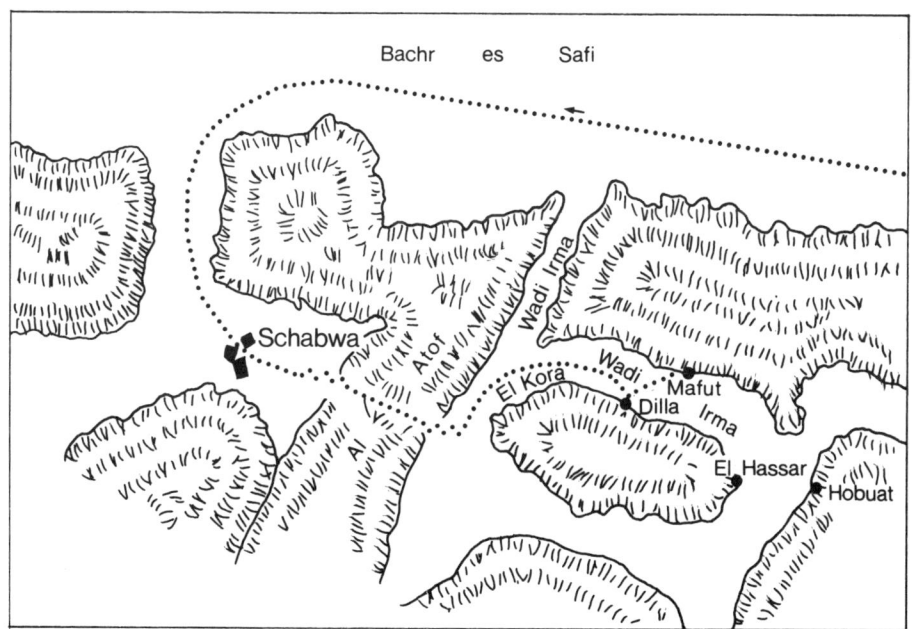

Aber wir sehen keinen Schützen. Salim ruft den unsichtbaren Beduinen zu: »Kommt doch herunter, was wollt ihr von mir, ich bin Salim vom Stamme der Al Burêk.«

Als Antwort folgen wieder einige Schüsse, unsere Lage wird ungemütlich. Dicht um uns herum schlagen die Kugeln auf dem Gestein mit hellem Klang auf. Hinter den Bergkuppen halten sich die Angreifer verborgen und stoppen unseren Weg. Ohne jede Deckung, ohne den Feind sehen zu können, bleiben wir auf dem Wege stehen, während Salim in alle Winde schreit, wir wären harmlose Reisende, sie mögen doch herunterkommen und sich davon überzeugen. Lautlose Stille, kein Schuß, keine Antwort.

Wir befinden uns dicht am Absturz eines Hochplateaus, in Windungen führt der Weg von hier hinab in das Wadi. Wir gehen wieder einige Schritt voran und gelangen an den Absturz. Da haben wir die Überraschung. Hier hat man uns also aufgelauert. Dreißig Mann stürzen wild schreiend auf uns zu, ein Anblick, der gerade kein beruhigendes Gefühl erweckt. Doch das Wichtigste ist, Ruhe zu bewahren. Ich bleibe einfach stehen, nehme meine Feldflasche vom Sattel, öffne sie, setze sie an den Mund und nehme ein paar lange Züge, es ist ja auch entsetzlich heiß hier.

Jetzt haben uns die ersten fast erreicht; ein junger Beduine, der vor Wut am ganzen Körper zittert, kniet vor mir nieder, entsichert sein Gewehr, legt auf mich an. Ein anderer, weniger temperamentvoller entreißt ihm das Gewehr, ein dritter faßt mich am Hals, der ich mich durch all die wilden Kerle nicht stören lasse und den letzten Schluck aus meiner Flasche nehme. Zwei andere ergreifen mich bei den Armen. Ich bin gefangen. Auch der lange Ali, der schon den ganzen Tag vor Angst gejammert hat, der einzige von uns, der sich wirklich fürchtete, wird nicht gerade sanft behandelt.

Die Beduinen, die uns hier überfallen, gehören zum Gabile Al Atôf (Abb. 1), einem Unterstamm der Al Qoráb. Sie hausen in den Bergen und haben keine festen Wohnplätze. Ihr Oberhaupt heißt Abdulla bin Abdulla.

Salim versucht vergeblich zu verhandeln. Sie verlangen von uns, wir sollten sofort wieder umkehren, denn diese Gebirge gehörten ihnen, und sie erlaubten keinem Fremden die Durchreise. Noch immer werde ich von den Beduinen festgehalten, ich kann mich nicht rühren. Alles, was ich besitze, wird untersucht. Leica und Kinoapparat sind in den Händen der Beduinen.

Ruhig und würdevoll erscheint nun Abdulla und gebietet seinen Leuten Ruhe. Die Beduinen kommen allmählich zur Vernunft, das Palawer kann beginnen. Ich biete ihm meine Hilfe als ›Hakim‹ an. Es könne doch sicher mancher von ihnen eine ›Daua‹, ein Medikament, gebrauchen, wenn er krank würde. Das läßt sich schon hören, eine solche Gelegenheit will man sich nicht entgehen lassen. Trotzdem wollte er ein Lösegeld. Wir befänden uns hier im Gebiet der Al Atôf und man würde uns keinen Schritt weiterziehen lassen, wenn wir nicht bezahlten. Ich selbst besaß nicht einen Taler. Ich hatte all mein Geld in Hadramaut gelassen, so konnte man mich wenigstens nicht bestehlen. Salim war vorher angewiesen, alle geldlichen Schwierigkeiten selbst zu regeln. Und das tut er auch jetzt. Es wird soviel und so lange herumgeredet und verhandelt, bis Abdulla bin Abdulla, der große Beduinenschech, mit – einem Taler zufrieden ist.

Guter Laune steigen wir allesamt hinab in das Wadi Irma, das sich in mattem Grün vor uns ausbreitet. Unter einem Dom-Baum rasten wir und halten eine friedliche Siesta, es beginnt der amüsante Teil des kleinen Abenteuers: die Verteilung der Medikamente. Jeder behauptet, von einem schrecklichen Leiden befallen zu sein. Der eine klagt über Kopfschmerzen, der andere über Bauchweh, wieder andere täuschen jämmerlichen Husten vor. Allen wird geholfen, keiner geht leer aus. Doch das Wichtigste ist ihnen, daß sie Medikamente für eventuelle Verwundungen erhalten. Ich gebe ihnen Verbandstoffe und Jod. So bilden wir zum Schluß eine kleine glückliche und zufriedene Gemeinde, wir sind bald die besten Freunde geworden. Ich nehme ihnen den unfreundlichen Empfang gar nicht mehr übel, sie sind die Herren der Berge und haben allein dort zu bestimmen. Ein Stück des Weges geleiten sie uns noch. Jener freche Beduine, der vorher wie ein wilder Tiger auf mich losgesprungen war, ist jetzt der freundlichste von allen, er sitzt hinter mir auf meinem Kamel und ist selig, daß er reiten darf. Dann trennen sich unsere Wege. Die Al Atôf kehren zurück in ihre Berge, während wir drei unser Ziel noch am Abend erreichen.

Irma ist bisher auch so gut wie unbekannt geblieben. Irma ist keine geschlossene Siedlung, sondern in einem Wadi gleichen Namens mit hohen, aber nicht sehr schroffen Seitenwänden liegen verschiedene kleine Ortschaften, die alle als Festungen mit hohen Wachttürmen gebaut sind. Das Wadi Irma zieht sich im Halbkreis um ein großes Bergmassiv herum. An den Hängen finden wir verschiedene Dörfer: El Kora, Dilla, Mafut, El Hussen, Hobuat, El Hassar und El Quere sind die Namen derer, die ich feststellen konnte. Fast alle Ortschaften sind miteinander verfeindet, obwohl die Bewohner der verschiedenen Plätze dem Hauptstamme der El Amer angehören. Unterstämme der El Amer, die ihren Hauptsitz in Mafut haben, sind die Al Burêk, Al Meschéa und Al Qoráb. Die Feindseligkeiten werden auch hier wie in Hadramaut hauptsächlich um das Wasser ausgetragen. Man sollte nicht glauben, daß das Wadi Irma mit seinen alten Dombaum-Beständen ein so wasserarmes Gebiet ist. Es hat wohl auch gute Zisternen gehabt, Grundwasser ist bestimmt reichlich vorhanden, aber die Wasserstellen sind versiegt, und neue sind bisher nicht gefunden worden. Man versteht es vielleicht auch nicht, an geeigneten Stellen tief genug zu graben. So müssen die Bewohner mehrerer Ortschaften sich das Wasser eines elenden Tümpels teilen, die einzige Wasserstelle in einer tiefen Senke im Wadi Irma. In dem kleinen Teich hat sich etwas Regenwasser angesammelt. Die Hauptregenzeit spendet Abessinien gewaltige Wassermassen und wirkt sich in den jemenitischen Bergen nicht unbedeutend aus. Die an Jemen angrenzenden Gebiete von Behan und Irma bekommen davon bisweilen auch noch etwas ab; so hat sich in der Senke unterhalb Mafuts ein Wasserreservoir für die ganze Landschaft gebildet. Acht Monate war es her, seit der letzte Regen gefallen war. Der Tümpel war fast am Austrocknen. Man kann es sich nicht vorstellen, in welchem Zustand das Wasser war. Grünlichgelb schillernd seine Farbe, eine völlig undurchsichtige warme Brühe, von Menschen und Tieren gleichzeitig als Bad und als Tränke benutzt.

Das war eine herbe Enttäuschung. Seit Tagen hatte ich mit Sehnsucht das frische Quellwasser, das mir Salim versprochen hatte, erwartet. Und nun war das Wasser schlimmer als ich es je auf meinen Reisen erlebt hatte. Drei Tage bin ich auf dieses Getränk angewiesen, denn wir stehen mitten in der Zeit des Festes, deren letzte Tage Salim im Kreise seiner Familie verbringen möchte. Und dann steht noch die Rückreise bevor. Sechs Tage werden wir kein Wasser finden. Für sechs Tage müssen wir unsere Ziegenbälge mit diesem entsetzlichen Wasser füllen.

Salims Haus befindet sich in Dilla. Wir halten feierlichen Einzug. Das ganze Dorf ist auf den Beinen, ich bin der erste Fremde, den die Bewohner bei sich aufnehmen. Salims Haus steht dicht neben dem großen Wachtturm. Aber ich habe zu ihm zunächst keinen Zutritt. Mein Lager müssen wir im Eselstall aufschlagen. Es ist noch nicht einmal ein Stall, sondern ein Hof mit hohen Lehmmauern und einem überdachten Torweg. Stroh und Häcksel liegt herum, und jeder Windstoß schüttet mir eine Wolke Staub ins Gesicht, so daß ich ganz entzündete Augen bekomme. Hier werden wir beide eingeschlossen, Ali und ich. An der Mauer schlage ich mein Feldbett auf. Man bringt uns Holz zum Feueranmachen, man bringt uns Milch und Brot, auch Wasser aus dem zweifelhaften Teich erhalten wir. Wir versuchen zunächst, mit dem Berkefeld-Pumpenfilter das Wasser vom größten Schmutz zu säubern, bringen aber beide nicht die Kraft auf, es durch den porösen Filterstein hindurchzupressen. Also wird es abgekocht. Eine Stunde lang lasse ich einen großen Topf mit Wasser über dem Feuer brodeln. Das über Nacht erkaltete Wasser füllen wir in meine vier Feldflaschen. Doch da es voller Sinkstoffe ist, ist es schon am zweiten Tag in den geschlossenen Behältern vollständig verdorben. Es bleibt uns also nur das mühevolle Filtern.

Am Tage nach unserer Ankunft in Dilla häufen sich die Besuche. Schubweise werden Beduinen, Männer, Frauen und Kinder hineingelassen. Alle wollen sie verarztet werden, das kleine Ereignis in den Bergen hat sich allzu schnell herumgesprochen. Doch bald ist mein Vorrat aufgebraucht.

Am Abend – die Besuche haben allmählich nachgelassen – kommt Ali, der gerade die letzten Gäste hinausgeleitet hat, mit einem Beduinen allein zurück. Dieser Mann aus El Kora hätte eine besondere Bitte, wenn ich sie ihm erfüllte, würde er mich großartig belohnen. Er sieht sich zaghaft um, ob uns auch niemand belauscht, dann teilt er mir leise sein Anliegen mit. Er möchte einen Zaubertrunk, um sich seiner Frau zu entledigen, die er nicht mehr leiden mag. Den Trunk, den er von mir verlangt, will er seiner Frau verabreichen, die sich daraufhin von ihm abwenden und einen anderen Mann begehren solle. Ein weißer Hakim müsse das können, er müsse auch ein Mittel besitzen, mit dem er seinen Feind töten könne. Doch hier versagte nun wirklich meine Kunst. Es hat lange Zeit gedauert, bis ich den Beduinen von meiner Machtlosigkeit in diesen Dingen überzeugen konnte.

Auch Frauen kamen und klagten mir ihr Leid. Fast alle litten sie an Kopfschmerzen. Die Beduinenfrauen dieser Gegend sind unverschleiert, recht hübsche Gesichter kann man unter ihnen finden. Schweren Silberschmuck tragen Frauen und Mädchen an Hals und Armen, lange Ketten und breite silberne Gehänge und Gürtel heben sich hell glänzend von ihren mit Indigo dunkelblau gefärbten Gewändern ab. Um die Fußgelenke haben sie breite erhaben verzierte Messingringe gelegt. Gerade das Fest El Árafa gab mir Gelegenheit, das weibliche Geschlecht in seinem schönsten Schmuck zu betrachten.

Dieses Fest wird von den Beduinen der Al Burêk nur ganz im stillen gefeiert. Geisterglaube ist unter den Beduinen stark verbreitet. Ein böser Geist, zu dessen Abwehr auch die Gräber auf dem kleinen Friedhof von Mafut Steinbockgehörne tragen, hat sich bei dem gleichen Fest im vergangenen Jahr über das ausgelassene Wesen eines Beduinen erzürnt und ihn während eines Tanzes mit einem Schlag getötet. Um den Dämon wieder zu versöhnen, wird jeglicher Lärm vermieden. Die großen Trommeln hängen in den Häusern an der Wand und werden nicht angerührt, nirgends ertönt der näselnde Klang einer Oboe oder Doppelklarinette, selbst zu singen und zu tanzen hüten sich die Al Burêk. Die Geister dürfen nicht herausgefordert werden.

Am dritten Tag erscheint der Schech des Ortes Mafut, der oberste Führer des Gabile El Amer. Er lädt mich ein, ihm in sein Haus zu folgen, mir zu Ehren hätte er einen Hammel geschlachtet. Wir verlassen unser dürftiges Quartier. Wir verlassen Dilla, schlagen einen Weg quer durch Durra-Pflanzungen und Dombaum-Bestände ein, kommen zum Teich, in dem die Kinder herumplanschen und werden von den Zinnen der kleinen Festung herab mit Salutschießen begrüßt.

Schech Omar ist ein gastlicher Mann. Soviel nur eben Platz haben, läßt er in sein Haus hinein, und alle werden bewirtet. Eng zusammengepreßt sitzen wir an den Wänden herum in einem großen Raum am Boden. Der Hammel ist auf dem flachen Dach geschlachtet. In der Mitte des Raumes wird ein anständiges Feuer unterhalten. Das Fleisch, in Stücke geschnitten und auf kleine Spieße gezogen, röstet Schech Omar selbst über dem offenen Feuer. Die Spieße werden herumgereicht, jeder zieht ein Stück Fleisch von dem Eisen und gibt es an seinen Nachbarn weiter. Schech Omar hat geröstetes Fleisch auf einen Strohteller gelegt, bringt ihn mir, setzt sich neben mich und steckt mir ein Stück nach dem andern in den Mund. Es schmeckt prachtvoll. Dann kommt der übliche Reis, ein riesiger Berg auf einer runden Strohmatte. Von allen Seiten greifen braune Hände in den schneeweißen Reis hinein, kneten sich kleine Ballen und stopfen sie gierig in den Mund.

Erst spät am Abend kehre ich nach Dilla zurück. Drei Beduinen begleiten mich. Auf Schleichwegen müssen wir von einer Deckung in die andere springen. Nachts halten sich im Wadi zwischen Feldern und Dom-Bäumen immer kampfeslustige Beduinen auf, die es auf irgend jemanden abgesehen haben und bei jeder Gelegenheit Streit anzufangen suchen. So gibt es bestimmte Beduinen, die auch am Tage nicht in die Ortschaften hineingelassen werden. Sie müssen außerhalb der Mauer vor dem Wachtturm warten und ihre Verabredungen auf freiem Felde treffen.

Vergeblich versuche ich Salim zu überreden, mit mir den direkten Weg südlich hinab zum Meer einzuschlagen. Die Stämme El Garamisch und Bel-Ubed würden sich uns den Weg versperren, meint er. Es bleibt uns nur der eine Weg, zurück nach Hadramaut.

Wir reisen wieder allein, Salim, Ali und ich. Keiner schließt sich uns an. Das Fest nimmt erst in zwei Tagen sein Ende. Doch vier Kamele führen wir jetzt mit uns, zwei Tiere sind schwer mit Salz beladen. Salz aus Shabwa, das Salim von einem anderen Beduinen erhalten hat und in Hadramaut zum Verkauf anbieten will. Salim geht vor uns und rechnet. Er rechnet den ganzen Tag herum und kommt doch niemals zu einem Ende. Er rechnet aus, was er mit dem vielen Geld beginnen soll, das er erhalten wird, wenn er mich glücklich nach Saiwun zurückgebracht hat. Das erste, das er sich kaufen wird, ist eine Frau. Er ist zwar schon im Besitz zweier Frauen, aber die wohnen in Irma. Jetzt wird er eine dritte kaufen, die nur für seinen Aufenthalt in Hadramaut bestimmt ist. Der gute Salim hat aber auch seine Sache recht ordentlich gemacht. Das Geld und die dritte Frau hat er redlich verdient.

In Saiwun müssen wir uns trennen. Brennend gern möchte mich Salim bis zur Küste geleiten. Aber es ist unmöglich. Als Beduine der Al Burêk darf er das Land der Se'ibani oder der Ma'ari nicht betreten. Ich bin also gezwungen, mit Beduinen der Ma'ari weiterzureisen. Aber auch das bringt Schwierigkeiten.

Über den Stamm meiner beiden Ma'ari-Beduinen ist Blutrache verhängt. Erst unterwegs erfahren wir davon von einem Mann, der uns begegnet. Wir ändern den Kurs und versuchen so schnell wie möglich, zum Stammesplatz meiner Beduinen zu gelangen. Ein Beduine der Ma'ari hat einen Beduinen eines anderen Stammes getötet. Die Blutfehde kann nur beendet werden durch den Tod eines Beduinen der Ma'ari. Das ist unumstößliches Gesetz der Wüstenstämme. Das wissen die Ma'ari und davor zittert der ganze Stamm. Um die Küste zu erreichen, müssen wir, meine beiden Beduinen und ich, das Gebiet unserer Feinde passieren. Wir schließen uns mit anderen zusammen, die auch zur Küste wollen, verstärken unseren kleinen Trupp und dingen noch einige Beduinen eines neutralen Stammes, die wir als Späher vorausschicken.

Sämtliche Beduinenstämme Hadramauts zerfallen in zwei Gruppen, in Gabile und in Schech. Kämpfe werden nur unter Gabile und Gabile, unter Schech und Schech ausgefochten, niemals unter Schech und Gabile. Meine Ma'ari gehörten zu den Gabile, die Späher zu den Schech. Die Schech sind unbedingt sicher, kein Beduine der Gabile wird ihnen ein Haar krümmen. Wir verleben zwei aufregende Tage und reisen so schnell als irgend möglich, um aus dem feindlichen Gebiet zu entkommen. Jeder Gebirgszug, jeder Felsvorsprung wird vorher von den Spähern abgesucht. Schließlich erreichen wir mit heiler Haut neutrales Land, das Land der Ma'adi.

Die höchsten Höhen des Gebirges sind genommen, immer tiefer kommen wir; jetzt geht es durch die Schluchten der Bege hinab in tropisches Küstengebiet. Nur langsam kommen wir voran, trotzdem wir nicht mehr so sehr unter der Hitze zu leiden haben wie auf dem Hinweg. Ein frischer Wind weht vom Meere zu uns herüber. Immer wieder muß ich meine Beduinen dazu antreiben, sich nicht zu lange an den Lagerplätzen aufzuhalten, denn nach meinen Berechnungen könnte jetzt gerade ein Schiff in Schechr eintreffen. Sollte ich den Dampfer verpassen, dann würde mir eine lange Wartezeit bevorstehen. Nur etwa alle drei Wochen kann man mit einem Schiff aus Aden rechnen.

Vor Sonnenaufgang verlassen wir den letzten Lagerplatz, um möglichst am frühen Vormittag in Schechr einzutreffen. Beduinen begegnen uns; wir fragen sie nach dem Dampfer. Am Tage vorher ist auch wirklich die alte ›Afrika‹ in Schechr eingetroffen. Doch die Beduinen wüßten nicht, ob das Schiff nicht bereits den Hafen wieder verlassen hätte.

Wir reiten weiter. Immer wieder treiben wir die Tiere an. Wie langsam ist doch ein solcher Kamelritt! Seit einer Stunde sehen wir schon das Meer und die Stadt mit ihren Mauern und Türmen vor uns. Doch einen Dampfer sehen wir nicht.

Wieder begegnen uns Beduinen; auch sie geben nur unbefriedigende Auskunft, sie können uns nicht sagen, ob das Schiff noch auf der Reede von Schechr liegt. Vielleicht nähmen uns die Häuser der Stadt die Sicht. Und so ist es auch. Die ›Afrika‹ schaukelt noch auf der schweren Dünung des Indischen Ozeans, die Ladung ist gelöscht, die letzten großen Ruderboote machen vom Dampfer los, man will die Anker lichten. Als ich die Stadt erreiche, habe ich kaum noch Zeit, meine Freunde in Schechr zu begrüßen. Ich steige vom Kamel auf die Schultern der schwarzen Träger, die mich durch das seichte Wasser in ein Boot tragen. Freudig werde ich vom Kapitän und seinem kleinen Stabe begrüßt. Doch ich bin ein anderer geworden, als der, den die ›Afrika‹ vor Monaten hierher brachte. Die Beschwerden eines südarabischen Beduinenlebens gehen nicht ohne Spuren an einem Europäer vorüber.

Um Shabwa ist ein Geheimnis.

Unsäglich mühsam und gefahrvoll war diese Reise, die einer alten versunkenen Stadt in der Wüste galt. Der ewige Wüstensand deckt sorgsam seinen Schleier über diese Stadt. Was ich fand, war überraschend und großartig. Aber das, was sich auch mir verschloß, die Schätze im Innern tief unter Trümmern verborgen, kann erst die Lösung des Rätsels bringen.

Bevor ich diese Zeilen beschließe, möchte ich jedoch einige Berichte klassischer Schriftsteller folgen lassen, die uns über die einstige Bedeutung dieser alten Wüstenstadt wertvollen Aufschluß geben. Ihre Angaben, die mir zum Teil erst nach meiner Reise zugänglich wurden, konnte ich durch meine Beobachtungen in Shabwa zum größten Teil bestätigen. Zunächst wollen wir einigen arabischen Quellen Beachtung schenken.

Bei Hamdani († 945 n. Chr.) finden wir folgende kurze Notiz. »Shabwa ist eine Stadt der Himjar. Den Himjar gehört einer von den beiden Bergen des Salzes, der andere gehört den Leuten von Marib.« Naswâ († 1117 n. Chr.) berichtet in dem Werke ›Schams al-Ulûm‹ nur, Shabwa sei der Name einer Stadt der Himjar in Hadramaut gewesen. Demnach wurde damals schon eine Landschaft mit Hadramaut bezeichnet – in der Bibel heißt sie Hasarmâwet –, die zeitweise dem sabäischen Reich einverleibt war. Dieser Ansicht ist auch Plinius († 79 n. Chr.), der in seiner ›Historia Naturalis‹ schreibt, die Atramitae (Hadramauter) seien ein Teil der Sabaei, deren Hauptstadt Sabotha, das arabische Shabwa, sechzig Tempel innerhalb seiner Mauern beherberge. Auch von einem König, der über das Reich Kanê regierte und der seinen Sitz in Shabwa hatte, hören wir. Im ›Periplus‹ wird von Kanê berichtet, dem Königreich des Eleazos: »Im Lande liegt die Hauptstadt Saubatha, in welcher der König wohnt. Der ganze Weihrauch, der in dem Lande gewonnen wird – das Land muß einen großen Küstenstrich besitzen –, wird mit Kamelen und auf Booten und Flößen, die nach Landessitte aus aufgeblasenen Schläuchen verfertigt sind, zur Aufspeicherung dorthin gebracht.« Gemeint ist wohl, daß der Weihrauch zunächst von entlegenen Küstenplätzen zu einem Hafen, der mit Kanê bezeichnet wird, als Sammelplatz gebracht wurde. Von hier aus gelangte er dann mit den Karawanen nach Saubatha-Shabwa.

Welche Bedeutung gerade der Weihrauchhandel in Arabien gespielt hat und welche Rolle Shabwa im Altertum beigemessen wurde, erfahren wir am anschaulichsten ebenfalls durch Plinius. Er schreibt in der ›Historia Naturalis‹: »Weihrauch gibt es außer in Arabien in keinem anderen Lande, und nicht einmal in ganz Arabien. Ungefähr in der Mitte des Landes wohnen die Atramitae, ein Gau der Sabäer mit der Hauptstadt des Reiches, Sabotha. Auf einem hohen Berge liegt sie; von hier ist die Weihrauch tragende Gegend, die Sariba heißt, acht Tagesreisen entfernt. Sariba, sagen die Griechen, bedeute Mysterium. Sie ist nach Nordosten gelegen und überall durch Felsen unzugänglich, auf der südlichen Seite befindet sich ein durch Klippen gesperrtes Meer.« Demnach müßten gerade die Küstengebiete am Indischen Ozean die hauptsächlichsten Weihrauchpflanzungen zur Zeit der alten Sabäer besessen haben. Auch heute noch ist das Land des Weihrauchs in Südarabien das Küstengebiet um Dhufar herum, das zum Mahra-Lande gehört. In Hadramaut selbst wird heute weniger Weihrauch gewonnen. Wenn man von Shabwa auf dem kürzesten Wege die Küste erreichen will, so benötigt man ungefähr acht Tage Karawanenreise und würde in der Nähe von Husn al-Ghorâb ans Meer gelangen. Und Husn al-Ghorâb ist das alte Kanê, auch hier befinden sich zahlreiche sabäische Inschriften.

Weiter heißt es bei Plinius: »Der gesammelte Weihrauch wird auf Kamelen nach Sabotha gebracht, auf einem Wege, von dem abzuweichen die Könige als Todesverbrechen erklärt haben. Nur ein Tor steht in Sabotha den Weihrauch-Karawanen offen. In der Stadt nehmen die Priester den zehnten Teil – dem Maße, nicht dem Gewichte nach – für den Gott, den sie Sabis nennen; vorher darf kein Weihrauch in den Handel kommen.« Sabis ist wohl das arabische Wort ›Schams‹, das ›Sonne‹ bedeutet. Wir wissen auch aus anderen Quellen, daß neben dem Mondgott Sin der Sonnengott im Reich der Sabäer verehrt wurde.

Zwischen Sabotha und Marib liege Thomna, berichtet Plinius weiter, und über Thomna führe eine berühmte Karawanenstraße nach Mekka und weiter nach Gaza am Mittelländischen Meer. Auf diesem Wege längs durch ganz Arabien wurde der Weihrauch in sechzig Kamelreisetagen vom Zentrum des Weihrauchhandels an die Küste des

Mittelmeeres gebracht, um von hier aus in die Hände der Griechen und Römer zu gelangen. Noch heute zeugen Funde römischer Münzen in Südarabien von den Handelsbeziehungen der Römer mit den Sabäern.

Heute suchen wir vergebens die endlose Reihe schwer mit Weihrauch beladener Kamele, die eine prunkvolle Stadt, die sich Shabwa nennt, verläßt. Versiegt sind die Quellen und Gewässer, die reiche Gärten und Pflanzungen vor den Mauern der Stadt speisten. Immer tiefer hat sich die grausige, unerbittliche Wüste Arabiens, das Bachr es Sâfi, in die schroffen Randgebirge des Landes hineingefressen, hat blühende Kulturen verschlungen und ganze Städte mit ihren Tempeln und prächtigen Bauten verschüttet. Mit dem Weihrauchhandel haben diese Gebiete Südarabiens nun nichts mehr zu tun.

Shabwa besteht auch heute noch: eine Ruinenstadt aus der frühen Geschichte Arabiens, eine Stadt von gewaltigen Ausmaßen im biblischen Zeitalter. Was nur ein Name war, hat Gestalt angenommen: ich habe gesehen, daß die Spuren der Stadt nicht gänzlich verwischt sind, Tempel und Paläste einer glanzvollen Zeit haben Wüstenstürme und Kriege überdauert und ragen gespenstisch in die glühend heiße Tropensonne. Das ist alles, was von den glanzvollen Tagen einer sabäischen Königsstadt im Herzen Südarabiens übrig blieb. Doch unter dem Sande schummern noch Schätze, die zu ergründen einer späteren Zeit vorbehalten bleibt.

Sabäische Münze mit hellenistischem Einschlag.
Fundort Shabwa

Rückseite der sabäischen Münze
aus Shabwa

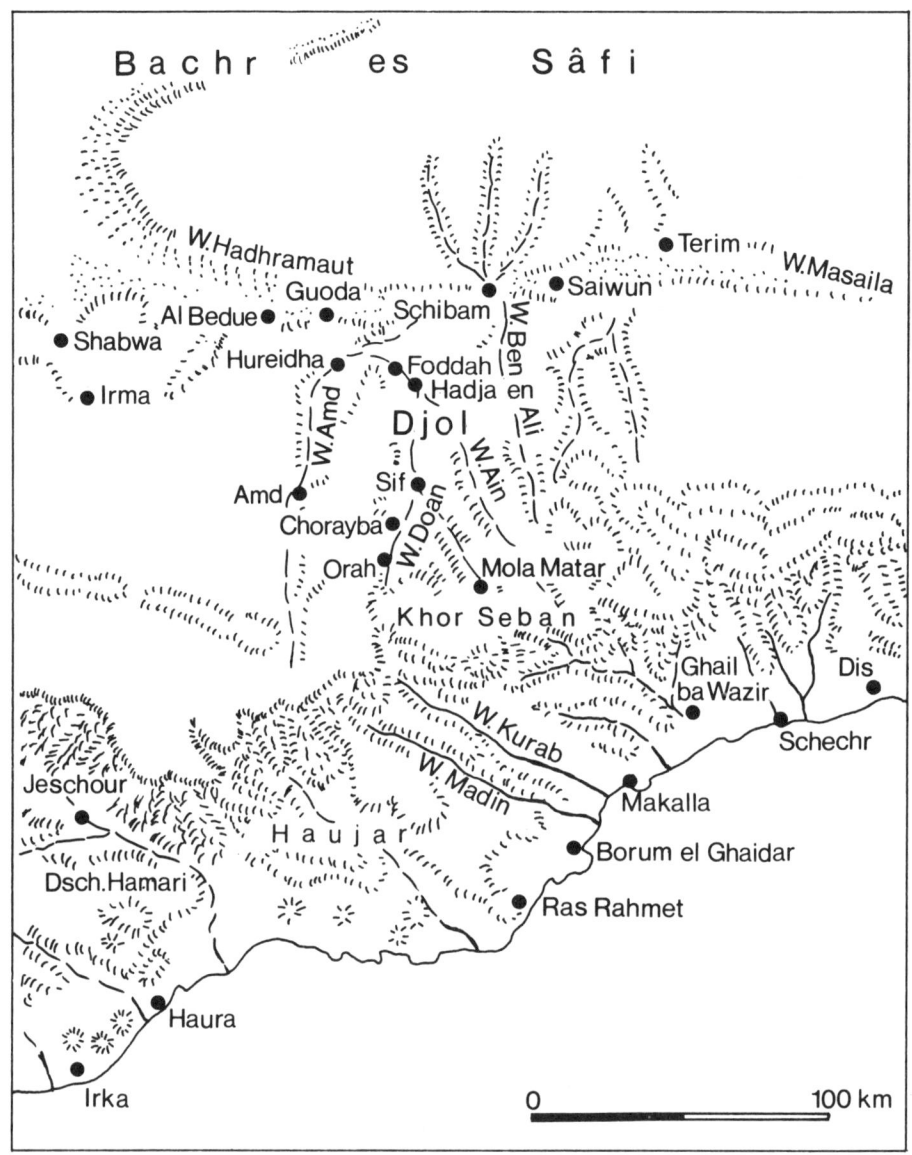

Durch dieses Gebiet reiste Helfritz auf seinem Wege nach Shabwa

Dokumentationen zu Hans Helfritz' Reisen durch Südarabien

Harry St. John Bridger Philby

Der englische Arabienforscher, 1885 auf Ceylon geboren, seit 1903 im britisch-indischen Verwaltungsdienst, war 1915 politischer Agent im Irak, 1917/18 in Arabien. 1920 hielt sich Philby (als Muslim: Abd Allah) im Irak und in Transjordanien auf, 1932 durchquerte er die Wüste Dahna. 1939 veröffentlichte er in London bei Methuen & Co als viertes seiner Arabien-Bücher den Band ›Sheba's Daughters, being a Record of Travel in Southern Arabia‹. Die Seiten 118–120, 182, 228, 229 und 237 nehmen Bezug auf die abenteuerlichen Forschungsreisen von Hans Helfritz, von denen das vorliegende Buch berichtet. Schon im Dezember 1936 war Helfritz auf Philbys Veranlassung hin von der Royal Central Asian Society in London zu einem Vortrag über seine Südarabienreisen eingeladen worden, dem weitere Vorträge in allen größeren Städten der USA folgten.

Bei Philby heißt es:

»Als ich Najran gerade verlassen wollte, erhielt ich noch ein großes Bündel der Times, mit deren Lektüre ich, als ich nach Süden reiste, meine geringe Freizeit verbrachte. Durch einen seltenen Zufall – gerade vor dem Aufbruch durch die Wüste auf der Suche nach Shabwa – hatte ich in Shudhaif die jüngste Ausgabe, die Times vom 26. Mai 1936, zur Hand, in der sich eine Rezension von Freya Starks Buch ›The Southern Gates of Arabia‹, das kürzlich verlegt wurde, fand. Da las ich nun: »Mrs. Starks Ziel war die antike Stadt Shabwa, deren sechzig Tempel bislang noch nie ein Ungläubiger zu Gesicht bekommen hatte.« Also durchstreifte ich während dieser ersten Tage die Ruinen von Shabwa in der Vorstellung, daß ich der erste Europäer (wenn auch kein Ungläubiger) war, der sie erblickte. Bei der Rückkehr von Hadramaut war ich besser informiert....

Einige Monate später, als ich nach der Pilgerfahrt mit einer fieberhaften Erkrankung in Mekka zu Bett lag, las ich ›The Southern Gates of Arabia‹, und meinem fiebernden Verstand war es, als leitete mich eine Frauenhand sanft durch die vertraute Gegend des Todestals, während eine weibliche Stimme mir voller Charme die Menschen, die ich kannte und die Stätten, die ich gesehen hatte, beschrieb.

Und doch erschien es mir seltsam, daß sie, die so viel des örtlichen Klatsches kannte, die Geschichte von Hans Helfritz und seinem erfolgreichen Besuch in Shabwa nicht gehört haben sollte, als sie selbst ernsthaft erkrankt in Schibam lag. Vielleicht hatten ihr die freundlichen Gastgeber, besorgt über ihren traurigen Zustand, diese Nachricht vorenthalten. Aber natürlich wußte sie, daß Helfritz sich zu dieser Zeit in Hadramut aufhielt und eine Reise zu eben dem Ziel plante, das sie selbst im Auge hatte. Tatsächlich wurde sie – wie sie ausdrücklich feststellt – täglich über seine Aktivitäten informiert. Sie hatte Freunde im Tal, die versprochen hatten, seine Pläne zu desavouieren, so daß sie als erste in Shabwa ankommen würde. Und sie läßt erkennen, wie selten voreingenommen sie gegen den Mann war, den sie zwar bei anderen Gelegenheiten, aber nie in diesem Zusammenhange erwähnt. Sie gibt sogar zu, daß »mein Gefühl derart war, daß ich mich über den Gedanken nur freuen konnte«, als ihre Gastgeber »der freundlichen Hoffnung Ausdruck gaben, daß ein Unfall oder ein plötzliches Ableben ihn auf dem Weg nach Shabwa erreichen könne«.

Dann erhielt sie die Nachricht, daß der junge Deutsche aufgebrochen sei. Er hatte auf dem Marktplatz von Saiwun einen Beduinen angeheuert und den sofortigen Aufbruch veranlaßt.. »Ich schämte mich«, gibt sie zu, »daß es mir derart nahe ging, wenn andere meine Stadt vor mir erreichten; dieses Der-erste-sein-wollen ist sicherlich keine sehr ehrenwerte Leidenschaft«. »Der Deutsche«, fährt sie fort, »erreichte El Qatn und reiste weiter. Der Sultan ließ mir mitteilen, wenn sie auch das neue Dorf erreichen würden, könne sein Beduine ihn bestimmt nicht zu der antiken Stadt bringen, die einen Tagesritt entfernt liegt. Ich glaubte, der Sultan wolle mir nur etwas Freundliches sagen, aber es stellte sich als wahr heraus.«

Monate später erhielt sie folgende Nachricht aus Schibam: »Der Deutsche kam von Shabwa zurück .... und er berichtete, dort seien eine Mine, Öl und Gold zu finden. Er hatte nicht viel Glück, er konnte nur einen halben Tag dort verbringen, weil ihn die Einwohner vertrieben ...... Er ging in die Vororte von Shabwa, aber sie ließen ihn nicht ganz hinein.« »Der Sultan«, so schließt sie das Kapitel, »hatte recht behalten: die antike Stadt mit ihren sechzig Tempeln erwartet noch den Entdecker«.

Diese Ereignisse fanden in den ersten Monaten des Jahres 1935 statt. Freya Starks Buch wurde 1936 in England veröffentlicht. Aber Hans Helfritz, der ihr in Shabwa zuvorgekommen war, war wiederum der erste: der Bericht seiner Abenteuer erschien unter dem Titel ›Geheimnis um Schóbua‹ noch 1935 in Deutschland. Es scheint seltsam, daß weder die Autorin von ›The Southern Gates of Arabia‹ noch der Rezensent der Times von der früheren konkurrierenden Veröffentlichung Kenntnis gehabt hatte, eine Kenntnis, die ihre Ansichten völlig verändert hätte.

Helfritz und seine Leute kamen plangemäß mitten in der Nacht an und besetzten die Hütte, die ankommenden Reisenden als Karawanserei dient. Bei Tagesanbruch erschienen Einheimische, um die Ankömmlinge in Augenschein zu nehmen. Die Entdeckung, daß ein ›Faranji‹ darunter war, versetzte sie in unvermeidliche Aufregung. Während die aufgebrachten Bürger von Shabwa bei Kaffee und Frühstück berieten, nicht ob, sondern wie sie ihn töten sollten, machte sich Helfritz heimlich mit seinen beiden Kameras auf den Weg und ›schoß‹ Bilder der Ruinen. Dabei wurde er von der erregten Menge angegriffen und mit seiner Begleitung von einem Kugelhagel empfangen. Auch jetzt vergaß er nicht, Schnappschüsse zu machen, während er der Gefahr zu entkommen trachtete. Wahrscheinlich hatte er dort nicht mehr als eine Stunde Tageslicht zur Verfügung, aber die wußte er gut zu gebrauchen. Sein Mut und seine Kaltblütigkeit angesichts einer wirklich ernsten Gefahr verdienen sicherlich die wärmste Anerkennung.

So ist es nun an mir, den Lorbeer des Siegers auf das Haupt Hans Helfritz' zu legen, des ersten Fremden, der die antike Stadt Shabwa betrat. Für kurze Zeit trug ich den Lorbeer selber, stolz, aber in Unkenntnis der Wahrheit, bis ich eines Abends in Saiwun einen Mann traf, der mir den wahren Sachverhalt darlegte. Zu dieser Zeit kannte ich nur Helfritz' Buch ›Land ohne Schatten‹*), in dem er berichtet, wie er auf seinem Weg nach Behan und dem Jemen an Shabwa vorbei reist, offensichtlich ohne zu wissen, daß es einen Besuch wert sei. Ich wußte nichts von seinem späteren Abenteuer und forderte von meinem Informanten einen Beweis für seine Aussage. Er zeigte mir eine Geschenkausgabe von ›Geheimnis um Schóbua‹ und ich konnte nicht umhin, meinen Irrtum einzugestehen. Des weiteren wußte er zu erzählen, welch regen Anteil die Gesellschaft von Hadramaut an dem Wettlauf der Engländerin mit dem jungen Deutschen genommen hatte, und wie der letztere mit wenig mehr als seinem eigenen Verstand und der Gnade Gottes das Rennen gemacht hatte. Der schien nun mit dem Ergebnis ganz zufrieden zu sein, und es ist durchaus möglich, daß er dabei seine Hand mit im Spiel gehabt hat. Hans Helfritz ist sicherlich nicht ohne Freunde in Hadramaut. Schon daß er seinen Freunden im Tal Exemplare seiner Bücher zusendet, spricht ihn frei von bösen Absichten. Und vielleicht hält man ihn für weniger gefährlich, als den stolzen Engländer, der freundlich, aber von sich eingenommen durch das Land stolziert. . . .

. . . .

---

*) Teil I des vorliegenden Buches

Sayed Saqqaf hatte eine Vielzahl von Gästen geladen, die mich kennenlernen sollten, darunter einen Hadrami-Bürger von Mekka, der nach einem längeren Aufenthalt in seinem Haus in Wadi Do'an hier angekommen war. Der Empfangsraum des Bungalows wurde auf zwei Seiten von einer breiten Veranda eingeschlossen, auf der wir uns bei einer Tasse Tee bis zum Abendessen unterhielten. Das Hauptthema war unausweichlich die neue Autostraße nach Mekka, an der sie sehr interessiert waren. Im Verlauf des Gesprächs kam jedoch auch das Thema Shabwa auf, wobei ich in Erfahrung bringen mußte, daß Hans Helfritz meinem Besuch in der alten hymjaritischen Hauptstadt um achtzehn Monate zuvorgekommen war. An jenem Abend, nachdem ich mich angeblich zum Schlafe zurückgezogen hatte, blieb ich auf und las Helfritz' Geschichte des packenden Abenteuers, das seinen Erfolg im wesentlichen seinem Mut und seiner Findigkeit verdankt. Ich fühlte eine gewisse Befriedigung darin, daß ich zwar nicht Shabwa, aber wenigstens seinen Entdecker entdeckt hatte. Und irgendwie fühlte ich genauso wenig Enttäuschung über diese neue Entdeckung wie darüber, daß ich Shabwa selbst so bedeutungslos angesichts des Aufhebens gefunden hatte, das man davon machte . . .
. . . .

Colonel Lake wünschte – und dieser Wunsch wurde unterstützt von dem Colonial Office –, daß ich die Erlaubnis der Residency in Aden hätte einholen sollen, bevor ich die Stätten besichtigte, die ich im Verlauf meiner Reise besuchte. Meine Antwort auf diesen Wunsch ist schlechterdings einfach und knapp. Hätte ich um Erlaubnis gefragt, wäre sie sicherlich verweigert worden; und im Falle der Gewährung hätte sie mir nicht das geringste genützt. Um den zweiten Punkt vorweg zu nehmen, der einzige Mensch, der vor mir es geschafft hatte, Shabwa zu besuchen, Hans Helfritz, tat es ohne irgendeine Erlaubnis und sogar einem erheblichen Maß an Widerständen zum Trotz. Andererseits hatten einige Personen die Erlaubnis und den Segen Adens gehabt, Shabwas Jungfräulichkeit zu bezwingen: deren Unternehmungen aber sind alle fehlgeschlagen – Rickards, Boscawen, Freya Stark (obwohl es in ihrem Falle Krankheit war, die ihren Versuch verhinderte), Norman Pearn und die erste Flugexpedition von Aden. Zumindest muß die Tatsache betont werden, daß die beiden ersten erfolgreichen Besuche in Shabwa ohne die Erlaubnis oder Unterstützung von Aden stattfanden. Wir waren die Pioniere, Helfritz und ich, und erst in unseren Fußstapfen konnte die vielgerühmte, zweite Luftexpedition aus Aden die Stätte besuchen. Man kann es uns kaum übelnehmen, daß wir als erste dort gewesen sind. Unsere Ablehnung, um eine solche Erlaubnis nachzusuchen, ist meiner Meinung nach dadurch schon ausreichend gerechtfertigt, daß wir unsere Nachforschungen auch ohne die Erlaubnis Adens zu einem erfolgreichen Ende bringen konnten.

Lowell Thomas

Im Anschluß an Hans Helfritz' Südarabien-Vorträge in den USA veröffentlichte
L. Thomas im März 1938 im Commentator ein Interview mit dem Verfasser unter
dem Titel ›Hans Helfritz, Musical Explorer‹. Daraus bringen wir diese Auszüge:

*»Mannigfaltig und verzweigt sind die Wege, auf denen Menschen zu Entdeckern
werden. Aber keine Motive dürften unüblicher gewesen sein als die, die Hans Helfritz aus Deutschland dazu bewegten, als erster Europäer die verlorene Stadt Shabwa
zu betreten.*

*Die Geschichte von Hans Helfritz ist eine der erstaunlichsten, die ich in den Annalen
der Geographie kenne. Er gestand mir eines Tages, daß es nicht Leidenschaft zur
Archäologie oder Reiseleidenschaft gewesen seien, die ihn in die mörderische Wüste des
südlichen Arabiens trieben. Es war die Musik. Er machte sich nicht auf, um Länder,
sondern um Melodien kennenzulernen. Bevor er einer der größten neuzeitlichen Erforscher wurde, war er Cellovirtuose und ein brillanter Komponist. (Auf dem Cello in
Übung zu bleiben ist nicht so einfach, wenn man sich auf einem Kamelrücken durch
die Rub'al Khali schleppt.)*

*So kam es, daß Helfritz sich als Student der Musikgeschichte vor etwa acht Jahren
auf Reisen in das südliche Arabien vorbereitete. Er hatte sich vorgenommen, die Ein-
geborenenmusik der Beduinen zu erforschen. Helfritz begann mit Reisen in Ägypten,
Palästina und Mesopotamien, wo er Arabisch lernte und sich mit den Sitten und Ge-
bräuchen einschließlich der Musik ihrer Bewohner vertraut machte. Hier waren seine
musikalischen Forschungen noch einfach. Aber je mehr er lernte, desto mehr reizte es
ihn, auch über die unerreichbarsten und fremdenfeindlichsten aller Beduinenstämme
im Gebiet zwischen dem Roten Meer und dem Arabischen Golf nördlich von Hadramaut etwas in Erfahrung zu bringen.*

*Drei Expeditionen unternahm er zu diesen Stämmen. Er erreichte sein Ziel, indem
er auf Wachswalzen perfekte Aufnahmen der Musik und der Volkslieder der Beduinenstämme heimbrachte. Seine Fotografien und Filme geben eine bildliche und bisher
einzigartige Übersicht über den Reichtum und die Art der Hymjaritisch-Sabäischen
Kultur. In Schibam, der größten und ältesten der Städte von Hadramaut, fand er eine
Stadt der Wolkenkratzer, mit Häusern von zwölf oder mehr Stockwerken und einer
Höhe von mehr als 100 Fuß.*

*Auch bei seinen musikalischen Forschungen konnte er außerordentliche Ergebnisse
vorweisen. Seine Wachsrollen wurden in Berlin von Musikern und Archäologen stu-
diert. Von größtem Interesse für die wissenschaftliche Welt war es, als Prof. von Hornbostel daraufhin die erstaunliche Folgerung ziehen konnte, daß die Gesänge, die heute*

von den Beduinen in den südlichen arabischen Wüsten gesungen werden, fast identisch mit denen sind, die man von den Berberstämmen in den verborgenen Winkeln des Atlas-Gebirges in Nordafrika kennt. Außerdem gleichen die ›Wolkenkratzerstädte‹ am Rande der Rub'al Khali hinsichtlich Konstruktion, Architektur und Dekoration Bauüberresten, die im Atlas gefunden werden. Ein Zusammenhang ist nicht von der Hand zu weisen.

Es erstaunte nicht, von Helfritz zu hören, daß die Melodien der Beduinen einfach und primitiv sind. Die Melodien bestehen selten aus mehr als ein paar Noten. Für unser Gefühl weisen sie keine Harmonie auf, und der Chorgesang, so wie er ist, ist einstimmig. Meistens sind die Lieder einfache Gesänge der Kameltreiber, außer denen, die in zeremoniellen Tänzen gesungen werden.

»Die Musik aller östlichen Völker«, sagte Helfritz, »ist ein Rätsel für die meisten Leute und ärgert viele. Aber«, so fügte er hinzu, »es ist falsch, sich nicht darum zu kümmern ...... Durch Vergleiche mit der Musik anderer Völker kann man häufig Rückschlüsse ziehen, die von großem kulturellem und historischem Interesse sind ..... Es gibt sozusagen keine Gelegenheit, bei der die Beduinen nicht einen Anlaß zu ihrer Musik finden. Sie singen für ihre Kamele auf der Reise, die Frauen singen bei der Arbeit auf den Feldern, und es gibt keine Versammlung oder Unterhaltung ohne ihren Gesang.« Wie Helfritz herausfand, umfassen diese Lieder der Kameltreiber auch viele Jodler, wie man sie in den Schweizer Bergen und bei den meisten Bergvölkern findet.

Alles in allem dürften die musikalischen Entdeckungen von Hans Helfritz sein wertvollster Beitrag zur Erkenntnis sein, obwohl natürlich die Filme, die er drehte, mehr Aufmerksamkeit erweckten. Die Berber, wie auch die Basken, stellten immer schon ein ethnologisches und historisches Rätsel dar. Ihr Ursprung blieb den Forschern, die sich jetzt über die Bedeutung der Informationen und der Wachswalzen, die Helfritz aus Arabien mitbrachte, den Kopf zerbrechen, seit je eine offene Frage. Ein französischer Gelehrter sieht folgenden Zusammenhang: die Berber seien Kanaaniter, die nach Nordwestafrika auswanderten, Jahrhunderte, bevor Karthago von den Phöniziern gegründet wurde. In jedem Fall scheint es nun plausibel, daß man ihren Ursprung tatsächlich im westlichen Asien suchen muß.

· · · · · · ·

Das Betreten von Shabwa war Helfritz' spektakulärste Tat. Bevor er sich dahin aufmachte, war es ein Ort voller Geheimnisse gewesen, verborgen und besetzt von einem besonders fremdenfeindlichen Stamm. Wirklich kam er gerade noch mit dem Leben davon. Was er erreichte, wurde mit Respekt und Bewunderung von seinen berühmten Vorgängern auf dem Gebiet arabischer Reisen gelobt: von Captain Bertram Thomas und von H. St. John Philby.

Shabwa ist der Ort, den Plinius Sabatha nannte. Ptolemäus und Strabo beschrieben es unter dem Namen Sabota. Es war die heilige Stadt der Herrscher von Saba. Dort fanden sich nicht weniger als sechzig Tempel. Vor einigen Jahren wurde es von Piloten – Franzosen, wenn ich mich nicht irre –, die die Wüste überflogen, lokalisiert. Aber kein Europäer war jemals in seine Nähe gekommen, bis Helfritz bei seiner zweiten Expedition mit einer Karawane einen Teil der Rub' al Khali durchquerte. Bei dieser Gelegenheit kam er fast in Schußnähe von Shabwa, so daß er von ferne schon die Dachspitzen erblickte. Aber die Karawane machte einen weiten Bogen, als sie sich der heiligen Stadt näherte, und zog an ihr vorbei. »Meine Gefährten wollten nicht riskieren, diesen Ort in der Gesellschaft eines weißen Ungläubigen zu betreten« sagte er.

Ich fragte Helfritz: »Haben Sie auf Ihren Entdeckungsreisen Ihre eigene Musik vergessen?« »Oh nein«, antwortete er, »ich komponiere die Musik für all die Reisefilme, die ich seitdem für die UFA gemacht habe. So habe ich gerade einen Film über den Grand Canyon zu Ende gebracht.«

Hans Helfritz sieht keineswegs so aus, wie man sich einen Erforscher solch mörderischer Stätten wie der Arabischen Wüste vorstellt. Schlank, gerade von mittlerer Größe, schütteres Haar, blond und blauäugig ähnelt er eher einem jungen Lehrer als einem Abenteurer, der sich an gefährliche Orte begibt. In der Unterhaltung, vor allen Dingen wenn er interviewt wird, ist er bescheiden, zurückhaltend, schwer zu verstehen. Aber auf dem Vortragspodium in Amerika ist er äußerst erfolgreich, und sein Buch ›Land ohne Schatten‹ ist mit der größten Einfachheit und Durchsichtigkeit geschrieben.

DOKUMENTATIONEN

Erich M. von Hornbostel und Robert Lachmann

Im Jahre 1933, nachdem Hans Helfritz von seiner ersten Reise nach Südarabien zurück war und zahlreiche Phonogrammaufnahmen von noch niemals registrierter Musik südarabischer Beduinen mitgebracht hatte, veröffentlichten Erich M. von Hornbostel und Robert Lachmann in der ›Zeitschrift für vergleichende Musikwissenschaft‹ (I, 1, 1933) einen Beitrag ›Asiatische Parallelen zur Berbermusik‹, dem die Forschungen von Helfritz zugrundeliegen:

»*Während über die Gesänge der jemenischen Juden ein umfangreiches Werk vorliegt, war das islamische Südarabien bis vor kurzem auch musikalisch ein unerschlossenes Gebiet. Erst jetzt sind wir in den Besitz größeren, an Ort und Stelle aufgenommenen Materials gelangt, und zwar durch HANS HELFRITZ, der wie bei einer früheren Gelegenheit in Transjordanien, auch diesmal, im Winter 1931–32, auf einer Reise nach Hadramaut und Jemen einen Aufnahme-Apparat des Berliner Phonogramm-Archivs mit Erfolg verwendet hat.*

Die bei einer Anzahl von Beduinenstämmen aufgenommenen Gesänge und Instrumentalstücke sind stilistisch von überraschender Buntheit. Die verschiedenen Stilarten entsprechen verschiedenen Landschaften, Stämmen und Ständen; im gegenwärtigen Zusammenhang kommt es aber nur auf eine bestimmte Gruppe an. Die Gesänge, die zu dieser Gruppe gehören, wurden im Djebel Harâz, einem Gebirge von einer Höhe bis zu 3000 m zwischen Hodaida und San'â', der Hauptstadt Jemens, in der Gegend von Manacha, Matna und Wusil aufgenommen; die Sänger waren vornehmlich Beduinen der Stämme Beni Isma'il und Beni Matar. In zweiter Linie kommt eine Reihe von Gesängen der 'Awâliq (Sing.: 'Aulaqi), eines Gebirgsstamms in Hadramaut, in Betracht. An diesen Gesängen konnten wir folgende merkwürdige Beobachtung machen:

Gleich der erste unmittelbare Eindruck beim Abhören der Phonogramme ergab, daß hier trotz arabischem Text die musikalische Vortragsweise berberisch *war. Und zwar erinnern die südarabischen Gebirgsgesänge nicht etwa bloß ›irgendwie‹ an Berbermusik, sondern an einen Gesangstypus der algerischen Kabylie, die einer der hauptsächlichen noch bestehenden Sitze des Berbertums ist.*

Ähnlichkeit der Vortragsweise ist leicht zu hören; aber man gerät in Verlegenheit, wenn man sie anderen, die die Gesänge nicht gehört haben, beweisen oder beschreiben soll. So sinnfällig und überzeugend gerade solche Verwandtschaft wirkt, so wenig ist sie wie alle unwillkürlichen Bewegungsvorgänge zur Analyse und Mitteilung geeignet; bisher wenigstens fehlt eine wissenschaftliche Methode, Bewegungsvorgänge formelhaft auszudrücken. Es bliebe also an sich nichts übrig als der Hinweis auf die phonographischen Aufnahmen. Glücklicherweise ist aber die beobachtete Ähnlichkeit nicht auf die Vortragsweise beschränkt. Sie erstreckt sich auch auf Eigentümlichkeiten der Melodiebildung und geht sogar, wie sich bei der Durchsicht phonographisch belegter Notierungen kabylischer Lieder ergab, bis zur Gleichheit von Melodieabschnitten oder der ganzen Melodie.

Diese Fälle sind im Notenanhang als Beisp. 1–3 wiedergegeben. Die in Beisp. 1 verglichenen Melodien stimmen in allem Wesentlichen – im Grundton, in den Haupttönen zweiter Ordnung, im Umfang und Melodieverlauf – überein. In Beisp. 2 ist besonders der Anfangsabschnitt ähnlich; im übrigen ist zu beachten, daß der zweite Teil der jemenischen Melodie den ersten, um eine Quarte abwärts gerückt, wiederholt. In Nr. 2 und 3 ist neben melodischen Wendungen auch die rhythmische Bewegung auffallend gleichartig (in Nr. 3 z. B. die Wiederholung des a^1 am Schluß der ersten Phrase).

Das Entscheidende bleibt aber die Ähnlichkeit der Vortragsweise, die leider nicht im Notenbild ausdrückbar und schwer in Worte zu fassen ist. Beim Hören bleibt besonders die eigentümliche Art haften, in der hier wie dort Terzschritte ›gebracht‹ werden; der Übergang ist nicht gerade gleitend, aber überaus weich, – man könnte sagen schmeichelnd, wenn der Ausdruck nicht etwa als hermeneutisch ausgelegt wird (vgl. in Nr. 1 die Schritte c^1–e^1 und h–g). Auch sonst erfolgt der Übergang von Ton zu Ton gern schwebend und ohne rhythmische Schärfe.

Wäre die Übereinstimmung auf Melodiephrasen beschränkt, so könnte man einwenden, es handle sich um einen Fall von ›wandernden Melodien‹, die wie Stückgut weitergereicht werden, aber über die Verwandtschaft der Völker, in denen sie fortleben, nichts aussagen. Die Tatsache aber, daß hier die Melodien, auch die weniger ähnlichen, den gleichen musikalischen Stil zeigen und in der gleichen charakteristischen Art vorgetragen werden, deutet auf eine tiefer wurzelnde Verbundenheit.

Die Tragweite dieser Verwandtschaft kann sich erst ergeben, nachdem wir uns die Situation der Berbermusik in Nordafrika klargemacht haben. Als Berber pflegt man die alteingesessene Bevölkerung des westlichen Nordafrika im Gegensatz zu den in geschichtlichen Zeiten eingewanderten Völkern zu bezeichnen. Aber eine zugleich umfassende und scharf umrissene Definition des Berbertums zu geben, ist bis heute nicht gelungen. Vorherrschend ist die Ansicht, daß das Berbertum keine rassenmäßige Einheit bildet. LEO FROBENIUS hat versucht, es als eine zum Arabertum gegensätzliche Geisteshaltung zu deuten. Zweckmäßig für unsere Untersuchung erscheint zunächst die rein äußerliche, aber allem Meinungsstreit entrückte Betrachtung der sprachlichen Verhältnisse. Die Berbersprache (Tamazight) ist allmählich vom Osten her durch das Arabische der islamischen Eroberer immer mehr ersetzt worden. Gegenwärtig wird nur noch im Westen von geschlossenen Bevölkerungsgruppen berberisch gesprochen. Dagegen haben sich östlich von Algerien nur kleine, verstreute Sprachinseln gehalten, und zwar bis nach Ägypten (Oase Siwa).

Ebenso scharf wie sprachlich vom Arabischen hebt sich das Berberische musikalisch vom übrigen Nordafrika ab, vor allem von der Beduinenmusik, aber auch von der städtischen; Verwechslung mit der einen oder der andern ist unmöglich. Am sinnfälligsten ist der Unterschied der Vortragsweise, des Merkmals also, das die neugefundenen südarabischen Melodien mit der Berbermusik am stärksten verbindet. Von der Beduinenmusik trennt sie ferner ihr ›Volkslied‹-Charakter. Das beduinische Melos bewegt sich auf wenigen Tönen von geringem Gesamtumfang und dient in der Mehrzahl seiner Formen lediglich als Unterlage oder Umrahmung von Textrezitationen. Dagegen ist die Berbermusik schlicht melodisch im Sinne des europäischen Volkslieds: die Melodien sind weiter gespannt, der Text ist von geringer Bedeutung. Abweichend sowohl von der beduinischen wie von der städtischen Musik hat die Berbermusik einen stark pentatonischen Charakter. Von der städtischen Musik unterscheidet sie sich aber schon durch ihr geringeres Kulturniveau. Im Gegensatz zu der kunstmäßigen Anlage der städtischen Musik mit ihrem großen, fein differenzierten Tonvorrat und ihrem bekannten vielgestaltigen System von Melodie- und Rhythmustypen zeigt sie durchweg die einfachen Verhältnisse, die zu einem Hirten- und Bauernvolk passen.

Es gibt also bis heute eine Berbermusik, die ihren eigentümlichen von der Musik der später eingewanderten Völker grundverschiedenen Stil bewahrt hat. Ob dies auch weiterhin der Fall sein wird, kann bezweifelt werden. So trifft man in dem früher unzugänglichen Gebirgsmassiv der algerischen Kabylie zuweilen schon Melodien, die ›arabischen‹ Einflusses verdächtig sind, während die Hauptmasse noch den Stempel echten Berbertums trägt.

Der scharf ausgeprägte Unterschied der berberischen Volksmusik gegenüber der städtischen und der Beduinenmusik Nordafrikas macht es leicht, ihre geographische Verbreitung festzustellen. Sie läßt sich am bequemsten im Vergleich mit der sprachlichen Verbreitung des Berbertums beschreiben. Berbermusik kommt nur bei berberisch sprechender Bevölkerung vor. Aber nicht überall, wo berberisch gesprochen wird, wird auch berberisch musiziert. So sind die berberischen Sprachinseln in Südtunesien musikalisch Beduinengebiet; es gibt hier Fälle, wo beduinische Gesangsformen mit berberischen Texten vorgetragen werden. Man darf annehmen, daß hier früher auch die Musik berberisch war; die Musik ist demnach dem Prozeß der Arabisierung schneller erlegen als die Sprache.

Ebenso wie die Sprache weist auch die Musik der Berber Dialektverschiedenheiten auf. Wir können bis jetzt aus Mangel an Unterlagen nicht alle diese Dialekte beschreiben. Aber es steht fest, daß zwei der wichtigsten, die Musik der Schluh in Marokko und die der Kabylen in Algerien trotz verwandtschaftlicher Züge stark voneinander abweichen. Bei den Schluh gibt es zwei Gruppen von Melodien: beide sind pentatonisch, aber die eine (vgl. Beisp. 4–6) ist ohne Halbtonschritte, während die andere (Beisp. 7) halbtonhaltig ist und daher durch häufiges Vorkommen des Tritonus auffällt. Unter diesen Gruppen gilt die erste, halbtonlose, als einheimisch, die zweite als fremd (›guineisch‹). Umgekehrt überwiegt bei den Kabylen die halbton- und tritonushaltige Melodik, besonders in den Männerliedern (vgl. Beisp. 1 u. 2).

Die überraschende Übereinstimmung kabylischer und südarabischer Melodik regte zu der Frage an, ob die in ihrer arabisierten Umgebung weithin isolierte Berbermusik nicht auch sonst Beziehungen zu anderen Völkern erkennen ließe. Solche Beziehungen haben sich in der Tat finden lassen. Unter einer größeren Zahl von Grammophon-platten, die kürzlich an das Berliner Phonogramm-Archiv gelangt waren, wurden einige beim ersten Abhören einstimmig als chinesisch bezeichnet, wiesen sich dann aber zum allgemeinen Erstaunen als Gesänge der Schluh aus. Diese Täuschung fällt nicht den Beurteilern zur Last; wie schon vor Jahren Baron RODOLPHE D'ERLANGER, ein ausgezeichneter Kenner außereuropäischer Musik, bemerkt hat, ist die Ähnlichkeit außerordentlich; beim ersten Eindruck werden vielleicht nur Angehörige der fraglichen Völker Ostasiaten und Berber, eine sichere Entscheidung treffen können (wobei sie durch den Text unterstützt werden). Auch bei eingehender Prüfung bleibt der Eindruck bestehen, daß die Schluh-Melodien mit ostasiatischer Musik eng zusammengehören.
. . . .

Es wurde festgestellt, daß in Melodik und Vortragsweise die Kabylen mit gewissen beduinischen Gebirgsstämmen Südarabiens, und die Schluh mit ostasiatischen Völkern zusammengehören; und außerdem, daß auf beiden Seiten, im Westen wie im Osten, Ver-wandtschaft mit der Musik der Turkvölker besteht. Dieser Befund läßt sich vom Standpunkt der Kulturgeschichte aus dahin deuten, daß die gleiche musikalische Aus-drucksweise in vorgeschichtlicher Zeit aus dem Innern Asiens von den Mongolen weiter nach Osten und von Völkern, die wir heute Berber und Südaraber nennen, nach Westen bis zu ihren gegenwärtigen Wohnsitzen getragen worden ist.«

Musikbeispiele zu:

E.M.v.Hornbostel u.R.Lachmann, Asiatische Parallelen zur Berbermusik
+ *und* − *über den Noten bedeuten Erhöhung und Vertiefung um etwa einen Viertelton.*

1) a) Südarabien. Djebel Ḥarāz, Jemen. Beduinenlied (Stamm: Beni Ismāʿīl.)
 Phon. Helfritz, Südarabien 7
 b) Algerien. Kabylie. Männerlied. Phon. Lachmann, Kabylie 2 a

2. a) Südarabien. Djebel Ḥarāz, Jemen. Beduinenlied (Stamm: Beni Matar).
 Phon. Helfritz, Südarabien 17 b
 b) Algerien. Kabylie. Wallfahrtslied. Phon. Lachmann, Kabylie 37 b

3. a) Ḥaḍramaut. Beduinenlied (Stamm:ʿAwāliq). Phon. Helfritz, Südarabien 51
 b) Algerien. Kabylie. Frauenlied zur Hochzeit. Phon. Lachmann, Kabylie 5

4. *Marokko. Lied der Schluḥ. Parlophon B. 46071 I (auch: B. 46040 I)*

5. *Marokko. Lied der Schluḥ. Parlophon B. 46056 I*

6. *Marokko. Flötenstück der Schluḥ (Längsflöte = ʿAwāda). Phon. Lachmann, Nordwestafrika 25. Im Original 1 Oktave u. 1 Halbton höher.*

7. *Marokko. Lied der Schluḥ. Parlophon B. 46056 II*

8. *Ostasien. Mongolisches Lied. (P. Jos. van Oost: La musique chez les Mongols des Urdus. In: Anthropos. 10 – 11. 1915 – 16. S. 364)*

9. *a) Südarabien. Jemenisches Kriegslied aus Ṣanʿāʾ. Phon. Helfritz, Südarabien 68*
b)u.c) Mongolen. Varianten einer typischen Gesangsformel. (P. Jos. van Oost –
s. Beisp. 8 – , S. 368)

10. *a) Algerien. Kabylie. Frauenlied.*
b)u.c) Bulgarien. Volkslieder. (Vasil Stoin: Grundriß der Metrik und der Rhythmik der bulgarischen Volksmusik. Sofia 1927. Nr. 28 u. 167)

11. *a) Algerien. Kabylie. Aus einem Instrumentalstück (Schalmei u. Trommel). Phon. Lachmann, Kabylie 29 a*
b) Uzbeken. Uebekisch (Buchāra) . (V. A. Uspenskij: Ṡaś Maqām. 1924. Heft 2. Rast. S. 3)

Register

Personen, Stämme, Völker

Orte, Gebiete, Länder

Weitere Bücher von Hans Helfritz in unserem Verlag:

Guatemala – Honduras – Belize
Ein Reisebegleiter ins Land der Maya. Etwa 220 Seiten mit etwa 12 farbigen und etwa 82 einfarbigen Abbildungen, etwa 10 Karten und Plänen, Literaturhinweisen, etwa 8 Seiten praktische Reisehinweise, Register (September '77)

Äthiopien – Kunst im Verborgenen
Ein Reisebegleiter ins älteste Kulturland Afrikas. 245 Seiten mit 10 farbigen und 176 einfarbigen Abbildungen

Indonesien
Ein Reisebegleiter nach Java, Sumatra, Bali und Sulawesi (Celebes). 282 Seiten mit 26 farbigen und 137 einfarbigen Abbildungen

Marokko – Berberburgen und Königsstädte des Islam
Ein Reiseführer zur Kunst Marokkos. 210 Seiten mit 12 farbigen und 135 einfarbigen Abbildungen

Die Götterburgen Mexikos
Ein Reisebegleiter zur Kunst Alt-Mexikos. 200 Seiten mit 7 farbigen und 165 einfarbigen Abbildungen

Südamerika: präkolumbianische Hochkulturen
Ein Reisebegleiter zu den indianischen Kunststätten in Peru, Bolivien und Kolumbien. 243 Seiten mit 6 farbigen und 182 einfarbigen Abbildungen

---

DuMont Kunst-Reiseführer

»Kunst- und kulturgeschichtlich Interessierten sind diese Bücher unentbehrliche Reisebegleiter geworden. Denn sie vermitteln fundierte Einführungen in Geschichte und Kultur der jeweiligen Länder oder Städte, und sie erweisen sich gleichzeitig als praktische Führer.«

Süddeutsche Zeitung

Lieferbare Titel:

● Ägypten ● Äthiopien ● Algerien ● Belgien ● Deutsche Demokratische Republik ● Franken ● Köln ● Die Pfalz ● Schleswig-Holstein ● Zwischen Neckar und Donau ● Süd-England ● Burgund ● Das Tal der Loire ● Die Provence ● Athen ● Die griechischen Inseln ● Kreta ● Alte Kirchen und Klöster Griechenlands ● Tempel und Stätten der Götter Griechenlands ● Guatemala ● Indonesien ● Iran ● Irland ● Rom ● Von Pavia nach Rom ● Ober-Italien ● Florenz und die Medici ● Das etruskische Italien ● Apulien ● Venedig ● Japan ● Jugoslawien ● Malta und Gozo ● Marokko ● Die Götterburgen Mexikos ● Nepal ● Wien und Umgebung ● Portugal ● Rumänien ● Kunst in Rußland ● Skandinavien ● Zentral-Spanien ● Südamerika ● Städte und Stätten der Türkei

Alle Bände reich, auch farbig, illustriert; dazu Zeichnungen, Karten, Grundrisse, Register und praktische Reisetips. Preise zwischen DM 19,80 und DM 28,–. Bitte fordern Sie den ausführlichen Sonderprospekt zu unseren Reiseführern an.
